啟動力量
與智慧之鑰

魔法、巫術與神祕史

啟動力量
與智慧之鑰

魔法、巫術與神祕史

Suzannah Lipscomb
蘇珊娜・里普斯庫姆

楓書坊

Original Title:
A History of Magic, Witchcraft and the Occult
Copyright © Dorling Kindersley Limited, 2020
A Penguin Random House Company

出版／楓書坊文化出版社
地址／新北市板橋區信義路163巷3號10樓
郵政劃撥／19907596 楓書坊文化出版社
網址／www.maplebook.com.tw
電話／02-2957-6096
傳真／02-2957-6435
作者／蘇珊娜·里普斯庫姆
翻譯／邱俊銘
企劃編輯／陳依萱
校對／黃薇霓、周佳薇
港澳經銷／泛華發行代理有限公司
定價／800元
初版日期／2022年12月

國家圖書館出版品預行編目資料

魔法、巫術與神祕史／蘇珊娜·里普斯庫姆
作；邱俊銘譯. -- 初版. -- 新北市：楓書坊文
化出版社, 2022.12　面；　公分

ISBN 978-986-377-821-9（平裝）

1. 巫術

295　　　　　　　　　　111016237

FOR THE CURIOUS

www.dk.com

目錄

遠古根源
史前時期至西元400年

詛咒或治療
西元400－1500年

學者與異教節慶
西元1500-1700年

祕密與儀式
西元1700-1900年

現代魔法
西元1990年至今

蘇珊娜·里普斯庫姆教授
（Professor Suzannah Lipscomb）

是作家、廣播主持人，而且還是獲獎的英國羅漢普頓大學歷史教授。身為英國皇家歷史協會（the Royal Historical Society）及高等教育學會（the Higher Education Academy）的會士，她的研究聚焦在16世紀的英法歷史，並對平凡女性的生活、信仰、婚姻及性慾，還有巫術及巫者審判，與宗教、性別、政治、社會及心理方面的歷史之交錯特別感興趣。她到目前的個人著作已有五本、與他人合編者一本，為月刊《今日歷史》（History Today）專欄作家，還為多家英國報刊撰寫文章。身為得獎的演講者，她為英國廣播公司（BBC）、獨立電視台（ITV）、國家地理（National Geographic）及一些媒體撰寫及主持歷史紀錄系列電視節目多達18齣，並曾擔任英國的歷史英格蘭委員會（Historic England）網路廣播節目《無可替代：百地呈現的英格蘭歷史》（Irreplaceable: A History of England in 100 Places）的主持人。

顧問

蘇菲·佩吉博士（Dr. Sophie Page）是倫敦大學學院（UCL）的歷史教授，其領域為歐洲的中世紀魔法與占星學，並專精於該主題與正統宗教、自然哲學、醫藥及宇宙論之間的關聯。她已撰寫及編輯數本魔法相關著作，並在2018年8月至2019年1月於英國阿什莫林博物館（Ashmolean Museum）擔任《迷人的魔法、儀式與巫術》（Spellbound Magic, Ritual and Witchcraft）展覽的策展人。

撰文

湯瑪斯·卡桑斯（Thomas Cussans）居於法國，係自由接案的歷史學家與作者，多年來發行一系列的暢銷歷史地圖集。他為英國多林金德斯利出版社（Dorling Kindersley Limited; DK）數本出版品撰稿。

約翰·范頓（John Farndon）係位於英國劍橋的安格里亞魯斯金大學皇家文學會士。身為作家、劇作家、作曲家及詩人的他著作頗豐，其中有許多本國際暢銷書籍。

安·凱（Ann Kay）係專精於文化歷史的作家與編輯，具有藝術史文學碩士學位，其個人著作及共同著作目前約有30本，並且為多林金德斯利出版社撰寫多種主題，範圍相當廣泛。

菲利浦·帕克（Philip Parker）係歷史學家，曾擔任英國外交官及發行人。他在英國劍橋大學三一學院研究歷史，並於美國約翰霍普金斯大學高階國際研究學院研究國際關係，是相當受到讚賞的作家及得獎編輯。

序言

西元1611年，在聖誕節快要來臨的時候，有個年輕女孩領著年邁眼盲的祖母到磨坊那裡收取近期完成某項工作的款項。然而磨坊主人不想付錢，就對她們大吼：「娼妓、巫婆，滾出我的地盤！不然我就燒死一個、吊死另一個。」

那位老婦人想要報復，而且她知道怎麼達到這目的。她後來說：「用巫術取人性命的最快方法，就是用黏土做出肖似想要殺害的對象之形象。」然後用荊棘或別針刺黏土像以引發當事人的疼痛，還有用火燒毀黏土像，「依照此法，那副身體應會死去。」

這位大家公認且也認為自己是女巫的婦女，名為伊莉莎白‧邵森斯（Elizabeth Southerns），又名老蒂姆戴克（Old Demdike）。高齡80歲的她及其餘19個人在1612年因英國彭德爾審巫案（the English Pendle Witch Trials）而遭逮捕。她在等待審判的過程去世，然而與她同時受到指控的人們當中有10人被處以絞刑，包括伊莉莎白的孫女愛麗森（Alison），罪名是「利用邪方壞法」蠱惑他人致死。

對於巫者及有害魔法的恐懼、用來當成魔法操作媒介的物件，還有無力者藉運用魔法而取得力量，都是這份針對魔法信仰與習修方式的美妙全球研究經常反覆出現的主題。我們會穿越時空，從古代的美索不達米亞與埃及，經過羅馬的女巫（女術士）、祆教魔法、中世紀的日本煉金術以及斯堪地那維亞的攜杖者，到伏都（Voudon，或稱巫毒Voodoo）、靈應板、聖誕老人、威卡，以及更多其他的主題。

這份調查如此統括一切，讓我們學到一件事，亦即雖然魔法的形式——像是法術、儀式與力量——多有不同，但是所有尋求魔法的人都有類似的想望。他們希求力量，以凌越本質無從掌握的事物：他們渴望去挑戰無從解釋的事物，或清楚了解那模糊難辨、使人不安的事物，例如就我們所知，格陵蘭的因紐特人相信靈的力量，因為它們能夠控制自己所居住的酷寒冰封荒原。魔法允諾人們，會為容易出錯的日常事務提供協助、會把破壞農作物的天氣控制住，還會為不孕者或病人帶來慰藉。這代表那些相信自己可用冥想與靈連繫、能夠抵禦邪惡，還有能夠站在人的有形世界與靈的無形世界之間的人們，總會有事可做。這就是數百年來魔法令人們深深入迷且未來依然如此的原因。

讓我特別感到目瞪口呆的是，為了設法對付那顯然完全不受我們控制的事物——亦即生活在線性時間的我們無法知曉的「未來」——人類居然創造出如此大量的嘗試做法，不僅是茶葉占卜與手相，還有煙占（藉由觀看燃香的煙霧型態進行占卜）、鳥占（藉由觀看鳥的飛行進行占卜），甚至還有——我好愛這個——馬嘶占（即詮釋馬的嘶聲）。

這些占卜方法，通常就跟大多數魔法一樣，已被禁止使用。雖然魔法通常會被認為是反道，然而其與奇蹟的界線非常窄薄，多視觀察者的自由心證而定。雖然魔法經常被納進主要宗教之中，但它反倒動搖那些自視正統的信仰，並挑戰既定的權力架構。

對於巫術的種種看法，世上應該找不到比本書更加清楚的著作。那些指責別人行巫的人們，其實也在尋找「不幸」的超自然解釋。歐洲在16、17世紀的大獵巫，處死將近五萬人，而當時的想法是邪惡力量係來自魔鬼，並認為絕大多數巫者為女性，會運用自己的魔力來控制男人——因為女人被認為比較無力抗拒惡魔的誘惑且容易接受之。

就像巫者的大釜周圍總有霧氣繚繞，錯誤的資訊也會在這個名為魔法的主題周圍不停打轉。而這本令人全神貫注的書將退去迷霧、解除魅惑，並生動照亮那經常讓人感到逸趣橫生的主題。

蘇珊娜‧里普斯庫姆
（SUZANNAH LIPSCOMB）

遠古根源
ANCIENT ROOTS
史前時期至西元400年

導言

魔法就跟人類一樣古老。從開始覺察周遭環境的那一刻起，早期人類即相信周遭環境都充斥著靈，而他們可以設法——直接透過那被認為可到靈界旅行的薩滿（shaman）或是透過技藝——將其召出以幫忙控制環境。有人認為早期人類之所以塑造小雕像或在洞窟牆上繪出動物，是因為相信這樣做能讓自己擁有可以掌控自身所處世界的魔法力量。

而當社會越來越進步時，人們就將階級與秩序帶入靈性生活中。在大約西元前4000年的蘇美城邦或古埃及王國，眾神被視為與掌握大權的統治者、祭司及貴族相當。由於書寫的發明，我們對於此種較為正式的宗教之了解，遠多過對於它在新石器時代的前身之了解。魔法到此也有比較詳細的描述，好壞都有。例如。某位古巴比倫人會折斷某個小陶像的腿以使某鬼魂不能到處遊蕩，或是某位巫者欺騙神祇馬杜克（Marduk）使故意為害的敵人得病。在門檻的地下埋小塑像以避免邪靈進入，然而這僅是在承認靈界有需要安撫的邪惡力量並按此信念行動而已。

讓人感到驚訝的是，這些到後來被認為是魔法的做法，其早在各種歷史器物中出現。古巴比倫人與古埃及人會穿戴具有保護效果的護身物，還有製做法術書。埃及那裡甚至把法術刻於墳墓的牆壁，在靈魂踏上前往彼世的危險旅程時為其提供魔法保護。

不論是口說或書寫，文字也很早被認為具有魔法特質，而古希臘人及古羅馬人會製作用來表現陰暗欲望的詛咒板，再配合既定的處理方式，據說就能使願望實現。

魔法師迅速發展出屬於他們自己的技術與哲學。古埃及人已經知曉交感魔法（sympathetic magic）的概念，亦即若用魔法的方式治療，那麼治療某病的有效物質當與該病相似（像是某款黃色藥水也許可以治療黃疸）。古希臘人則發展出束縛（binding）的概念，亦即魔法師藉由適當的儀式，可以在實體或靈體層次操控他人或物件，即使物體大到跟月

美索不達米亞的狗像（參見第20頁）

表現動物獻祭的古希臘鑲板（參見第32頁）

表現《奧德賽》的羅馬鑲嵌畫（參見第39頁）

亮一樣也沒問題。而當文學的資訊來源變得越來越多時，甚至會出現指稱術士個體的名字，例如在荷馬（Homer）所著史詩《奧德賽》（Odyssey）裡面的奇耳琪（Circe），她施法使奧德修斯（Odysseus）的夥伴變成豬；或是女巫艾莉克托（Erichtho），根據羅馬詩人盧坎（Lucan）的描述，她將瘋狗的唾沫倒在一具屍體上使其復生。許多文化針對魔法做出條理分明的特定規則──說到規則的數量，很少文化能夠多到像日本那樣，他們甚至還有管理魔法的機構──而其他文化對於靈性力量的無限性質則是抱持較為放鬆的心態。例如馬雅文化（Maya），他們對於宇宙的觀測、對於巨大時間週期的覺知、為進入靈界而吸入影響精神煙霧的舉動，以及對於陪伴強大魔法師的靈界動物之信仰，在在呼應最早期的新石器時代所具有的魔法信仰。在古代的世界裡，無序與死亡並沒有離人們很遠，而那份「想要阻擋這兩者，即使僅是暫時也好」的願望，代表魔法一直都在。

「魔法，藉由三倍的束縛把持人們的情緒……
對大部分的人類施加重大的影響。」

大普林尼（PLINY THE ELDER），《自然史》（NATURALIS HISTORIA），〈對於魔法的醫藥、宗教與占星力量之信仰〉，西元1世紀

龐貝的濕壁畫（參見第45頁）

古中國的能量圖（參見第53頁）

馬雅手抄本（參見第59頁）

儀式的誕生

史前時期的魔法

▲ 卡納克巨石林

巨石林約在六千年前於現今法國西北地區布列塔尼（Brittany）立起，石頭數量超過三千個，延伸範圍超過一英里，其被認為具有宗教方面的重要性。這些石頭當中有許多呈現非常直線的排列，使中世紀時期的當地居民認為那是被施法變成石頭的羅馬軍團。

早在九萬五千年以前，尼安德塔人（Neanderthals）（係與現代人有關的原始人類）在現為伊拉克境內的某處洞穴，謹慎地埋葬一名孩童，其崇敬的態度意謂著對於彼世的信仰。看似模擬人類（具有人類特色）的卵石被留置在洞穴中，以及大約在西元前2500年已有對準一年當中特定時間的日出、日沒方位的石圈建築——例如英國的巨石陣（Stonehenge）與法國的卡納克（Carnac）——在在指出世界觀逐漸複雜化且具宗教性。有宗教，就有魔法。

▶ 哲立科頭骨

這副頭骨的年代約在西元前七千五百年，係於約旦河谷的哲立科（Jericho，另稱耶利哥）發現，其部分被灰泥包覆、眼窩填入貝殼以重現死者的形象，也許是被當成某種原初信仰的一部分。

▶ 動物儀式

這是位於法國西南地區拉斯科的壁畫，其年代約在西元前一萬五千年前左右。其所繪動物數量將近九百頭，非常有可能是某魔法狩獵儀式的一部分。

史前時期的魔法與早期信仰

早期人類學會藉由發明工具及用火來操控周遭環境。藉由這些賦予有限力量的技術，他們覺察到那些不受人類控制的力量究竟有多麼浩大。諸如日出日沒、生與死，還有為了生存而獵捕食物的日常奮鬥，我們那些最為古早的祖先，為了了解這些奧祕，構思出能讓自己召喚以取得優勢的靈力。對於超自然力量的相信，以及想要運用這些力量稍微掌控物質世界的人欲，一直以來均是人類社會的特徵之一。

力量與生存

獵捕是保障早期人類社群生存的必要之事。那些迄今仍依靠追蹤、捕殺動物維生的社會，像是生活在加拿大北極地區的因紐特人（Inuit），會把獵捕行為視為神聖，因為他們認為獵捕的對象是具有靈魂的存在，而這行為取走對象的生命。石器時代的人們可能也有類似的想法。大約在一萬七千年前，他們會到很難抵達的洞窟，像是位於現今法國境內的拉斯科（Lascaux），在洞壁上繪出人們獵捕包括雄鹿、馬、野牛、牛與熊在內的野生動物之情境作為裝飾。這些壁畫也許跟那些使打獵更有收穫，或使動物的靈魂得到撫慰之儀式有關。

「悼念死者
是能協助維繫社群的團體儀式之一。」

大英博物館（**BRITISH MUSEUM**），〈哲立科頭骨〉（THE JERICHO SKULL）

「聖人用於療癒的智慧與力量，全都源自偉大之謎（Wakan-Tanka; the Great Mystery）。」

奧格拉拉蘇族平鐵酋長（CHIEF FLAT-IRON OF THE OGLALA SIOUX）
於娜塔莉・寇提斯（NATALIE CURTIS）1907年著作《印第安人之書》（THE INDIANS' BOOK）中的表述

豐產塑像

生育力也是早期人類在乎的事情，沒有新生命的部落注定滅亡。人們在洞窟中發現許多具有誇張臀部與乳房的女性塑像。一般認為，這些塑像的實體外觀暗示當時的人類是在呼喚某位母神，請祂賜與孩子。有些雕像便於攜行（其目的也許是為了讓人拿在手上），例如舊石器時期的古歐塑像「維納斯」（Venus）。這類維納斯塑像的共同特徵之一即是缺乏臉部的細節，也許是為了讓它們呈現一致的訴求，是否肖似特定個體並不重要。

死者的魔法

相較於對於獵捕、生育或世間奧祕的在意，人們對於死亡的恐懼更加強烈。就現有的發現，早在西元前六萬年就已出現正式的墳，裡面的骨頭被撒以紅赭土（象徵血）。有些墳則有花朵或項鍊，用來陪伴死者進入下一段生命歷程。尼安德塔人則在以色列的喀巴拉洞窟（Kebara Cave）埋葬幾副骷髏與頭骨，也許那是等人過世以後才會舉行的儀式。

早期的人們看似也害怕死靈。在英國薩莫塞特（Somerset）的高夫洞穴（Gough's Cave）發現的骨頭大約有一萬五千年之久，上面的切口暗示當時的人似在參與儀式性吃人肉的活動。而這類做法的目的，也許是要獲得死者的力量，或是避免死者之靈對生者造成傷害。

頭髮部位做成魚鱗狀，暗示與水有關

巨石的自然弧狀邊緣被用來當作下巴

▲ **保護漁夫的河神**
這是位於塞爾維亞境內、在多瑙河旁一個名為列彭斯基維爾（Lepenski Vir）的新石器時代漁村遺址出土的一系列巨大砂岩頭像之一。這些頭像被安置在爐前，數量超過50個，也許象徵河流的守護神祇。

泛靈論（Animism）與圖騰

史前時期的宗教被認為是泛靈論——即相信自然界的一切，包括地景及居住其中的動物，都含有魔法或超自然的力量。明顯的自然地理特徵，會被當成聖地，例如位於烏干達尼洛（Nyero）的一系列岩石陣（年代大約是一萬二千年之前）。早期人類相信那裡有靈，他們會用幾何圖形的繪畫予以裝飾，並前去那裡向靈獻供。動物形象的雕像，通常是那些混有動物與人的特徵者，也會受到敬重，例如在德國南部某個洞窟找到的「獅人」（Lion Man），其年代約有四萬年之久。那些雕像有可能是圖騰（totem），係與當時的部落有著特定魔法關係的靈體動物。

靈界

對於早期人類來說，跟居住在這世界的眾靈打好關係至關重要，所以專門進行儀式的人——通常會被稱為薩滿——就此產生，他們要跟眾靈溝通並試圖影響之。薩滿看似能夠憑藉恍惚狀態將自己傳送到靈界，而當時產生恍惚狀態的方式則有唸咒、有韻律感的鼓聲，還有食用致幻藥草或其他作用在精神的物質，或嗅聞其燻煙。

英國約克夏的斯塔卡（Star Carr）考古遺址，其年代距今約一萬一千年，在該處發現用雄鹿頭角製作的頭飾，被認為是某位薩滿的儀式工具之一。在俄羅斯西伯利亞發現的石頭藝術，則用「X光」透視的方式表現出對象的內部骨骼。這樣的視野被認為是在象徵懸在生死之間的狀態，這狀態讓薩滿能夠進入靈界，西伯利亞原住民則將此類信念從過去一直保留至今。對於魔法的信仰，最早也許可以溯至距今10萬年，然而它們有許多是到最近才以某種形式得以倖存。

▲ 拉斯科（Lascaux）薩滿

這幅壁畫顯示一頭野牛正在逼近一個躺著的人，而此人身邊還有一隻鳥。此圖的解釋之一，即是此人像係指某個薩滿，而鳥是他的靈體動物。薩滿與鳥一起前往那個神祕世界，留下自己的肉體一動也不動地在現實世界躺著。

凝固的太陽

琥珀（Amber）係變成化石的史前松脂，即使在新石器時代也受人珍視，而希臘人認為它是凝固的陽光。它因明顯的顏色與半透明度而變得相當珍貴。它能產生靜電（受到摩擦時會出現電光），因此也被認為能夠抵擋危險，到後來被視為具有療癒性質的石頭。琥珀的發現地點主要是在波羅的海沿岸，算是常見的考古發現，只是用琥珀做成的項鍊或墜飾較為少見。

這個魚馬相混形象的琥珀墜飾係源自西元前5世紀的義大利。

魔法俯拾皆是

美索不達米亞魔法

　　古代美索不達米亞（Mesopotamia）位於底格里斯河與幼發拉底河系統之間，現今多屬伊拉克的土地，當時那裡的人民生活在一個使用魔法的世界。蘇美人、亞述人、巴比倫人都會尋求魔法的協助，從驅魔、徵兆解讀，到發現未來及針對惡意的超自然存在個體進行防護都有。從蘇美人的時代開始，最初的城市大約在西元前4000年開始建立，一直到三千年後的巴比倫人的時代，魔法都是美索不達米亞這塊土地上日常生活的一部分。

　　在正式的眾神——包括亞述人的天空神恩利爾（Enlil）及智慧之神依亞（Ea）之類——的底下，有著屬於惡魔的層次，例如會對孕婦不利的拉瑪什圖（Lamashtu）及需要安撫的瘟魔納姆塔魯（Namtaru）。儘管美索不達米亞的居民在進步，然而像是洪水與雷電的自然現象或傳染病，那時都還未能用科學來了解，因此不論社會階層高低，眾人全都傾向超自然的解釋。他們相信疾病的發生，也許是巫者施以詛咒（mamitu），或是病人冒犯眾神（患者有時並不知道自己已冒犯祂們），又或是不經意地忽略神聖徵兆所造成的結果。

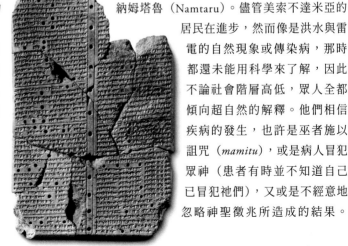

▶ 馬克盧（燃燒之意）泥板

年代約為西元前700年，這塊泥板是九塊泥板當中的第七塊。阿胥普（驅魔師）能用其上所載咒語，驅出可能已對受害者下詛咒的巫者。

「我已向黃昏、午夜與晨曦求助，因為有個女術士向我下咒。」

馬克盧泥板1號，年代約為西元前1600年

括燒掉一個象徵該為此事負責的巫者塑像。驅魔師常與醫師的身分重疊，所以另一塊泥板載有呼喚健康女神古拉（Gula）的法術，以趕走那使患者生病的鬼魂。

巴魯則是進行「臟卜」（extispicy），即藉由檢視羊隻的內臟進行占卜。他們也會觀察天體徵象，例如日蝕、月蝕、太陽周圍的光環（預示城市的毀滅）、金星的異常移動，以及雲的狀況。其他被認為不尋常的徵象還有很多，包括家畜產出肢體不全或連體雙胞胎的幼崽，甚至連紅狗撒

諸王則會藉由諮詢神殿的祭司，特別是操作魔法儀式的阿胥普（ashipu，即驅魔師）及解讀徵兆的巴魯（baru），來防範這些事件的發生。宮廷的檔案室則將內容為法術、咒語及徵兆的楔形文字泥板納入收藏，像是亞述王亞述巴尼帕（Ashurbanipal）的宮廷圖書館，人們在那裡發掘出巨量的泥板。平民也會請阿胥普施展保護法術，並使用護身物（amulet）及小型附法塑像以驅逐惡靈。

反制巫術與徵兆

個人的不幸或病痛，通常會怪罪巫者或惡魔。巫者也被認為會對別人偷下詛咒。當時的祭司發展出能夠反制惡意影響的儀式，並將它們記錄在九塊馬克盧（Maqlu）泥板上，最早的編製時間點約在西元前1600年。這些泥板後來由阿胥普代代傳承下去，約有千年之久。其中八塊泥板總共寫有100則咒語，讓阿胥普能夠辨認邪惡魔法並予以控制；剩下的一塊泥板則載明一個用於驅散詛咒的儀式之做法，其步驟包

▼ 咒碗

這是美索不達米亞魔法傳統非常晚期的例子。這只碗的年代大約在第5到第7世紀，上面載有用亞蘭語（Aramaic）寫就的咒語，並在中央繪出一名惡魔。像這樣的碗，通常會被埋在房間的角落以提供保護。

尿在人身上也算——那是快樂的預兆喔。

美索不達米亞人相信物品具有生命的質地，能被當成巨大魔力的容器，用來抵禦邪靈並阻擋它們的行動，或是得到某位神祇的護佑以把它們驅走。皇室宮廷會有負責守護的巨大雕像，名為拉馬蘇（lamassu），係為有翼的人頭牛身或獅身形象，而它們會被安置在大門、角落及王座間的入口，為那裡提供遮擋與支撐的功能。門檻被視為特別容易受到惡魔——例如別名為「蹲伏者」的拉畢蕭（Rabisu）——從地府（underworld）發起的滲透。較為貧窮的人們則會把眾神或是尖帽鱗皮的魚人之小塑像放在門口或窗戶底下。

魔法儀式是防禦黑暗魔法時的重要環節。當時會用到替代的原則，所以某隻年輕山羊也許會被穿上病人的衣物與涼鞋，然後被獻祭給死亡女神，藉此希望祂接

◀ **人頭獅像**
這座拉馬蘇守衛宮廷的門口。以角裝飾的帽子與翅膀表明它的神性，而腰帶則顯示它的力量。雕塑者為這塑像做出五條腿，所以若從正面看的話，它像是穩穩地站著，但從側面看的話，它像在闊步前進。

受山羊而饒過病人。同理，為了避免死者到處亂晃或講話，也會做出象徵鬼魂的假人——基本上是一尊寫上死者名字的陶偶，其雙腳會被打斷，還會用一顆狗牙放進它的嘴裡，將它塞住無法說話。

當時的人們相信，絕大多數的邪惡魔法之所以能夠執行，是因為巫者用欺騙的方式得到眾神的幫助。所以在向眾神的禱告中，特別是與魔法有密切關係的馬杜克，會請求祂跟祂自己的父親——即力量強大的智慧之神依亞——一起冥想，因為阿胥普在驅魔術所運用的儀式魔法之最初源頭就是依亞。

用來抵擋邪惡的護身物

佩戴護身物是保護魔法的另一部分，像這樣的護身物通常會繪上它們要去抵擋的靈體，例如風之惡魔的國王帕祖祖（Pazuzu），就會被畫成具有鳥胸鳥爪、手握雷電的生物，還有會向孕婦下手的拉瑪什圖，就會被畫成具有驢、獅、鳥特徵的混合個體。護身物能夠保護身處惡魔居住的敵意之地（像是沙漠）的旅者，或是在疫病時期使疾病遠離住屋。在美索不達米亞的世界中，絕大多數的事情都無法預料，而魔法將事物的平衡朝人們的好處稍微傾斜一點。

事實小補帖

狗像

療癒女神古拉（Gula）的圖像常會畫出一隻坐在祂腳邊的狗兒，所以狗的陶像或黃銅像在當時都是用來祈求祂的援助。它們就像是神祕層面的守衛犬，會被埋在門檻，將疾病或其他不幸擋在外面。它們的身上常刻有名字，像是「吠叫之王」或「捕敵者」，為其賦予額外的影響力。古拉也是地府的女神之一，所以狗像在當時也有可能被用來協助死者進入下一個世界。

這塊赤陶碎片是古拉的狗兒，它是某個更大的雕像或神殿裝飾的一部分。

重點

1 獅頭的帕祖祖用自己的爪子抓著牌匾。

2 提供保護的獅頭神祇，祂們排成兩排。

3 帕祖祖趕走拉瑪什圖。

◀ **提供保護的牌匾**

這塊牌匾繪有來自沙漠的西南風、帶來饑荒與蝗蟲的風之惡魔國王帕祖祖。而這牌匾則是設計用來請帕祖祖自己提供防護，並配合它的援助以驅逐另一名惡魔拉瑪什圖。

宇宙力量
埃及魔法

西元前4000年，黑卡（heka，即魔法）已是處在埃及信仰的中心。像是努神（Nu，即水之深淵）之類的創造神，據說是用嘿喀將世界從原始混沌當中浮現出來。在這樣做的過程，祂們將混沌諸力壓制下去，然而這些力量仍持續尋找回返的機會，只有魔法能夠阻止它們。就古埃及人而言，能夠處理魔法者並不限於眾神，次等的超自然存在、法老以及死者都被認為具有嘿喀的要素，而他們可以藉由運用法術來連結這要素，使惡靈的注意力轉向。

維護宇宙和諧

古埃及人也相信「阿互」（akhu）是魔法力量的另一種形式，係屬邪惡，且與地府的存在有著密切的關聯。為了抵禦阿互，像是「生命之屋」（Houses of Life）——這是收納埃及眾神廟的手抄本之處所——的祭司與抄寫員，以及

◀ 河馬女神
這個塊滑石（steatite）的罐子上呈現的「塔維瑞特」（Taweret），人們相信祂能幫助正值產子的女人。此罐在過去也許裝有一小張寫有魔法咒語的莎草紙，用來保護母親與嬰兒。

蘇努（sunu，即醫生）與紹（sau，護身物製作者）之類的魔法從業人士，會運用嘿喀的法術、儀式及魔法物品。事實上，對於嘿喀的信仰如此廣為流傳，致使古埃及人將它用在生活中的所有面向，從國家大事到傳達神諭與村鎮俗事（例如婚配作媒、嬰兒出生時的防護及治療小病）都是如此。

魔法雖是概念化的力量，但也有將魔法擬人化的神祇，亦名「黑卡」（Heka）。嘿喀神會協助確保宇宙的和諧，並像管道那樣讓信者能夠尋求神的恩惠。他有個女性的對應者，名為「威瑞特嘿考」（Weret Hekau，即魔法的偉大者），其形象被繪成眼鏡蛇的形狀。所以古埃及魔法師通常使用的蛇頭杖，也許是在象徵她。

超自然力量

在古埃及，魔法與宗教有著親密的關係。某位祭司在神殿舉行儀式，傳導藉由法老而來的神聖力量，確保太陽會在每日清晨昇起、尼羅河的洪水會為土地帶來豐產，然而同樣的這個祭司也會為遠較私人的理由誦咒及祝

▼ 力量之杖
人們認為刻有保護符號的河馬牙彎杖可以保護孩童與孕婦，而這根彎杖的正面刻有讀作「晝之保護」與「夜之保護」的銘文。

「你將鱷魚蛋的殼放進火裡，
它會立刻被附法。」

以上法術摘錄自《倫敦－萊頓世俗體莎草紙》（*LONDON-LEIDEN DEMOTIC PAPYRUS*），西元3世紀

福護身物。祭司們是法術書——像是《打敗阿派普之書》（*The Book of Overthrowing Apep*）——的守護者，而阿派普則是混沌之力經擬人化呈顯的蛇，其邪惡力量被認為特別具有威脅。

　　雖然眾神都被認為具有嘿喀，然而獅頭女神薩科梅特（Sekhmet）的嘿喀特別有力。她的「七箭」（Seven Arrows）會帶來傳染病，而名為

「薩科梅特的屠夫」（slaughterers of Sekhmet）的魔鬼使者團體，可能會在年末依曆法結束後為了與太陽年同調而增加的五日當中造成破壞。為了抵禦它們，魔法師們要唸誦名為〈年末諸日之書〉（*The Book of the Last Days of the Year*）的咒語，並用亞麻布圍住頸部、交換具有薩科梅特形象的護身物以抵銷薩科梅特的憤怒。古埃

▲ **魔法之神**

嘿喀神是嘿喀（魔法）的擬人化表現，而這個位於恩斯納（Esna）的克奴姆（Khnum）神殿大廳之浮雕，則示現嘿喀神、西元前15世紀擔任法老的圖特摩斯三世（Pharaoh Thutmose III），以及山羊頭的尼羅河神克奴姆。

及祭司及其他魔法師有各式各樣的計策來阻撓惡意的神祇。他們也許會在咒語當中說出神名以獲得凌越其上的權威，或是欺騙惡魔相信自己正在攻擊的對象是女神伊西斯（Isis）及其子荷魯斯（Horus），而不是某個卑微的母親與嬰兒，又或是用更加可怖之力——像是凶殘的沙漠與失序之神賽特（Seth）——的憤怒來威嚇不懷好意的神祇。人們會佩戴上面寫有保護咒語的莎草紙，或把這種莎草紙藏在容器中當成護身物。尋求保護的人也許會喝下寫有魔法咒語的碗所盛的水。上面顯示荷魯斯打敗危險動物（例如蛇）的石碑「希辟」（cippi）會被放在房間，用來防護及治癒刺傷與咬傷。

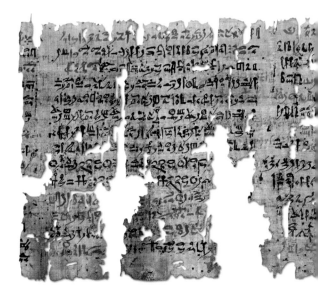

▲ 紙上魔法
《倫敦醫學莎草紙》的這一部分，撰寫的年代約在西元前1300年左右，其內容包括大約60種對治多種疾病（特別是眼疾）的醫藥及魔法藥劑，也有對治燒傷及婦科病症者。

詛咒敵人

詛咒是魔法的特化形式之一，目的為運用魔法削弱對手，這類魔法會被收錄在《詛咒書》（Execration Texts）。詛咒對象的名字會被寫在罐子上，然後用儀式的做法將罐子敲碎及棄於坑中。表現出受到綑綁的男女之小塑像，也會被用來當成真正用在詛咒受害者不得進入彼世的獻祭儀式之對象。然而，那些被留在此世與彼世之間停滯領域的人們，有可能會變成「墓特」（mut，即那些相當棘手、會向生者復仇的死者）。

有個詛咒會要求施術者從屍體剪下頭髮並繫在生者的頭髮上，生者就會被逼到發狂。另一詛咒的做法則是將某張上有詛咒的莎草紙繫在一枚鐵戒指上，再將戒指埋進墳墓，如此一來，那張莎草紙會把死者永遠束縛在那墳墓。而寫在墳墓裡面的詛咒，會警告入侵者不得褻瀆墓穴，不然將會承受永恆的苦痛。這種做法在古王國時期（the Old Kingdom，西元前2575-2150年）較為常見，因為那時的墓穴（包括金字塔裡面的墓室）越來越精緻，而裡面的陪葬物品越來越吸引盜墓者所致。

醫藥與魔法

古埃及在醫藥與魔法之間的界線模糊不清，而薩科梅特的祭司也經常擔任醫生的角色。由於沒有能夠醫治眾多疾病的有效療法，於是人們轉向法術與儀式求助。有些魔法具

▲ 祈請保護
這位獅子一矮人神貝斯（Bes）是滿受歡迎的保護神，人們認為祂的醜臉能嚇跑惡魔。人們最常在孕婦分娩時向祂祈請，而這裡的護身符顯示祂正抱著嬰兒荷魯斯。

> 「在此墓行邪事的任何人、抄寫員、任何智者、任何平民或任何地位低下者……必將承受托特的憤怒。」

以上詛咒出自傑費哈彼之墓（TOMB OF DJEFAYHAPY），約西元前1900年

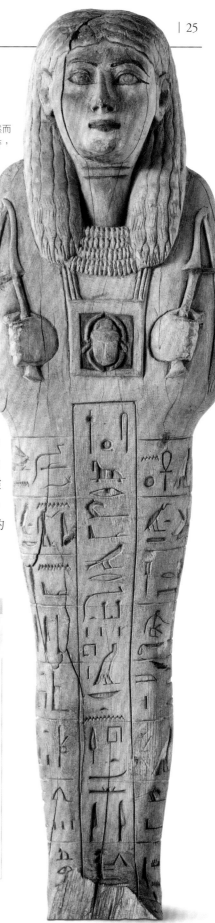

▶木製木乃伊沙伯替（shabti）
這類小塑像起初是用來當成死者的替身，然而到了西元前16世紀，它們被視為工人與陪侍，能為處於彼世的死者提供生活所需。

「交感性」（sympathetic），使用那些與特定疾患的表觀原因相似的治療性物質，例如牲畜糞便會用於緩解胃腸問題。

魔法師在使用咒語方面有兩種形式：一是直接的方式，像是「命令」某塊卡住患者喉嚨的骨頭離開該處；另一則是間接的方式，例如告訴那位引發疾病的靈體（通常會被辨認為某個外來的惡魔）離開病患。護身物也會被放置在身體的生病部位，或是被用來趕走疾病。

至於死亡，則是最大的挑戰。代理死者遵行的宗教習俗相當繁複，至少死者若為菁英分子的話會是如此，而這樣的做法是為了要將靈魂的兩個部分——卡（ka）與巴（ba）——於死亡中結合在一起。誦咒以及將身體作成木乃伊是為了保護「卡」，即生命源頭，以及將那前往地府、含有個人人格的「巴」釋放出來。

約在西元前27世紀寫就的《金字塔書》（Pyramid Texts），它使眾王的靈魂可以對抗惡魔、向靈界的擺渡人繳足渡資並抵達彼世。過了600年之後，它看似為更廣泛的社會階層提供魔法保護。

托特（THOTH）

魔法諸密的持有者

智慧與書寫之神托特，祂跟魔法有著緊密的關聯。頭部會被畫成狒狒或是朱鷺（如本圖所示）的祂，據稱發明象形文字，並用此文字寫下42本保存在眾神殿的智慧祕書。此外，人們也相信祂復原荷魯斯被賽特傷害的左眼（即月亮），因此荷魯斯之眼的圖像——其名為維傑特（wedjat，完好的眼）——被認為具有龐大的魔法力量。托特也有去到沙漠深處取回拉神（Ra）的眼睛——是眾神之王能夠照見一切的必需之物——以及擔任地府的抄寫員，記錄死者的罪惡經過秤重的結果。較為晚期的希臘與羅馬神話中的三倍偉大魔法師赫密士，據稱他係源自托特。

為彼世準備的法術

在古埃及的信仰中，「巴」（即靈魂當中含有死者人格的那部分）會在前往彼世的路上面臨一連串的考驗，考驗沒過的話就意謂第二次死亡——徹底抹消死者的塵世記憶，而死者將像鬼魂那樣永遠飄蕩。為了避免第二次死亡，埃及人會在墓室的牆壁鋪滿名為「死者之書」（The Book of the Dead）的經文，裡面含有保護靈魂的咒語。這裡的場景顯示「巴」（穿白衣者）會有胡狼頭的阿努比斯神（Anubis）陪在旁邊，而後者會檢視這靈魂的罪，以一根羽毛來比較重量的結果。如果罪比羽毛還重，「巴」就會被鱷首惡魔阿米特（Ammit）吞掉。

死者之書從未編成法典，而且每篇內容都不一樣。它們均是依資助者的要求個別製作，並納入最能反映出當事人的祈禱，以期在彼世幫助他們。死者之書的組成大約是在西元前1700年，逐漸取代更早期的經文。當時也有加入咒語，直到大約西元前1500年，含有大約200則咒語的整篇經文已變得普遍。如果對象是平民，它會被寫在長達20公尺（22碼）的卷軸上；若是王族，則會被畫在墓室的牆上。這些咒語是要讓「巴」在前往彼世路上、抵達某些關鍵點的時候說出來的。咒語四是要讓「巴」變成蛇。咒語八九則是讓「巴」於晚上回到自己的墳墓，而咒語九八讓它可以搭船前往地府。古埃及人非常相信這些卷軸的功效，因此直到羅馬人於西元前30年征服埃及之前都相當流行。

「吾屬高尚、吾為靈魂……
噢～眾神哪、諸靈啊，
為吾準備一條道路吧。」

奇蹟與禁忌魔法

古希伯來魔法

▲ 上天賜予的洞見

在這幅放在手抄本的泥金飾圖當中，先知以西結（Ezekiel）的右上側有位天使，左上側則有神之手，他的預見力量係從這兩個靈感來源而來。

在《塔納赫》（Tanakh，即《希伯來聖經》）裡面的超自然經驗，具有許多對應的參考資料。雖然猶太教的祭司認可這些典故的絕大部分，但他們也贊同那些被視為猶太教的禁忌魔法之早期信仰與儀式操作。

神力與先知

《塔納赫》所顯示之對於魔法的傳統態度，其背後驅力即是「猶太人相信神只有一位」的事實。在早期的猶太教中，與其他信仰系統有關的宗教習修法門都會有被貼上「惡魔」標籤之風險。然而當時尚在萌芽的猶太教，就將古代迦南信仰的魔法元素融合進來。例如，《塔納赫》敘述先知——他們是揭示神之話語的關鍵角色——要如何進入狂喜的恍惚狀態以獲得異象。其

中一位先知，即以利亞（Elijah），跟公開信奉巴力（Baal）的異教祭司們在某座山的山頂對決，看誰能夠生出火焰以燒掉牲禮。《塔納赫》還記敘以利亞的祈禱得到回應、雨水降下而結束肆虐以色列之地的過長旱災之過程。經文中提到的族長本身也會行使奇蹟，扮演傳導神力的工具：在以色列人被擄去埃及的期間，摩西（Mose）的兄弟亞倫（Aaron）與法老的魔法師對決，那些魔法師將手杖變成蛇，而亞倫把自己的杖變成體型更大的蛇，並把對手的蛇通通吞掉。

預言未來

在〈申命記〉18:10-11，摩西說：「你們當中不得有將兒女送去過火，也不可有運用占卜、看時辰者，或附法者、行巫者、魅惑他人者，或以靈寵探究問題者，或巫師，或死靈法師。」儘管有這些限制（而且《塔納赫》還有其他幾處經文明示嚴禁魔法的使用），若要揭露未來，還是有官方許可的方式，那就是預言。關於預言

背景小知識

隱多珥的女巫

據《塔納赫》所載，即使會有非常糟糕的後果，以色列人的領袖有時仍會在一籌莫展的情況下訴諸黑魔法。當時，掃羅王（King Saul）因面臨非利士人的入侵而請示聖殿的神諭，然而沒有得到答案。於是他在絕望中前往隱多珥（Endor），向那裡的女巫提問。女巫召出先知撒母耳的靈，而它斥責掃羅的打擾，並預言他的悲慘下場——因為他不遵守神反對此類魔法的誡命。驚恐的掃羅到第二天即戰敗死於戰場上，其不幸下場對於那些喜歡冒險使用死靈術（necromancy）的人們而言是一記可怖的警告。

這張19世紀的繪圖係重新構想女巫召出撒母耳之靈的場景。

▲ 不可思議的揚升
這幅義大利濕壁畫顯示先知
以利亞在火之戰車中被提上
天堂，藉由旋風朝天推動前
進的模樣。以利亞在離開塵
世的時候，將他的斗篷掉在
以利沙（Elisha）身上，象
徵他選擇以利沙接任先知。

未來，在《塔納赫》
就有很多參考資料，包括找
先知諮詢來解讀夢境，例如約瑟夫
（Joseph）為法老解釋瘦牛的夢境，預言埃及將
有饑荒。箭占（belomancy），就是將箭枝在神聖
的箭筒中搖晃，所以也許正式的占卜就是將箭隻
全撒出來看。據說這些占卜做法是在傳導神的意
志，而不是借助魔法將某作用強加於人。

　　至於較為接近古中東地區魔法習修的方式
之描述，則是名為「索塔」（sotah）的儀式——被
懷疑不忠的婦女要喝下溶有寫著《塔納赫》特定
章節的紙片之水。如果有罪，據說她的身體會馬
上出現明顯的變化，最終導致死亡。不過，《塔
納赫》說到底只會支持神所認可的人類干預行
為，就像前往應許地的以色列人在走到約旦河的
岸邊時所發生的情況那樣，亦即藉由神的祝福，
祭司們所抬的約櫃（the Ark of the Covenant）使得
河水奇妙地分開，讓他們毫無損傷地過河。

▼ 神聖之王
在這金色耳環上被動物環繞的形
象是智慧之主，祂是多神論祆教
的至高神。

術士之力

古波斯魔法

大約在西元前6世紀的波斯地區，祆教（Zoroastrianism）在阿契美尼德帝國（Achaemenid empire）底下發展起來，其先知瑣羅亞斯德（Zoroaster），另名查拉圖斯特拉（Zarathustra）鼓勵他的追隨者信奉至高神智慧之主（Ahura Mazda）。而祂所創造的這個世界，變成創造靈（Spenta Mainyu）與它的邪惡對應、以黑魔法為特徵的破壞靈（Angrya Mainyu）彼此爭鬥的場地，而人類可以自由選邊站。

當時的術士（Magi）是執行公開或私人儀式的世襲制祭司，專精祆教儀式。術士的任務包括名為「拉恩」（Ian）的獻祭（以保障統治者的身心安適），以及照料創造靈的象徵——聖火（帝國全境的火神殿裡面都燒著聖火）。若疏忽這些任務，就會有可怕的後果。希臘歷史學家希羅多德（Herodotus），也提到術士會對著獻祭動物的肉誦咒，以及詮釋夢境。

▼ 照料火祭壇

這位站在火祭壇前面的術士正以朗誦進行儀式。確保火焰不滅是他最為神聖的任務。如果他真的讓火焰熄滅，就有可能被指控為「惡魔崇拜者」。

▶ 為儀式做好準備

這在金片上面的浮凸圖案是一位術士，他一手拿著一杯在祆教儀式會用到的輕微致醉物「豪麻」（haoma），另一隻手則握著象徵植物王國的豐盛之嫩樹枝束。

岱瓦與術士

祆教的神聖經典《阿維斯陀》（Avestas）有著更多對於術士的敘述。據《阿維斯陀》所載，世上還有另一種不應當去崇拜的神聖存在，即「惡魔」（daevas），然而術士當中仍有信奉祂們的人，被稱作「惡魔崇拜者」（daevayasna），包括「術士」（yatu; sorcerers）以及「巫者」（pairika; witches）。人們最初相信巫者是想要傷害人類的超自然靈體。

為了抵禦巫者，術士能夠援用智慧之主的名字，或是對著剪下來的指甲唸出禱詞，然後將這些指甲燒毀。人們相信，智慧之主自己告訴過瑣羅亞斯德，用渡鴉（Varenjana）的羽毛搓著術士的身體為何能抵擋邪惡的理由。不過，就一般而言，術士所仰賴的是儀式層面的純淨，亦即祭壇絕不放汙染物，像是排泄物或是死物，並且相信若將神殿的聖火撥旺的話，就能殺掉一百萬個惡魔。

對於「妖術」（jadugih; sorcery），波斯人的態度相當嚴厲，會用熔融的金屬液體倒在被指控者的舌頭上以定罪。當時據說術士在彼世時會被處以地獄般的懲罰，像是狗會去咬齧他們的肚子，或是站在燒到紅透的銅片上直到永遠。

> 「除非有一位術士在場，不然獻祭是不合法的。」

希羅多德，《歷史》第1卷第131章，約西元前430年

爭取諸神之助

古希臘魔法

從黃銅時代荷馬（Homer）所著的《伊利亞特》（*Iliad*）到西元年初期較為廣大的希臘文化世界（Hellenistic world），咒語、書本、護身物、文獻及銘文都是魔法（*mageia*）在當時如此普遍的見證。如同許多舊的信仰系統，正式的宗教在那時會與魔法互相關聯。神聖的影響瀰漫整個世界，而那些自認有能力與諸神溝通的人們當中不乏祭司、哲學家、醫師與詩人。

在古希臘，正式的宗教是屬於獻祭與祈禱、慶典與神殿的公眾事務。而魔法雖然目的也是取悅眾神，但它的形式算是較為隱密、逾矩，通常會用於獲得個人利益或傷害他人。雖然神殿祭司可以執行儀式魔法，私人的要求則通常由到處遊走的魔法師與預言師，還有社會的邊緣人（例如娼妓有時會施展愛情法術）予以滿足。

希臘哲學家明白表示拒絕魔法，而那些撰寫希波克拉底醫學文獻《論神聖疾病》（*On Sacred Disease*）的作者則蔑視「法術能夠引發日月蝕或對治發燒」的看法。然而同樣的這些作者，會為治療疾患而開立以下的處方——在醫神阿斯克勒庇俄斯（Asclepius）的聖地睡覺。不論貴賤，希

▼ 希臘魔法莎草紙

這份文本收藏品係於埃及寫就，時間約在西元前1世紀到西元4世紀之間，上面載有用於愛情、占卜與療癒的法術。

這是用於誘發異象、靈視的啟示法術

「取一隻狗臉狒狒的糞便、一隻朱鷺的二顆蛋、四打蘭的乳香、一顆洋蔥。將這些材料跟那隻老鼠一起放進研缽。」

希臘魔法莎草紙

臘人都持續使用各式各樣的方式以確保愛神厄洛斯（Eros）的保佑，或巫術女神黑卡蒂（Hekate）較為陰暗的庇佑。無論表現形式為何，人們的口袋名單第一選項必是魔法。

魔法工具

特定石頭據信具有魔法力量，像是赤鐵礦（haematite）被認為可以保護尚未出生的胎兒，而淺綠色的碧玉（jasper）則是用於治療胃部感染。這些石頭會被安在由懇求者能夠佩戴的木頭、骨頭或石料製成的護身物上。即將出海面對危險航程的水手，也許會用上一件具有海神波賽頓手拿三叉戟、腳踏海豚之形象的保護墜飾，而害怕邪眼（baskania）的人也許會戴著具有眼睛形狀的墜飾以抵擋邪眼的凝視。

許多法術書則定下那在創作護身物的過程中要執行的儀式，其中包括唸咒與手勢。許多護身物在刻上諸神名稱時，會採用顛倒文字排序（anagram）或迴文（palindrome，即正反讀都一樣）的形式。若是盒墜形式的護身物，裡面也許會放置一張寫有神話故事的莎草紙。

各式各樣的工具使魔法師的儀式工具套組得以完備，從魔杖（例如神話中的女巫奇耳琪），到打磨過的石頭、鏡子、水盆、鈸、豎琴，還有用來擴大魔法力量的旋轉裝置（rhombos）＊。魔法師也會運用魔藥（pharmaka）——《奧德賽》裡面的奧德修斯就是喝下用魔草（moly）製成的魔藥，使奇耳琪無法將他變成豬。魔藥還有名為philtre的類別，即愛情藥與毒藥，這類魔藥曾出現在海克力斯（Heracles）的神話故事：這位英雄的妻子狄爾睨

這隻羊被復活過來

▶ 女術士米蒂雅
瓶上圖案係描述米蒂雅藉由肢解一隻老山羊並入鍋煮之以彰顯自己的技術。鍋中的魔法藥草使山羊起死回生且回復青春。

＊譯註：據查似是利用快速旋轉發出類似動物嘯吼聲的器具，參考bull-roarer。

兒（Deianeira）將愛情藥（Philtron）——半人馬涅索斯（Nessus）的血液——抹在他的斗篷上而意外殺害丈夫。魔法原是口傳的傳統，到西元前6世紀才出現在希臘的文字紀錄，當時正值魔法的概念從波斯帝國逐漸向西滲入的時候（而那時的魔法師有時被稱為「迦勒底人」（Chaldeans），即來自波斯帝國與巴比倫相鄰的迦勒底省之人。）西元前4世紀之後，有許多法術被保留下來，而在西元前1世紀還出現另一次數量遽增的情況，像埃及找到的希臘魔法莎草紙（Greek Magical Papyri）就是典型的例子。它們涵蓋很多主題，包括用於療癒、辟邪及傷敵的法術。

束縛魔法

絕大多數希臘魔法理論的背後，都隱藏著束縛的概念——即控制受害者的肉身或智性屬性，使這些屬性服從於施術者的意志。甚至像是月亮的天體，也能用名為「將月亮吸引下來」（drawing down the moon）的儀式予以束縛，是色雷斯巫者（Thracian witches）的專門技藝，而這些巫者會收集「月之泡沫」（moon-foam）當成用於魔藥的增強劑。

公開及隱密的詛咒

詛咒是束縛魔法的特化形式，有時會用公開的表達，例如那些顯示在墳上、用來警告過路行人不得侵犯墳墓的詛咒，或用於市民、城市，像是錫拉島（Thera）的人民要移民到北非的塞瑞尼（Cyrene）時所發下的誓言。錫拉島人在發誓時，會同時熔化一個小蠟像，如果他們到後來無法達成自己的誓言，就會受到詛咒並像蠟像那樣熔化。

至於比較隱密的詛咒，較多是祕密地做在莎草紙上並埋在地下，其語法的常見開頭是「我束縛」，然後列出受害者的身體所有部位，只是對於某些目標，例如運動員，也許施術者會只綁住假人的手腳而已，破壞目標的運動競賽能力。

束縛諸神的意志則比較困難，還會應用到名為「通神術」（theurgy）的魔法分支。通神術的執行師可能會藉由夢境將自己投射到神聖領域，或是藉由「盤占」（lecanomancy，即將油滴入裝水的盆子，並從產生的漣漪引發神聖的連繫）或是「煙占」（libanomancy，藉由觀看燃香的煙霧型態進行占卜）。

事實小補帖

魔法小塑像

魔法儀式有時會用到陶製或金屬製的小塑像，以代表束縛或詛咒的對象。小塑像的四肢通常顯現為具象徵意義的綁縛或斷掉，或者塑像的身體被一些鐵釘（從觸礁失事的船隻取得的鐵釘最為理想）刺入。經過這樣處理的小塑像會被放進一副迷你鉛棺（見下圖），上面會寫有受害者的名字與詛咒，然後埋在具有魔法力量的地方，例如十字路口。

「然後拿起13根銅針，並將其中1根插在假人的腦袋，同時說：『我正在刺進你的腦袋』……」

巴黎大魔法莎草紙（GREAT PARIS MAGICAL PAPYRUS），西元3世紀

▲ 詛咒板
這片西元前5世紀的詛咒板
是在義大利西西里發現，製
作者寫在上面的法術是要某
場官司的爭訟對手變得無法
在法院陳訴己方辯詞。

召請死者

詛咒代表希臘魔法較為黑暗的面向，然而死靈術是唯一比詛咒更加黑暗的術法，亦即與死者對話或甚至復甦死者之技藝，會在類似伊庇魯斯（Epirus）的死諭神殿（Necromanteion）之類的地方施術。有些詛咒會被寫在薄鉛片（*lamellae*）上，然後將鉛箔捲起丟進井中，或跟屍體一起埋葬，這樣屍體就能將召請者的欲望傳達給地府的強勢個體，像是復仇三女神（the Furies）以及凶惡的復仇之靈普羅西迪凱（the Praxidikai）。此類詛咒板在希臘文化世界已找出數百個，此種做法到後來傳入羅馬帝國，最遠傳到英國。上面所載的不滿、抱怨，包括要求竊賊得到正義的制裁、配偶不忠或生意競爭。為了魔法療癒儀式能夠成功，希臘人也許會向眾神獻上頭、腳或子宮的陶製模型以表示感謝，然而他們在召請同樣的力量對自己的敵人造成致命傷害時也絕不手軟。

「我們就去問某個預言家或祭司，或是能解
夢的人……他們也許能說出福玻斯·阿波羅神
（Phoebus Apollo）如此生氣的原因。」

荷馬，《伊利亞特》1.62-67

解讀神意

古希臘的占卜

古希臘人持續尋求了解眾神的意思，所用的方法有從自然的事件、動物或物體讀出徵象，或是嘗試與祂們直接溝通。那是因為他們處在凡人看似太過容易惹怒眾神、且惹怒祂們的下場十分糟糕的世界裡，所以會焦急地占卜眾神的意願並學習如何贏得祂們的青睞。

占卜師與神諭

占卜方式的最早紀錄見於《伊利亞特》，係關於特洛伊戰爭（Trojan War）的詩。此詩裡面的英雄阿基里斯（Achilles）提議要找「解夢者」商量，以了解阿波羅神對希臘人發怒的緣故。

找出神意的方式各式各樣。占卜者有各自的專項，像是觀察鳥的飛行方式（鳥占ornithomancy），例如鳥兒高飛、翅膀完全展開，就是好的兆頭；或是檢視獻祭動物的肝臟（肝占hepatomancy），只要看見任何異常，就是不好的徵象。眾神也會藉由占卜者抽籤或擲距骨（knucklebone），或是利用繫著細線而不停搖擺的戒指，在字母表的板子上指示字母來回答問題。藉由解讀某位睡在特定聖地——像是醫神阿斯克勒庇俄斯在埃皮達魯斯（Epidauros）的神殿——的人所做的夢，就有可能與眾神有更為親近的接觸。希臘魔法紙莎草在獲得神聖啟發之夢方面列舉的儀式數量至少有30種。

最直接的連繫眾神方式，則是經由神諭（即神賜予的建議，通常藉由女祭司傳達）。希臘文化世界的神殿，都有為提問者傳達答案的女祭司，通常是在某種神聖狂熱狀態之下給予——希臘占卜的名稱（mantike）就是源自這種狂熱（mania）。其中最著名者即是位於德爾菲的神殿，那裡的阿波羅神女祭司——即「皮媞亞」（Pythia）——會在因著地下洞穴的煙氣引發的狂喜狀態中給予建議。雖然德爾菲的女祭司給予的神諭大多隱密難解，許多城邦都還是拿國家大事向她求問。西元前546年，利底亞（Lydia）的國王克洛伊索斯（Croesus）來問是否與入侵的波斯人交戰，而他所得到的答案是，若與對方交戰的話，他將摧毀一個偉大的帝國。於是克洛伊索斯認為自己應當交戰，然而他後來慘烈戰敗，敗到使自己的「帝國」被摧毀了。

▲ 臟卜

這個西元前6世紀的赤陶像，顯示某位祭司正準備將獻祭豬隻的內臟移出以占卜未來。此種占卜方式名為臟卜。

畢達哥拉斯與數字學

西元前6世紀的希臘數學家畢達哥拉斯（Pythagoras）及他的追隨者，相信這個宇宙跟數字有著非常緊密的關聯，並認為藉由了解數字，就能了解過去之事、預測未來之事。有些數字具有特別的品質：數字2與3被認為是男性與女性，而它們相加所得的數字5，則代表婚姻；數字1、2、3與4的加總則是完美數字，即數字10（因為等於眾天體的數量），而且這個數字特別吉祥。後續的技巧則由畢達哥拉斯發展出來，即將字母表的每個字母都賦予一個數值，那麼每個特定名字的字母數值加總所得，就能提供相應的魔法見解。

畢達哥拉斯（右圖）坐在計算板旁，正與使用印度－阿拉伯數字的波埃修（Boeth-ius）比賽計算。而「算數」（Arithmetic）的擬人形象在後面看著他們。

希臘魔法與神話

在荷馬的史詩《伊利亞特與奧德賽》及諸多悲劇劇作當中重複敘述的神話，反映出古希臘人對於魔法的著迷。這些故事含有魔法的全般面向，從預言與詛咒，到對象為動物與人的獻祭都有。例如，有則故事敘述阿加曼農國王（King Agamemnon）的女兒伊菲革涅亞（Iphigeneia）在特洛伊戰爭開始時，被獻祭給女神阿媞蜜絲（Artemis）的經過。而黑魔法也在這些故事扮演關鍵的角色，例如奧德修斯屠殺一隻黑羊以舉行死靈術的儀式，為的是要把自己想要對話的死者靈魂吸引過來。另一位英雄奧菲斯（Orpheus）能用里拉琴迷住動物，而他用此技藝使看守地府的哈迪斯之門的地獄三頭犬（Cerberus）睏到睡著，以拯救他那已死的妻子尤麗狄絲，可惜功敗垂成。

而故事中的巫者會施展更加強力的黑魔法，像是太陽神赫利俄斯（Helios）之女奇耳琪，她使奧德修斯的夥伴吃下附法的起司而變成豬，奧德修斯則因反制的魔法才免遭此難。而技術最精湛也最可怕者當數米蒂雅（Medea），其事蹟包括給自己的未來丈夫傑森（Jason）一瓶魔藥，使他不被守護金羊毛的噴火公牛所傷、將自己的父親從死裡復生，並用魔火將傑森棄她改娶的對象克瑞烏薩（Creusa）燒死。大家都知道，玩黑魔法是有好處，但很少有好結果。

> 「我已用威力強大的誓約
> 與詛咒之索來束縛
> 我那不老實的丈夫。」

米蒂雅，在尤瑞匹底斯（EURIPIDES）的《米蒂雅》
劇作中所言，西元前431年

在這幅羅馬鑲嵌畫中，奧德修斯被綁在船桅上，俾他在經歷人首鳥身海妖賽壬（Sirens）用來惑亂或水手遇難的甜美歌聲時，能夠保住性命。

國力、科學與迷信

羅馬魔法

羅馬人除了有著自己的魔法信仰，也繼承古希臘人對於魔法的感覺，亦即魔法是用來從諸神那裡獲得更多權力與控制的一種手段。然而在羅馬的統治之下，正統宗教與魔法之間的不和越來越嚴重，也出現直接處決使用魔法者的情況。

雖然皇帝奧古斯都（Emperor Augustus）將占星師驅離羅馬，他仍在錢幣上放摩羯座（他個人占星盤的主導星座）的圖像，象徵他為羅馬帝國帶來的更新（如同摩羯座象徵冬至之後太陽復返的意思）。

國家與迷信

羅馬魔法絕大多數是從那些比羅馬人還早居住在古義大利的人們那裡繼承而來的，例如肝占師（haruspex）的重要功能——即能從動物的肝臟形狀與顏色做出預測的祭司——顯示早期羅馬魔法傳統有著伊楚利亞（Etruria）的影響。用公開獻祭以確保當地城市的安全之做法可以溯

至西元前8及7世紀，「占兆」（augury）——解讀出現在天氣模式、鳥群飛行或獻祭動物的內臟當中的徵兆——也是如此。自西元前509年之後，公開獻祭與占兆均成為羅馬共和國的官方做法。

西元前2世紀，在羅馬征服希臘之後，希臘對於「束縛魔法」（見第34頁）的信仰，包括使用詛咒板來確保競爭的勝利或贏過情敵，開始滲入羅馬文化。護身物也變得越來越普遍（值得注意的是，羅馬男孩全會戴上名為布拉（bulla）的陽具形狀護身物以抵擋邪眼）。

甚至皇帝也被認為用魔法得到好處。西元180年，當皇帝馬可·奧理略（Marcus Aurelius）在多瑙河流域攻擊日耳曼人夸迪部落（Germanic Quadi）時，他的軍隊因埃及魔法師阿諾菲斯（Arnouphis）召下驟雨而免於渴死。皇帝們也會參考《西比拉之書》（the Sibylline Books），據說這是生活在那不勒斯附近的庫邁（Cumae）之洞穴中的西比拉（the Sibyl）女祭司，約於西元前520年的預言集。這些書被保存在卡比托利歐山朱彼特神廟（the temple of Capitoline Jupiter），只在面臨危機的時候供人參考，例如在西元前216年古迦太基人（the Carthaginians）於坎內（Cannae）打敗羅馬軍隊之後，祭司解讀這些書而提出需要犧牲兩個高盧人（Gauls）與兩個希臘人之建議，因此有四個人被活埋在古羅馬城的市場，即屠牛廣場（the Forum Boarium）。

皇帝馬可·奧理略主持公牛獻祭，以慶祝馬科曼尼戰爭（the Marcomannic Wars，西元166－180年）的勝利。在這座浮雕當中，祭司（flamen）站在皇帝的右側，而等會兒負責宰殺公牛的殺牲者（victimarius）則拿著斧頭站在最右邊。

KAICY

通俗魔法與占星學（Astrology）

　　與哲學與祕儀團體（見第44－45頁）融合的魔法，被當成是一種對於神祕信仰系統的興趣，逐漸盛行於羅馬的富人之間。這些信仰包括畢達哥拉斯思想（Pythagoreanism）（見第37頁）、女神伊西斯（Isis）的信仰，以及赫密士思想（Hermeticism）（見第134－135頁）──係為新

柏拉圖主義哲學派別之一，將實體世界的創造歸諸於名為「黑卡蒂」的女性力量。然而在羅馬的熙攘街道上──西元1世紀的早期羅馬帝國首都居民約有一百萬人左右──也在興起另一種魔法形式，其比例可說是只要有一個神祕學問的貴族學者，就有數百個預言師、女巫（*praecantrices*，即販售愛情藥並行使簡單療癒儀式的女術士），

▲ 邪眼的鑲嵌畫

這幅來自安提阿（Antioch）的鑲嵌畫，顯示邪眼被野生動物攻擊，也被一些武器刺入。人們希望邪眼在忙於防衛那些針對自己的攻擊時，就不會把目光定在有這幅畫的家庭。

「魔法提升到如此高的地位，甚至到今日
它仍影響很大一部分的人類。」

大普林尼，《自然史》，西元77－79年

拉爾握著一盞
山羊頭的飲酒
角杯

阿格沙狄蒙
（Agathodai-
mon），以蛇形呈
現的守護靈

▲ 家庭精靈

這件來自龐貝（Pompeii）某間房屋的祭壇，顯示這家庭的主掌神祇（genius）向拉爾們（the Lares）獻上祭品。拉爾是提供保護的祖靈，它們使自己所管轄的區域不受惡靈（larvae）所害。

還有通俗的占星師。占星學橫跨在通俗魔法與貴族魔法之間的分歧上。埃及占星學係為眾多羅馬魔法運作方式之根基，就連身為政治家西塞羅（Cicero）之友的著名學者尼基狄烏斯·費古盧斯（Nigidius Figulus），也有撰寫一本論述此學問的著作。甚至受人尊敬的天文學家克勞迪歐斯·托勒密（Claudius Ptolemy）──其行星假說及以地球為太陽系中心的理論一直延續到文藝復興時期──

也指出，如同潮水會受到月球的影響，我們也能直覺聯想，行星的運動也會影響人類的行為。

殘存的羅馬占星術當中，雖然含有正確的預測不多，不過那的確是占星師提出的預測。當時他們相信靈魂在下降到地球出生的時候，會從行星獲得特定的特徵，像是從土星獲得聰明、從火星獲得武術精神、從水星獲得演講才能、從木星獲得統御力。而那些預測也使占星師身敗名

「她住在已被遺棄的墳墓，
並出沒在鬼魂已被驅離的墓地。」

盧坎，《法沙利亞》（*PHARSALIA*），西元61－65年

裂：在西元16年，有位占星師預言，人脈甚廣但放蕩不羈的貴族德魯瑟斯·利泊（Drusus Libo）日後也許會成為皇帝，因此利泊被捕入獄（並在審判前自殺身亡）。在這場醜聞之後，所有的占星師都被驅離羅馬——但這也僅是多次驅離的其中一次而已，除了在西元前139及33年發生過之外，西元69與89年還發生了更多次。

魔法與法律

對於有害的魔法，羅馬人有著很深的恐懼。西元前451年，羅馬的第一部法典《十二表法》（Twelve Tablets）就禁止人們偷偷弄走鄰居的收成，而西元前81年的《科尼利亞法》（Lex Cornelia）則加重對於邪惡魔法（*veneficium*）的處罰。大規模的逮捕反覆發生：西元前331年，170位女人因分發魔法毒藥而被處決；然後在西元16年利泊被皇帝提比略（Tiberius）下令逮捕之後，45名男人及85名女人因違反與魔法有關的法條而被處死。甚至連高知名度的羅馬人也會觸犯法律，像是西元158年馬道拉的阿普列尤斯（Apuleius of Madura），身為哲學家的他企圖使用魔法誘惑某個富有的寡婦，後以流利的辯護說詞僥倖免罪。

▶**向波瑟芬妮（Persephone）奉獻**
這赤陶儀式供品係來自義大利南部，上面顯示波瑟芬妮拿著一束麥穗，後者象徵她於每年春天從地府回返地面時再度更新的生命。由於她是死者世界的王后，所以會常看到向她祈請的魔法禱文與詛咒。

死靈術

有些羅馬人習修的是形式更令人畏懼許多的魔法。當皇帝提比略的養子日耳曼尼庫斯（Germanicus）在西元19年猝死時，謠傳他的死亡跟魔法有關。據調查者所言，他的房間滿是詛咒板、法術以及燒剩的屍體殘骸，而後者即意味著死靈術——即運用死者的法術，而當此法施行時，死者能將訊息傳達給諸神並看見未來。而一些具有殘酷名聲的皇帝也謠傳使用死靈術，像是皇帝尼祿（Nero）據說因自己下令殺母，所以曾召喚她的幽魂以乞求原諒。

背景小知識
虛構的女巫

女巫所持有的可怕力量，是羅馬文學常見的主題。在盧坎的《法沙利亞》中，女巫艾莉克托將瘋狗的新鮮血液與唾沫倒入屍體，而使屍體復生。而詩人賀拉斯（Horace）則講述康迪雅（Canidia）及其同伴撒迦納（Sagana）的所作所為，其中包括綁架並殺害孩童。這些虛構的女術士具有可怕的外貌及行使可怖儀式的惡名，她們就成為中世紀文學中的女巫角色之先祖。

三個女巫正準備接待客人。此為龐貝的鑲嵌畫。

藏匿於祕密之中

祕儀團體

▲ 厄琉息斯入門儀式
在這塊銘牌上，一名信仰者接受入門儀式以進入「厄琉息斯祕儀」的教團。這項儀式會重現女神狄蜜特尋找被黑帝斯綁架並帶到地府的女兒蔻芮（Kore）（即波瑟芬妮）的經過。

古羅馬世界的平民無法參與公開的神殿儀式，因此有許多人轉往祕儀團體，即那些可以讓平民參與的非正式宗教。祕儀團體提供的是參與者能與諸神有著直接的關係、對於自己的彼世有著更好的期望，還有人際關聯。

祕儀團體的興盛，部分應歸因於羅馬人對外來宗教的接受程度非常高。這些團體的主要特質即是祕密，而這特質具現在它們的儀式，以及當成是在神祕層面重獲新生的入門。當中最受尊敬的團體當數崇拜掌管收穫、孕力及生死循環之女神狄蜜特（Demeter）的「厄琉息斯祕儀」（Eleusinian Mysteries）。這個祕儀團體以雅典附近的城鎮厄琉息斯（Eleusis）為根據地，而其主要儀式為延續八日的年度慶典，準入門者會在那時經歷一場模擬過程，即穿過黑暗森林而下降到黑帝斯（Hades）的地府，然後被拿著火炬的祭司解救。

▶ 拿著鈸的希柏莉
這塊供獻銘牌上面顯示的是女神希柏莉，又稱「偉大母神」。祂手拿著鈸，身邊還有兩隻獅子，象徵祂與自然野性的連結及其崇拜中的喧囂狂熱。

▶ 酒神儀式
這是在龐貝的神祕別墅（the Villa of Mysteries）發現的濕壁畫，顯示戴歐尼修斯教團的入門儀式。其中一個儀式會重演酒神與凡人阿芮阿德妮（Ariadne）的婚姻，到最後會以與裸身的女信徒（maenad）跳舞作為結束

葡萄酒與月之狂喜

位於義大利，信仰希臘酒神戴歐尼修斯（Dionysus）的入門者會參與名為「帖樂泰」（teletai）的儀式，裡面會有狂喜的舞蹈與歌唱，而其手上拿著「梯爾索」（thyrsoi），那是以長春藤纏繞、尖端飾以松果的茴香杖。羅馬當局特別注意該團體的活動，甚至在西元前186年試圖禁止。

類似的擔憂也臨在「偉大母神教團」（Cult of Magna Mater），是從亞述月神希柏莉（Cybele）及其配偶牧神阿提斯（Attis）的信仰分出的派別。其信仰者名為克里班特（the Korybantes），會用鈸的撞擊聲激發出歡愉的狂熱，而最為激動的男信徒甚至會閹割自己。

打擊樂器與獻祭

西元65年，信仰埃及女神伊西斯的團體在羅馬有自己的神殿。其祭司高度重視儀式的純淨，因此剃光頭髮並穿著亞麻布，不過他們也會參與使用打擊樂器——叉鈴（sistrum）——的喧鬧儀式。

至於傳布最廣且最神祕者當數密斯拉斯神（Mithras）的信仰。它約在西元1世紀出現，係間接由波斯信仰分出，而其主要儀式是屠牛祭儀（tauroctony），當中的瀕死動物之血被視為純潔與重生的象徵。其入門者均為男性，從「渡鴉」（Corax）到「父」（Pater）分成七個階級，而他們會在模仿洞穴的長方形地下神殿——稱為密斯拉斯神殿（mithraea）——崇拜密斯拉斯。密斯拉斯信仰曾在整個羅馬帝國遍地興起，然而到了西元4世紀羅馬轉投基督信仰後，它跟其他祕儀團體一起受到打壓。

花可當成儀式用
香來煙燻

有些威卡信徒會在
蠟燭添加此花，
用於繫手禮（hand-
fasting）（參見第
267頁）。

具有療效的植物

　　自從史前時代開始，人們就已相信植物在協助與療癒的特殊力量。它們在某一層次已被當成藥物使用，而長久以來藉由使用而得知的眾多藥草之治療品質，現在通常也已被科學驗證。草藥書（herbal）係記載諸藥草性質的書，是治療師會去參考的書，就像現代醫師會去參考的藥典那樣。人們也很早就已相信許多植物除了治療的能力之外，還會有其他的魔法力量——例如吸引愛情、金錢，或是防禦邪眼。

▲ 蘋果花（**Apple blossom**）與蘋果關聯到許多女神，包括阿芙蘿黛蒂（Aphrodite）與弗蕾亞（Freya），而且被認為是永生與愛情之果。

▲ 迷迭香（**Rosemary**）意謂懷念，自古羅馬時期以來，人們會在所愛之人的墳墓上放迷迭香。此藥草也被認為能夠抵擋邪靈與巫婆。

▲ 竹（**Bamboo**）被認為具有促進健康及長壽的魔法特質。道教信徒在過去會用竹杖召喚眾水神。

▲ 羅勒（**Basil**）據信能使心智安穩並帶來喜樂。它也關聯到金錢，所以會被用在創造財富的法術。據稱在皮夾中放一片羅勒葉隨身攜帶，能夠幫忙招來財富。

▲ 蘆薈（**Aloe vera**）在非洲與中東是巨大的戶外植物，它能帶來好運並驅逐邪惡。而它在醫學方面也用於治療傷口、燒傷及皮膚發炎。

▲ 鼠尾草（**Sage**）是鼠尾草屬（*Salvia*）的植物，其拉丁屬名有療癒或拯救的意思。它過去曾是廣為（右圖）人知對治發燒的最佳藥草，而有些人相信它也能夠帶來長生不老或智慧。

▲ 苦艾酒（Absinthe）是用苦艾（wormwood）與一些藥草製成具有茴芹味道的酒品，其中含有綠茴芹（green anise）與小茴香（fennel），製作時會用研缽與搗杵——為藥草家（herbalist）的主要工具之一——將這些藥草搗成糊團。

▲ 薰衣草（Lavender）所關聯的品質是平安與愛，用於燃香則有淨化的效果，而威卡信徒也會把它加入仲夏慶典的火堆裡。從它萃取的精油可以改善睡眠。

▲ 菊花（Chrysanthemum）所關聯的品質是火與太陽的能量，而它會被用在凱爾特慶典「重生節」（Samhain）並放在巫者的祭壇上。就中藥而言，它據說有解毒及降血壓的效果。

仙人掌花所關聯的特質有高貴、溫暖及喜愛

▶ 仙人掌（Cacti）據說能保護家庭不受強盜與討厭的賓客之侵擾，不過風水專家會相當在意它們的尖刺，認為在選擇仙人掌的擺設位置要多加留意，不然會招來厄運。

仙人掌的魔法據說藏在它的尖刺裡面

根據風水的規則，家屋的每個角落若都放置仙人掌的話，就能創造出防護屏障。

▲ 廣藿香（Patchouli）是氣味樸實且強烈的藥草，跟熱情、愛與財富很有關係。除了當成春藥之外，招財的法術也會用到它。

▲ 洋甘菊（Chamomile）是魔法師與治療師都很重視的藥草。據說它能保護家庭不受邪法的影響，還會招來財富。但若做成茶來喝的話，就有鎮定的效果，也能改善心情。

生與死的丹藥

古中國的魔法

中國魔法根植於祖先信仰，發展成認知到「達成宇宙平衡」的需要之複雜哲學系統，而魔法是使個體在這宇宙中獲得個人優勢的途徑之一。最早自仰韶文化（西元前5000－3000年）開始，陶器上面即繪有擬人化的生物，一般認為那是代表法師。

最早的中國魔法師是「巫」（即薩滿），能與祖先及靈體溝通。到了商朝（西元前1600－1050年），「巫」看似在解讀神諭方面具有更為正式的身分。商朝的開國君王「湯」在位的時候，據說有名為「巫咸」（Wu Xian）的薩滿負責朝廷占卜之事。

而《周禮》（中國的儀式書），也有提到「司巫」（即眾巫的管理者）負責監督「巫」的工作。「巫」（通常是女性）執行儀式使自己進入狂喜的恍惚狀態，目的是要前往靈界。他們也擔任治療師與解夢者的角色，並被認為具有超越自然的力量，像是能在旱災藉由特殊的舞蹈儀式進行祈雨。

死靈術與通俗魔法

然而「巫」的獨佔狀況並沒有持續下去。他們被指控參與某些醜聞，例如漢朝陳皇后（陳嬌）涉巫蠱之術（黑魔法）乙事，她被判有罪，而相關的「巫」計有300人被誅。此類指控增加「巫」與巫術之間的關聯性。戰國時代（西元前403－221年）之後，開始出現另一種全為男性的新薩滿形式「覡」，而「巫」則被邊緣化。

◀ 薩滿木像
這是戰國時代楚國武王墳墓的一對侍從之一，其年代約為西元前4至3世紀。當其他國家都早已停止薩滿信仰，楚國仍持續進行，也許是受到東北亞及西伯利亞薩滿的影響。

有很長一段時間，榮耀死者的儀式＊都會設置名為「尸」＊＊的角色，讓死者的靈魂藉由類似死靈術的方式透過「尸」的身體連通現世，而負責唸咒的人們則扮演祭司的角色。隨著時間過去，對於咒語、法術及魔藥（特別是愛情藥）的使用就發展成民俗魔法，其中護符與護身物會用來祈請眾神或召喚祖先。魔法也逐漸被當成藥材用於傳統醫藥，例如傳統醫藥也會用到具有魔法療癒特質的琥珀與桃木。

從薩滿到法術

「巫」沒落的原因之一即是他們被指控用「蠱」（施展有害的法術）。對於法師使用黑魔

＊譯註：即「祭尸」、「尸祭」
＊＊譯註：代表死者接受祭拜敬酒的活人

▶ 唐朝的黃銅魔鏡
這個鏡子的前面有著閃亮的反射表面，但其後面——也就是這裡顯示的圖像——是個經過設計的鑄造品。當太陽或某道光源照到鏡子的表面時，它會變得透明，並像魔法一樣把背面的樣式投影在鏡子後面的牆壁上。

扭動的龍，這個權力的魔法象徵就位在鏡子的背面

腐蝕的黃銅表面

法（特別是毒害）的擔憂，最早出現在商朝的卜辭。到了漢朝（西元前206年到西元220年），「蠱」已經廣為流傳到要用死刑來懲罰的程度。用「蠱」者據信能將疾病傳進受害者的身體裡面（蠱字也可以解釋為「肚子裡的諸蟲」）或直接毒害人們。至於最為有效的毒液，其獲得方式據說是將一些有毒生物（例如蠍、蜈蚣及蛇）封在罐子裡面，然後取最後留存者的毒素。蠱術師據說也能使對象變成奴隸，完全服從蠱術師的意志。他們甚至也能造成大面積的傷害，亦即釋出名為「蠱」（wug）的魔法害蟲，去破壞農作物的全部收成。

「膽敢用蠱毒害他人者……
將被公開處決。」

漢朝對於犯罪的律法，約西元前200年

眾鬼出遊
在這幅畫卷中，有幾個奇形怪狀的鬼在郊外遊行。它們是鎮邪天師鍾馗的隨扈。據說在西元8世紀，這位傳奇魔法師藉由斬除唐玄宗夢裡的鬼而治好皇帝的發燒。（此圖為《中山出遊圖》的一部分，民間一般稱作《鍾馗嫁妹圖》。）

◀ 仙桃
這花瓶上面繪有一群仙人正要呈獻西王母娘娘在神聖的崑崙山種植的仙桃。據稱仙桃每六千年才成熟一次,而漢武帝是少數幾個嚐過仙桃的凡人之一。

追尋長生不老

大約在西元前300年,「方士」(通曉方術的專業人士)逐漸被視為預言家,而且被認為能夠提供讓人長生不老的丹藥。皇帝們對這些人特別感興趣,畢竟他們有足夠資源能挹注「方士」的實驗,其結果並不一定對人有益。

秦始皇是中國第一位皇帝,非常執著於達到長生不老。他要求各地方首長把稀有藥草送來首都,並在執政後期荒廢政事。他對於「方士」的資助最後變成致命的事物,即含有毒汞的藥丸,他吞下一顆,然後倒下死了。

修仙與煉金術

許多古中國煉金士尋求藉由改變五行(即他們所認為的五元素:水、木、火、土與金)平衡以將某物質轉換成另一物質。而對於達到完美境界、與宇宙和諧一致等概念特別感興趣的道教大師們,發展出明確的煉金術學問。

外丹(外境的煉金術)是其中一個派別,它有像是歐洲追求將賤金屬轉成黃金的部分,然而道教的修習者認為這種轉變是在比喻修仙。就像「方士」做的魔藥,尋求長生不老的皇帝也在努力尋求煉金士的丹藥。至於內丹(內境的煉金術)則是另一派,目的是提煉靈性與修煉成仙,而其方法則是借重冥想、呼吸運動及良好飲食以改善身體的「氣」(生命能量)之含量。

道教、儒教,還有部分佛教信徒,則會尋求道理,或者至少能夠掌握這世界的成形過程。他們發展出互補的對立概念,即「陰」(事物的黑暗或被動面向)與「陽」(事物的光明或主動部分),而這兩者需要處在完美的和諧中。將五行與行星的運動結合在一起時(例如木與木星、火與火星),「陰」「陽」諸力會產生出一個複雜的平衡系統。占星家解讀這系統以預測未來,而魔法師則會尋求操控這系統的方法。

▲ 道教的煉金術
道教師父正看著仙丹妙藥從三足鼎分離出來。此木刻圖係取自清朝的煉金術文獻,係於1605年出版。

長生石

中國地區自新石器時代以來就相當重視玉,因為它具有耐久性以及閃亮的綠色光澤。玉製物件最早大約出現在西元前3000年左右,到了商周時期,開始逐漸形成一系列的儀式用具形狀,包括璧(扁盤)及琮(筒狀物)。隨著時間過去,玉變成與國家權力有著緊密的關聯。它會被削尖成刃,或是用金屬線或絲繩繫起許多小片玉石以製作儀式服裝。在皇族成員死後下葬時,這服裝會用來包裹遺體,因為當時的人們相信玉能夠減緩肉體腐壞的速度。玉也有純粹的魔法用途,例如法師們會用它製作護身物以抵擋不幸,而道教的煉金士則會把它磨成粉末,摻在他們的丹藥裡面。

龍身如絞繩打結的形狀

這塊玉珮約於周朝時期製作,年代為西元前3世紀。(譯註:此為「戰國絞絲龍形玉珮」。)

確保宇宙的和諧
中式占卜

古中國的統治者相信他們的未來係由某個神聖意志所定。為了確定在面對命運的判決時能以最佳行動因應，會運用各式各樣的占卜方式。

火與骨

中式占卜的最早形式可以溯至西元前1600年商朝尚未開始的時候，當時是運用火與骨來占卜，即用加熱的棒子刺入骨頭或貝殼，然後放進火中使其產生裂隙，裂隙形狀就由預言師解讀。至於使用的骨頭，在一開始是用牛、羊或馬的肩胛骨，後來越來越常使用龜甲，也許是因為它們的形狀能幫助占卜者想像天幕的模樣。占卜之後，所占問題及預言師的解讀都會被刻在對應的龜甲上。因此就商朝的研究而言，那些殘存至今的神諭甲骨是非常重要的資訊來源。它們揭示至少140位解讀者的身分，讓我們知曉這些古早魔法師的名字。

龜甲上面的裂隙是用火造成的

占筮（Cleromancy）

新的占卜方式大約是從西元前1000年開始，名為「占筮」。其過程會運用蓍草（yarrow）莖幹反覆演算以得出六條或實或虛的線條，而這六條線總共有64個稱之為

▲ 商朝的甲骨

這塊當成卜甲來用的龜甲，上有獨特的龜裂圖案及古代中文字，後者的內容除了列出占卜的問題，也載明占卜者的解釋。保存至今的甲骨約有10萬多塊。

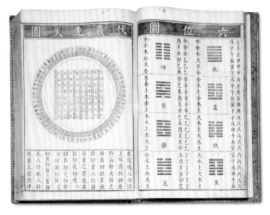

▲ 《易經》裡面的占

這是《易經》的明朝版本，於1615年出版。其左頁顯示出全部64個卦，而右頁顯示特定的卦之名稱與解釋。

卦（hexagrams）的可能組合（每個卦都會賦予諸如「鼎」、「小畜」等名字），會被用來就提問者的問題予以解讀。這種占卜方式與占星有所關聯，而西元前800年名為《周易》的傳統文獻將它保存下來。西元前2世紀的《易經》已是更加明確的編纂文獻，它在占卜文獻與哲學著作兩方面都有著巨大的影響。

與景觀和諧

在占筮及利用神諭甲骨進行的占卜中，專家都是在檢視那些由人的干涉所創造出來的模式。至於風水（中式地占術），其執業者會讀那些存在於自然的模式，從中辨認周遭景觀裡面會為當地居民引至好運或壞運之特徵。如果死者埋葬的墓地是生命能量累積之處，一般認為這會為死者的後代帶來好運。就更大的規模而言，皇帝們會要求風水師尋找設立新城市的上好地點，而前後都沒得靠的岬角代表那裡容易受到惡意的影響；某地周圍若有山丘環抱，代表山丘可以保護那裡的居民並帶來祝福。

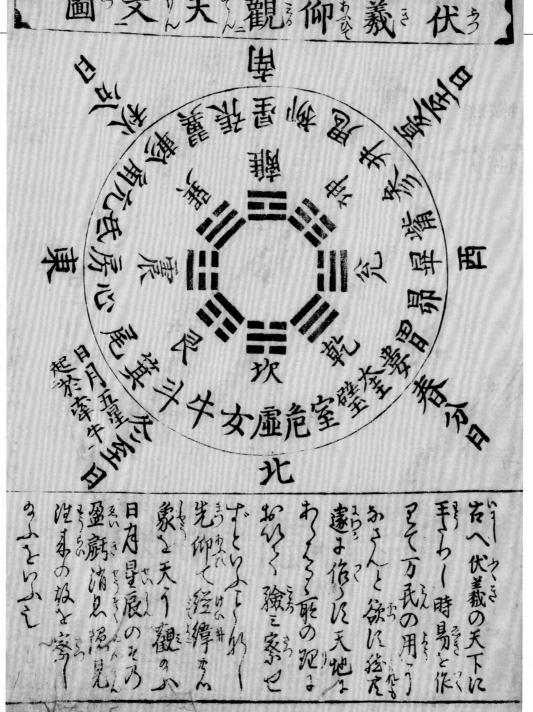

重點

1 排在一起的線條係用於占筮。

2 西北方掌管春天，對人有助益。

3 北方則位於底下的位置（若用歐美對於羅盤的四個基本方位慣用排法來看，這裡的方位均順時針轉了180度）。

◀ 風水與占星

這個「八卦」或風水能量圖依四個基本方向劃分，正南方會在最上面。劃分出來的區域各自掌管特定的季節、元素以及生活面向（像是健康、財富或家庭）。

「人而無恆，不可以為卜筮。」

孔子於《禮記》的表述，約為西元前5世紀

重點

1 和尚知豐生命垂危。

2 年輕和尚証空願意給出自己的生命以拯救師父。

3 安倍晴明進行占卜並查找所得結果的意義以看見未來。

▶ 占卜死亡
這幅木刻版畫顯示受人尊敬的陰陽師安倍晴明正在查閱占星文獻，以預測和尚知豐即將到來的死亡。

魔法部
古日本魔法

在日本的傳統神道信仰當中，幾乎每一事物——樹、河、山，甚至建築——都是「神明」（kami）的居所，而專家們能從這些住下來的靈體取用力量或平息其憤怒。就神明的定義而言，「狐狸附身」（kitsune-tsukai）（即狐精附身的巫者）算是特別強烈的表現形式，因這些狐精能夠變形、隱形，甚至附身其他生物。西元前5、6世紀，佛教、道教及中國的五行陰陽系統被引入日本並與神道融合。為了因應這些影響力量以及確定神明的意思，日本發展出一套複雜的占卜系統。

名為「陰陽師」（onmyōji）的祕術從業人士會進行占卜儀式，還有觀察星體及不尋常的現象，例如日蝕與月蝕。他們甚至會操作驅魔術，藉由召喚某個精靈進入已被附身的受害者之身體，審問那攀附受害者的靈體以辨明它的身分。藉此，他們就能執行正確的儀式以驅逐那位不受歡迎的靈體。陰陽師後來成為政府官員，而眾人相當接受他們的習修法門「陰陽道」（onmyōdō），所以後來甚至有個正式的占卜部門*來管理他們。「物忌」（monoimi）係根據陰陽道得出的判斷以決定是否會見訪客，而「反閇」（henbai）則是用來保護正在旅行的官員之儀式，這兩種做法一直持續到西元1868年明治天皇掌權之後就被禁止。

巫者、護符與民俗魔法

陰陽師可用的術當中也包括法術。他們多有「式神」（shikigami），即通常以動物形象呈現的靈寵，不過相關儀式若執行不對的話，它們也有可能予以報復。陰陽師會用名為「御札」（ofuda）的護符來阻擋邪惡，其形狀通常為懸掛起來的紙條。有些陰陽師也會修習「修驗道」（jugondo），主要用於消滅妖怪及治癒疾病。

由於魔法如此普遍，陰陽師的一些重大聲明就轉成民間傳說。人們相信燃燒黑狗皮能使暴風雨平息下來，還有嚼食雷擊木的碎屑就能治癒懦弱。

▲ 恆星與行星儀式

這幅圖取自某份日本占星文獻，所繪形象為「土曜」（Doyō），這位神祇跟土星及每一週的最後一日有關，所以週六被認為與疾病及爭論有關，因此人們相信那天不是結婚的好日子。

▶ 佛教的山神

這尊青銅像為「藏王權現」，祂是與遙遠眾山有關的神祇，而修習「修驗道」的隱士（譯註：名為「山伏」）則在山中敬拜祂以獲得祂的實質力量。

安倍晴明（西元921－1005年）

主流魔法

世上最負盛名的陰陽師就是安倍晴明，他專精於分析怪事及驅魔。他著有數本關於占卜的著作，並因能夠預言尚未出生的貴族孩子之性別而得皇室賞識，成為陰陽寮的首長，其家族持續掌控該部門直到19世紀。他係因自己的神祕力量而有名，據說係從他那身為狐精附身巫者的母親承繼而來——他在跟競爭對手道摩法師（Doman Ashiya）一連串法術對決的傳奇故事中曾提到這件事。在其中一段故事中，道摩在箱中藏15顆橘子，並向安倍挑戰占卜箱內事物。安倍將箱內橘子變成老鼠並正確猜出牠們的數量。

*譯註：即「陰陽寮」

▶ 奇蹟的雨水
這幅蒙兀兒帝國的小畫顯示
天空之神因陀羅（Indra，係
吠陀時期最受歡迎的神祇）
正在對抗旱災化身的惡魔弗
栗多（Vritra）。在戰鬥結
束時，因陀羅用祂的魔法雷
電（Vajra）劈開弗栗多的肚
子，將雨水釋還給大地。

關於眾神的知識
古印度魔法

隨著印度教的漫長歷史，逐漸產生複雜的
泛神論兼完整成套的哲學信仰。信徒們發展出許
多咒語及儀式，並相信藉由它們可以影響、取悅
「提婆」（devas，即天人、神祇之意），並連結祂
們的神聖領域。

眾神與諸魔

在印度河流域文明約於西元前1500年消失
之後，後續定居在北印度的雅利安人被認為是印
度教的源頭。雅利安人是喜好音樂與飲酒的好戰
民族，他們崇拜名為「伐樓拿」（Varuna）的天
空之神，並飲用「蘇摩」（soma）──這是以同名
植物榨出的汁液製成之儀式用飲料。他們相信蘇
摩能賜與永生、激發勇氣及治癒疾病。後來約在

西元前1500－500年期間，印度教發展出一整套
名為《吠陀》（Vedas）的經典，其內容含括宇宙
的誕生、眾英雄與諸惡魔之間的爭鬥，以及獻給
提婆們的祈禱。隨著時間經過，種姓制度也融合
進來，而最高種姓階級的婆羅門（Brahmin）祭
司，則以父傳子的方式傳承他們扮演的角色，確
保人們依循儀式，並以指定的方式進行獻祭。

印度經典

在《吠陀》中，提婆被認為是正向的力量，而
祂們的敵人，即「阿修羅」（asuras，即諸魔之意），
則具有破壞的力量。據說阿修羅的力量都很強
大，例如惡魔馬利傑（Maricha）將自己變成一隻
金鹿以誘騙毘濕奴神（Vishnu）在凡間的化身羅摩

當成娛樂的魔法

在20世紀，印度逐漸被視為魔法表演的搖籃，而諸如大索卡（P.C. Sorcar Sr.）及有「魔術之父」暱稱的瓦扎空南（Vazhakunnam）等魔術師也變得非常有名。其諸多招牌技藝當中，有「杯球把戲」（Cheppum Panthum，使多個球無序地出現或消失）與「印度攀繩把戲」（Indian Rope Trick），即魔術師攀爬一根自行向上升起的繩索。關於印度攀繩把戲的最早描述，見於阿拉伯旅行家伊本・巴圖塔（Ibe Battuta）在14世紀的紀錄。

街頭表演的魔術師正為在旁觀賞的英國士兵表演印度攀繩把戲，當時為1940年代。

夠確保長生、治療傷口、抵擋諸魔或獲得結婚對象的讚美詩之外，還有提到護身物，並稱它們用途非常廣泛。該書稱用十棵聖樹的尖刺製成的護身物能夠抵禦惡魔附身。

　　若不看現實生活、純就文獻而言，印度魔法還有其他更加令人驚嘆的例子，即關於在靈性層面進化的「譚崔士」（tantriks，即修習祕術者）之描述，他們會用諸如催眠的方式以創造幻象。《阿闥婆吠陀》也提到更為古老、也許源自薩滿的傳統，例如運用驅魔師（ojhas），還有崇拜火神阿格尼（Agni）——據信祂能淨化死者的靈魂，將他們從火葬堆帶往重生。

（Rama）。魔法在印度世界開始與「摩耶」（maya）產生關聯，此詞原本的概念是力量或智慧，但後來有「幻象」之意——即人的知覺與持續變動不定的物質世界之間的差距、間隙。

魔法文獻

　　就像世界上其他類似的信仰系統那樣，許多印度教信徒會尋求直接得到神助（divine interven-tion）的辦法。《阿闥婆吠陀》（Atharvaveda）（古譯《禳災明論》）的著作時間約於西元前1200－1000年，內含730首讚美詩及6,000則咒語，據稱係由阿闥婆（Atharvan，係數首關鍵讚美詩的作者）、鴦耆羅斯（Angiras）及婆利古（Bhrigu）賢者所作。

　　《阿闥婆吠陀》除了含括能

◀ 神聖護佑

圖中場景取自印度史詩《摩訶婆羅多》（Mahabharata），皇后黑公主（Queen Draupadi）由於丈夫在擲骰遊戲輸掉她而被迫脫下身上衣袍。然而皇后的紗麗每被揭開一段，神祇克里希那（Krishna）就為她創造出更多層的衣物，從而保住她的榮譽。

▲ 半神半人的統治者
在這塊玉牌上面顯示的國王穿著完整的皇家服飾，以指出他的魔法身分。他的盾則顯示地府的美洲豹神。在他的底下有一個矮人，而馬雅人認為矮人是玉米的活物化身。

宇宙的循環週期

馬雅魔法

馬雅人係墨西哥及中美洲的原住民，擁有相當豐富的靈性世界。幾乎每一事物，甚至連每一週的每一天，都被視之為神聖。而儀式與魔法則是用來與眾神溝通的管道。

與神靈共同生活

馬雅文化在古典期（Classic Period，約西元250－900年）臻於巔峰，當時幾十個城邦都有在建造巨大的金字塔、神殿與廣場，其宗教生活井然有序且統括一切。主要的神祇包括雨神恰克（Chaak），還有玉米神（Maize God）──其確實名稱仍有爭議，然而祂所掌管的死亡（藉由收割）與重生（藉由種子）之循環，似是象徵馬雅文化對於人類處境的看法。而他們以神廟及碑文榮耀眾神，並相信一週的每一天、四個基本方向，甚至岩石都有著神靈。

在冥想如此形形色色的世界時，馬雅人會借重能以反覆吟誦及致幻植物進入靈界的薩滿與

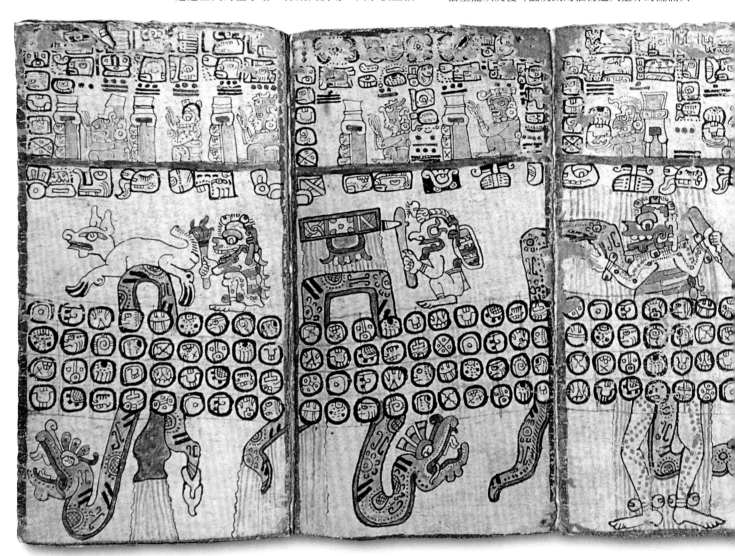

祭司（ah kin），而這當中又以皇家成員為最有效率的中間人，因為他們被認為是半神，能夠呼求眾神護佑他們的城市。

以血取悅眾神

馬雅人相信人類在自身創造時向眾神欠下債務，獻祭成為償債的方式之一，且最為有力的祭品就是血。至於血的來源，可能是那些在神殿階梯上被斬首的戰俘。至於比這更好的祭品，就是國王拿著刺魟的尖棘割自己的肉，流下的血滴則用儀式的紙接住並予以燃燒。而吸入燃燒產生的煙，據信能夠打開靈界的視野。人們期望這樣的獻祭能夠治療疾病，因為對於馬雅人來說，每一個人所具有的數個靈魂若有一個受到傷害，就會引發疾病。而這些靈魂當中，有一個是創造神藏在每一事物的火花（o'ohlis），另一個是各自與每個人共享靈魂的動物夥伴（wayob）。國王們跟美洲豹（jaguars）共享自己的靈魂，然而他們的動物夥伴數量並沒有限制只能一個：王室及其他魔法較為高深的重要人物，例如祭司，可以多到13個。

預言未來

時間、空間與占卜會與一套由數字、色彩與羅盤的基本方位構成的複雜系統互相纏在一起。對於馬雅人來說，大地之上的天堂共有13層，而絕大多數人死後會去的地府，據說有九層，至於每位神祇都會因顏色及基本方位而有四種具現形式。就馬雅的儀式曆法而言，一年是260天，但就其俗世曆法而言，一年是365天，所以當兩種曆法從對齊開始到下一次對齊，也就是所謂過完一個「曆法週期」（calendar round），總共要52年。

馬雅祭司守護著引領此系統的知識。他們編纂占星資料及曆書，仔細觀察天體的運行，例如金星與月亮，並從研究中決定出哪些活動應當在哪幾個吉日進行會比較合適。他們也會從獻祭動物的內臟、穀物丟於地上的排列模式，或是魔鏡呈現的異象，來詮釋徵兆。身處在魔法與眾神永遠都在的世界，難怪馬雅人對於了解神聖訊息的需求會如此迫切。

▲ 用於儀式的放血
這塊籬飾壁帶顯示那位於西元681－742年統治亞須奇蘭（Yaxchilan）的國王盾美洲豹二世（Shield Jaguar II），他正握著點燃的火把，火把下方則是他的妻子喀柏修克夫人（Lady K'abal Xook）。她在血祭的過程中，用布滿突刺的繩索穿刺自己的舌頭。

◀ 馬德里法典
在西班牙征服之後，絕大多數馬雅書籍都已被銷毀。馬德里抄本是少數殘存書籍之一，其內容含括曆書以及曆法指南以協助馬雅祭司行使儀式。

詛咒或治療
CURSE
OR CURE

西元400－1500年

導言

歐洲與西亞在中世紀時期都經歷宗教方面的改變。西元476年，當日耳曼人的領袖（Odoacer）征服羅馬時，原本掌控該區域長達千年的羅馬帝國總算解體。而在這段時期的開始，興起兩個新的強勢宗教，即位於西方的基督信仰（Christianity）與位於東方的伊斯蘭（Islam），並逐漸掌控所在區域的一切其他宗教。

就這兩個宗教而言，古代魔法傳統看似在挑戰它們的權威與信仰。然而魔法傳統的各個階層，從祭司長與女祭司長到修士、地方療者或牧者，原本在社群中備受敬重的他們發現自己越來越被邊緣化。

在基督信仰朝北方與西方發展的同時，高階儀式魔法（至少它是如此）越來越被逼往檯面下活動，或是被推擠到凱爾特人與維京人世界的遙遠邊緣地帶，因為那裡的異教信仰已經深植數百年之久。諸如控制眾元素與天氣等對於農業社會相當重要的超自然力量，被教會認定只能由聖人施展。

同時，強力的魔法使用者會被妖魔化——就是字面的意思——亦即他們被描述為向魔鬼借用那些能力。他們會被描述成修習妖術（*sortilegium*; sorcery）或邪事（*maleficium*; evil deeds）。而修習此類法門的懲罰變得相當嚴厲，例如西元789年，查理曼大帝（Charlemagne）頒布《一般勸告書》（General Admonition; Admonitio Generalis），裡面稱行使妖術者及施展法術者當懲死罪。

如此經過許多世紀，教會容忍民俗魔法的存在，地方療者仍能依以前的方式執業，但教會的布道依然鼓吹人民禱告，並譴責咒語及護符的使用，或是魔藥的製備。有些人則爭論使用藥草與石頭的魔法力量，是否僅是取用宇宙的自然力量而已，因為許多人相信，當自己為了保護作物或個人健康而行使魔法儀式時，的確是在取用宇宙的力量。然而到了中世紀的末尾，基督信仰的神職人員開始更加苛刻地看待那些被他們標為巫術的修習法門。

岡德斯綽普銀鍋（參見第72頁）

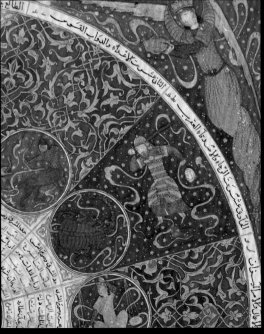

阿拉伯的出生占星盤（參見第83頁）

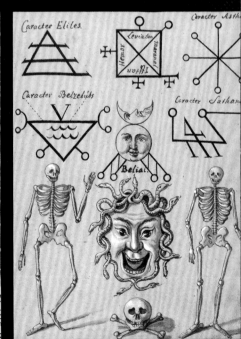

魔法綱要（參見第90頁）

在伊斯蘭世界，甚至在基督信仰的拜占庭，魔法的地位則是模糊不清。民俗魔法在這裡依然興盛，如同在西方基督信仰世界那樣。伊斯蘭信徒相信名為「精怪」（jinns）的存在，它們是變成惡魔與鬼怪的墮天使，而且，儘管《可蘭經》（the Quran）譴責護符，使用護符抵禦精怪已是信徒日常生活的一部分。這裡的魔法研究也很興盛——依據《可蘭經》對於尋求知識的指示，學者會去翻譯儀式魔法文獻，同時，對於數學及自然科學的研究則在煉金術、占星學及其他祕術技藝當中攜手並進。

許多關鍵的魔法文獻都源自伊斯蘭世界，而其拉丁文譯本，像是《賢者之向》（Picatrix），則在歐洲流通，並引發學者們重新對於魔法信仰及習修方式產生興趣——這就是文學所描繪的現代巫師形象之所以偏向伊斯蘭的學術研究，而非土生土長的凱爾特或諾斯的魔法傳統的原因之一。

「在月亮處在金牛座前十度，且正值上升位置的巨蟹座前十度有金星在裡面的時候，就繪製那兩個人的畫像⋯⋯」

《賢者之向》，把愛放在兩人之間的意象，西元10或11世紀

採收毒茄參（參見第100頁）

談論召喚天使的魔法手冊（參見第109頁）

用火審判（參見第117頁）

眾神穿著維京
人的服飾

長杖或是大鵝從
弗雷頭上探出來

銘刻的符文
拱繞場景

▲ **在瑞典的諾斯眾神**
一般認為，在這塊石板上處
在比較下面的三個人形應是
奧丁、索爾與弗雷等三位神
祇，因為祂們握著屬於自己
的象徵，依序是矛、錘與鐮
刀。而在上方區域的三位神
祇也是祂們三個。

攜杖者
諾斯魔法

　　斯堪地那維亞地區是在西元8世紀開始改
成基督信仰，而在這之前的好幾百年，諾斯人
（the Norse）已發展出相當厚實的神話及異教信
仰。在他們的眼中，這個世界的統治者有「諾
恩三女神」（the Norns）──即控制命運的女性
超自然存在──以及兩派好戰的神祇，其一係
由奧丁（Odin）與索爾（Thor）統治的阿薩神族
（the Aesir），另一係包括弗雷（Freyr）與弗蕾亞

（Freyja）在內的華納神族（the Vanir）。諾斯人相
信這世界滿是神祕生物──像是巨人、精靈與矮
人──而樹木、岩石、河流，甚至家庭都有著活
生生的精怪（vaettir）。為了回應這一切存在，他
們發展出含有魔法要素的複雜信仰系統。

　　當時的諾斯魔法知識幾乎沒有形諸文字，
大多仰賴較為後期的傳說故事（但有可能已經受
到基督信仰觀點的影響）以及少數具有考古價值
的遺物（例如符文）才能留存至今。

預言家與法術

　　諾斯魔法的核心有著名為「賽爾」（seidhr）
的法術，主要由女人執行，而這就是歐洲的女巫

▶ 奧丁或女術士
這尊從丹麥來的小銀像，據說是奧丁與祂的二鴉二狼。然而有些人認為這個採取坐姿的形象應是女性，也許是那位據信教導奧丁法術的女神弗蕾亞，或者是某位攜杖者。

概念起源之一。此法也有男人執行，然而他們會認為這做法「沒有男子氣概，因此會覺得丟臉」（argr）。賽爾是薩滿類型的魔法，其中包括靈視追尋及接觸靈界。雖然據稱諾恩三女神掌控著命運，然而具有改造命運的可能性之預視力量是從賽爾而來。賽爾的執行師會被邀請到集會當中，為人們預言其未來。他們通常用吟誦與法術與眾神接觸。

最受敬重的女術士即是「攜杖者」（volva; wand-carriers），她們是修習賽爾的專家，身上會披著藍色長斗篷，其帽兜邊緣飾以白貓毛及黑羔羊的羊毛。攜杖者能夠操弄心智與記憶（例如改變形體及使東西變不見），或是向敵人降下詛咒。她們跟愛、性與美的女神弗蕾亞有所關聯。據說奧丁之所以會這種「沒有男子氣概」的賽爾技藝，也是弗蕾亞教祂的。

控制命運

諾斯人信奉許多諾恩，祂們全是女性。這些諾恩當中有精靈與矮人，然而那三位主要的諾恩，則居住在眾神家鄉「阿斯嘉特」（Asgard）的兀兒德（Urd，命運之意）之井。這三位女神會從井汲水，帶去澆灌巨大的世界樹（Yggdrasil），而世界樹連結著眾神、人類、巨人及死者等領域。祂們三個會坐在世界樹的樹根旁

> 「某個古老又邪惡的諾恩，詛咒俺只能住在水裡。」

《雷金之詩》（REGINSMÁL），約西元1270年

邊紡著生命之線，以編織每個活物的命運。掌控命運的能力使祂們比眾神還要更加強大，而他們的力量可以行善、也可以為惡。諾恩三女神據說會出現在每個孩童的降生之時，以籌劃各孩童的命運。「諾恩粥」（nornagretur）是要拿給剛生下孩子的母親，待她嚐過之後，剩下的粥就會獻給諾恩三姐妹，以確保自己的孩子得到好的未來。一般認為諾恩三姐妹是莎士比亞（Shakespeare）劇作《馬克白》（Macbeth）女巫角色的靈感來源，其預言引領馬克白走向悲劇。

除了請女術士預言之外，諾斯人也會尋找徵兆。擲物是當時常見的占卜做法，例如將一根果樹枝條削切成許多細小枝條，再將這些枝條任意丟擲在白布上，據說可以從枝條的掉落形式解讀未來。

▼ 編織命運
諾恩三女神聚在布倫希爾德（Brünnhilde，是諾斯人的女英雄）之石的旁邊，編織命運之繩。這幅圖所繪是理察‧華格納（Richard Wagner）依據諾斯傳奇故事所撰的劇作《尼貝龍根的指環》（Ring Cycle）第四部的開場。

「用鉛製作『敬畏之盔』，將這個鉛製象徵按壓在兩眉之間，唸出以下咒語……如此，這人定能在對上敵人時獲得勝利。」

「敬畏之盔簡易運用」（A SIMPLE HELM OF AWE WORKING）之術，約19世紀

▲ 以人獻祭
這是位於瑞典哥特蘭島（Gotland）史多拉哈瑪斯圖石（Stora Hammars image stones）之一的局部細節。此場景中央有一小人俯臥在祭壇上，而小人上面的另一持矛人像應為奧丁。俯臥者上方的三個交織三角形，則是魔法符號「沃克努特」（valknut），象徵從生至死的轉變過程。

自然的魔法

諾斯人也會運用「占兆」，即尋找自然界裡面的徵兆。他們認為極端的自然事件，像是暴風雨或日蝕、月蝕，可以是來自眾神的訊息，而訊息也有可能由動物們傳遞。白馬在當時受到尊敬，並被養在神聖的樹林裡，而當牠們被安上輓具以拉動無人駕駛（留給眾神來駕駛）的戰車時，其呈現的移動路線據說會顯示眾神的意向。鳥的飛行，像是烏鴉、渡鴉或老鷹，也能當成徵兆來看，例如戰鬥之前看見渡鴉會是好兆頭。當弗洛基·費爾哥達森（Floki Vilgerdarson）於西元867年首度航向冰島時——而且他還是第一位如此做的諾斯人——係以三隻渡鴉作為導引。他會三不五時放飛一隻渡鴉，再根據渡鴉的飛向繪製自己的航線。

獻祭

持續得到奧丁及其他眾神的支持如此重要，以至於諾斯人會用獻祭（blots）使眾神一直保持快樂的心情。當時的動物會以儀式的方式宰殺，也有證據顯示諾斯人也會以人獻祭。西元1072年，名為「不萊梅的亞當」（Adam of Bremen）之日耳曼修士曾寫到某個獻祭傳統，其地點是瑞典烏普薩拉（Uppsala）一間祭祀索爾、奧丁及弗雷的神殿。據他所述，每隔九年，每種活物（包括人類）都要取九個雄性個體，在那間神殿附近的神聖樹林遭到宰殺，其屍體會被掛在那裡的樹上。

一般認為這類關於以人獻祭的故事也許是基督信仰的宣傳伎倆。然而，瑞典特雷勒堡（Trelleborg）的某處考古發掘場挖出殘忍的真相。那裡有五口井，每一口井都有屬於一個人及多個動物的骸體，伴有珠寶飾品與工具。其中四口井的人類犧牲者，是年齡為四至七歲的幼童。

絕大多數的獻祭比較沒那麼可怕。同樣都要丟進湖裡獻祭，人們比較會選擇投進貴重的珠寶、工具以及武器，而不是人或動物。像是位於丹麥西蘭島（Zealand）的齊斯湖（Tissø lake）就發現了一堆這類物品，因為那裡是神祇提爾（Tyr）的聖地。

符號的力量

印記（特殊的符號）具有跟咒語一樣的魔法。它們能被刻在護身物的表面，或是用具有魔法性質的特定木頭

◀ 索爾的強力武器「妙爾尼爾」
此護身物係表現出索爾的錘「妙爾尼爾」，其上還有祂的瞪眼。此錘與索爾用於保衛秩序的雷電有關。根據傳說，妙爾尼爾能夠壓扁諸山。

▲ 魔法象徵
這是嵌在瑞典哥特蘭島布羅（Bro）某間教堂牆上、將近2公尺（6.5英尺）高的圖石之一部分。據說此處附近的井是獻祭場所。此石年代約在西元前5世紀，而此局部構圖看似是個精心製作的日輪，這是跟索爾有關的幸運象徵，而且它也象徵大地、大地與太陽的關係，以及大地與宇宙的整體關係。

或金屬雕塑成形。有些印記也許是用來象徵眾神所接受的物品，例如索爾的錘以及奧丁的矛。索爾的錘名為「妙爾尼爾」（Mjöllnir），是祂的主要武器，將它用向敵人還能神奇地回到祂手上，而當祂的錘子砸中敵人時所發出的聲響據說就是雷聲。至於錘子形狀的印記，據說能為佩戴者提供保戶與力量。它通常會跟日輪（sólarhvél）一起出現，而後者的外觀就像是據說能帶來好運與興旺的古老印記「卐」字。

而「敬畏之盔」（Helm of Awe）也許是最神祕且最強力的印記，它那八根向外放射的支臂就像帶刺的三叉戟。它是用來確保佩戴者的成功，並使敵人心生恐懼，諾斯人的傳奇故事《法夫納的警告》（Fáfnismál）裡面的詩句有這樣的描述：「敬畏之盔，我在人類的後代面前佩戴之，以保衛吾的財寶；綜觀當場，『只有我是強者，』我自忖著，『因為我沒有看到什麼力量可以匹敵吾力。』」。

瑞典東約特蘭（Östergötland）若克（Rök）的符文石之細節，其碑文有部分經過加密，應是某個魔法儀式的一部分。

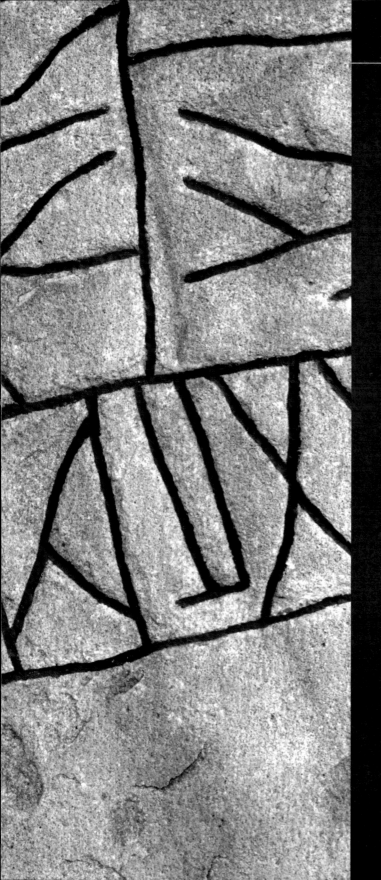

符文

　　諾斯人及其他日耳曼民族最早使用的書寫形式，係有稜有角的雕刻記號，稱為「符文」（runes），約在西元3世紀出現，直到16或17世紀才不再使用。符文就像字母，而整套符文的最古形式共含有24個符文，即老弗薩克（Elder Futhark），較近期的新弗薩克（Younger Futharc）則含有16個符文。

　　然而每個符文所具有的意義比字母的功能還要龐大許多。符文的原文「rune」意謂「字母」與「神祕」，而它在當時是力量與魔法的語言。例如，跟英文字母「T」有關聯的符文是「提瓦」（Tiwa），即天空之神，看起來就像是往上指天的箭頭。但這裡的箭頭並不僅是用來指示方向──提瓦也是戰神，而人們會刻上這個符文以確保作戰勝利。對應英文字母「U」的符文則是「烏魯」（Uru），代表過去在歐洲土地上到處走動、但現已絕種的巨牛「原牛」（auroch），而它象徵「意志的力量」。

　　有些銘刻的符文被認為是魔法咒語，須以特定的詩韻（*galdralag*）來唸以釋放它們的力量，這種口說方式之起源也許比符文的書寫形式來得更加古老許多。根據傳說，符文一直存在，而戰神奧丁在歷經吊在世界樹的可怕考驗時發現它們──當時在世界樹樹幹上的符文是據信能控制命運的諾恩三女神所刻。而這些符文顯示出諾恩三女神為一切存在刻畫命運的力量。

▶ 位於瑞典的**惹克符文石**，年代約在西元9世紀，上面有著世上最長的銘刻符文。

擊鼓與恍惚狀態

芬蘭薩滿信仰

▲ 連結諸界
為了要旅行到那由薩滿女神羅薇雅塔（Loviatar）掌管的冥界，薩滿會擊鼓以開啟通往那裡的門戶（lovi，此詞另一意思為「陰道」）。

人類在現為芬蘭這國家的地方之居住歷史已有一萬一千年之久，當時的原住民是併在一起的芬恩人及薩米人（the Finn and Saami people），他們為了獵鹿而遷往該地，因前次冰河期的冰蓋總算消退下去。這兩種原住民都是狩獵採集者，並且深信動物靈（hatija）的存在，而且他們的薩滿信仰已知至少在一萬年以前就已開始。

芬恩人的薩滿（tietäjät）及薩米人的薩滿（noaidi），在當時被視為具有驚人的力量與魔法知識，連外地也知道他們——在諾斯人的傳說中，只要芬恩人一出現，即代表那是超自然的事物。芬蘭據說是巫師、巫者、巨人與巨魔（troll）之地。

大約五千年之前，芬恩人與薩米人合併的文化因前者不再獵鹿、轉為農耕而出現分歧，不過薩滿信仰仍在這二族當中繼續下去，即使在北歐地區已轉成基督信仰之後也是如此。當教會把薩米人的最後幾個聖鼓沒收之後，他們的薩滿還是撐到19世紀。

走失的靈魂

芬恩人相信「圖奧內拉」（Tuonela）之存在，那是位於地底或北方某處的冥界，是死者靈魂要去的地方。一般認為薩滿能在恍惚狀態中旅行到圖奧內拉與靈體相見，並獲得智慧。薩滿會以思念的歌曲（joiking）及鼓聲使自己走上通往靈界的旅程，然而他們得要欺騙擺渡人帶著他們渡過圖奧內拉河，還有不介意自己會被困在一隻巨大的北方狗魚（pike）體內。

抱持異教信仰的芬恩人相信一個人配有三個靈魂，即生命力（heinki）、守護靈（luonto）與人格（itse）。後兩者可以跟身體分離，因此有可能走失或被困在冥界，這類情況一般認為會引發不幸與疾病。而人們相信薩滿們能藉由吟誦法術、執行儀式來為當事人鞏固虛弱的靈體或尋找走失的靈魂，從而療癒人們或逆轉不幸。

芬恩人及薩米人的薩滿都會藉由講述故事，幫助保存他們的口傳文化。1835年，埃里阿斯‧隆洛特（Elias Lönnrot）在其所著的芬蘭國家史詩《卡勒瓦拉》（Kalevala）中，集結當時還存在的芬恩人薩滿的歌與詩，從而作出關於魔法傳統的紀錄。

背景小知識

熊之信仰

持異教信仰的芬恩人尊敬他們獵到的動物，例如麋鹿與熊。事實上，他們認為熊神聖到不能說出其名。現代芬蘭語的「熊」（karhu），其意為「粗糙的毛皮」，是他們會使用的婉轉指涉字詞之一。芬恩人相信熊來自天上，而且能夠轉世。每當他們殺熊或吃熊的時候，都會舉行名為Karhunpeijaiset的慰靈慶典，以鼓勵熊的靈魂再度回返。在吃食熊肉之後，芬恩人會埋葬熊的骨頭，而其頭骨則被安置在某棵神聖松樹底下。

這個護身物係由神聖的熊爪製成，據說能帶來好運，也會幫助持有者的靈魂找到回家的路。

> 「……而他們用美妙的方式
> 從遙遠之處吸引想要的事物
> 來到自己這裡。」

論述薩米人的薩滿信仰，《挪威史》（*HISTORIA NORWEGIÆ*），約西元1500年

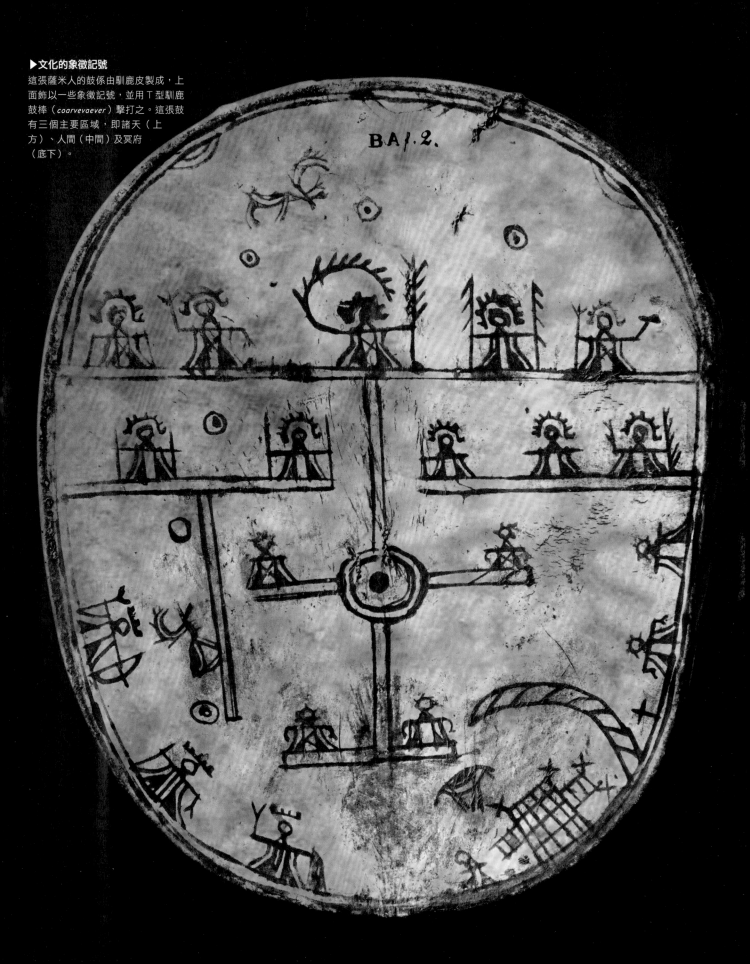

▶文化的象徵記號
這張薩米人的鼓係由馴鹿皮製成，上面飾以一些象徵記號，並用Ⅰ型馴鹿鼓棒（*coarvevaever*）擊打之。這張鼓有三個主要區域，即諸天（上方）、人間（中間）及冥府（底下）。

▲ 岡德斯綽普銀鍋
（Gundestrup cauldron）
這個巨大銀鍋的年代約在西元前150至1年之間。雖然發現地點在丹麥，然而其上所飾多屬於凱爾特的符號：這裡顯示神祇凱爾努諾斯（Cernunnos）正接受高爾地區凱爾特人的崇拜，而祂呈現頭頂鹿角、交叉雙腿的模樣。在銀鍋的其他地方還有描繪獻祭的公牛。有些學者認為這個銀鍋可能曾經用於德魯伊的儀式。

德魯伊的故事
凱爾特神話與魔法

　　整個歐洲原本到處都有凱爾特人，然而他們在中世紀時期只定居在愛爾蘭、蘇格蘭、威爾斯（Wales）、康沃爾（Cornwall）及不列塔尼（Brittany）等地。古凱爾特人發展出一整套豐富的神話與魔法，然其社會多以口傳為主，所以他們的傳統及文化只有靠古希臘與羅馬的文字記述，還有中世紀基督信仰的抄寫員所記錄的故事，才能間接地留存下來。目前並沒有直接出自凱爾特人的書寫資料，因此有時在研究他們的真正信仰與習修方式時，會難以分辨哪些部分是記錄者的誤解或增添、哪些部分是屬於凱爾特人的神話。

德魯伊（Druid）

　　就歷史觀點而言，德魯伊們比較像是當時的智者、導師或祭司，然而他們有時也會被描述成具有魔法力量的人。他們的魔法與信仰據稱是深植於大自然，因為他們的儀式經常在神聖樹叢舉行。

　　根據羅馬作家大普林尼（Pliny the Elder）所述，德魯伊們認為滲出白汁的槲寄生（mistletoe）具有魔法力量，而他們也將該植物視為促進生殖力的象徵。大普林尼也宣稱德魯伊會獻祭動物，並描述在收集槲寄生的德魯伊儀式當中有宰殺兩頭白公牛的步驟。包括大普林尼及尤利烏斯·凱撒（Julius Caesar）的羅馬作家，是絕大多數關於德魯伊的史實資料來源，然而類似的故事也出現在具有凱爾特文化淵源的威爾斯與

「德魯伊——
這是凱爾特人對他們的魔法師之稱呼
——將槲寄生視為至聖事物。」

大普林尼，《自然史》，約西元77－79年

愛爾蘭地區之故事中。從西元8世紀開始，基督信仰的抄寫員將這些故事寫成手抄本，例如12世紀的《倫斯特之書》（*Book of Leinster*）與《棕灰牛之書》（*Book of the Dun Cow*）。在這些神話當中的德魯伊，有時是能夠控制暴風雨或其他自然現象的魔法師。在某個屬於基督信仰的故事中，聖派翠克（St. Patrick）在前往愛爾蘭的時候，有位德魯伊召出暴風雪，企圖使他名譽掃地，然而派翠克用十字架的象徵將風暴驅散。

愛爾蘭的神話

愛爾蘭的神話在凱爾特的傳說當中特別豐富，那些是有著吟遊詩人、美麗少女及戰士——例如具有超自然力量的庫胡林（Cuchulainn）——的幻想故事。它們還敘述達南神族（Tuatha Dé Danann）的故事，據說這個魔法存在的種族是古愛爾蘭的神祇，亦是愛爾蘭的早期居民。其故事充滿著魔法的作為與武器，例如工匠之神魯格（Lugh）的那根會自行擲出且必定命中的魔法長矛。許多愛爾蘭神話也有變換形體的部分，反映出凱爾特人認為「一切事物均相互連結」的信念。提供協助的巫婆會變成美麗的姑娘，魔法師則會變成例如鹿或鷹的動物，或是將敵人變成豬或馬。

凱爾特神話裡面最為駭人的生物之一，就是報喪女妖（banshee），在愛爾蘭、蘇格蘭及諾曼人（Norman）的神話均有出現。愛爾蘭的報喪女妖被認為出沒在散於愛爾蘭各地的墳塚，而其形象被描述為頭髮飄動、哭紅眼睛的野女人。人們相信她那可怕的嚎叫聲是在宣告死亡。

仙靈（Fairy）之地

在愛爾蘭，凱爾特的神話助長「其他世界的確存在」的堅定信念，包括「提爾納諾」（Tir na n'Og），即「永遠青春之地」。這地方要經過名為「續」的（*si*）魔法墓塚才能抵達，其上居民是「欸次續」（aos *si*），他們被認為是被凱爾特人打敗而被詛咒下地府的達南神族。據說「欸次續」會凶猛地護衛他們那塊特別的土地，所以人們會留意不去激怒他們，通常稱他們為好人（Fair Folk）或仙靈（Fairies）。

▲ 神聖漿果
這幅19世紀的圖畫描繪槲寄生的採收儀式。以下是普林尼對此過程的描述：「穿著白袍的祭司攀上樹木，用金鐮割下槲寄生，並由樹下幾位穿白斗篷的人們接著。」

◀ 奧西恩（Ossian）召喚靈體
此圖的繪畫靈感來自蘇格蘭詩人詹姆士・麥克菲森（James Macpherson）對於他所說的一些古代詩篇片段之「翻譯」，其中顯示的人物是愛爾蘭神話的詩人奧西恩（又稱奧伊辛Oisin），據說他拜訪過「提爾納諾」。

▶ 雕像之力

11世紀拜占庭學者約翰·斯基里澤斯（John Skylitzes）對於拜占庭在前幾世紀砸毀雕像的運動感到擔憂，並將引領此運動的君士坦丁堡牧首約翰七世描述成邪惡的法師。斯基里澤斯在這篇文字稱約翰七世耽迷雕像魔法（*stoicheiosis*）。

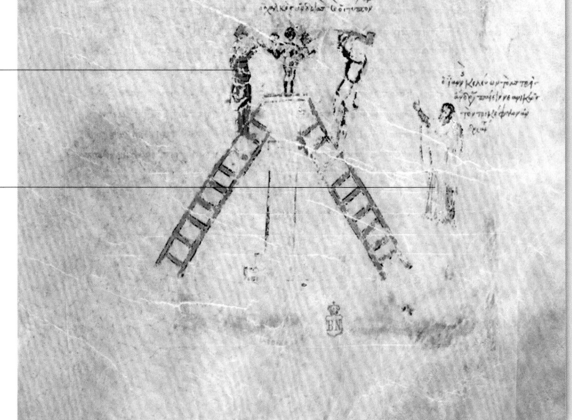

人們爬上梯子以摧毀雕像

約翰七世從雕像召出力量

基督信仰與祕術

中世紀拜占庭魔法

西元4世紀早期，在拜占庭帝國皇帝康士坦丁改信宗教之後，當時歐洲最大、最富有的城市拜占庭（Byzantium，即現代的伊斯坦堡）正式改遵基督信仰。絕大多數人們都有強烈的宗教信仰，狂熱地相信基督信仰的圖像、聖物與聖人在行使奇蹟方面的力量。就目前所知，當時的人們還會用鍊子把自己綁在教堂，希望自己的病痛能得到治癒。

平民魔法

異教魔法師與基督信仰的神職人員曾經有過相安無事的時候。當時的拜占庭滿是異教信仰的雕像，人們認為這些雕像已被邪靈附身，然而他們也相信，只要運用「律動」（stoicheiosis）一類的魔法，就能操縱這些邪靈去辨認花心的丈夫、宣判犯人的罪刑，甚至在夜間清掃街道。拜占庭人也深信辟邪魔法（apotropaic magic），即抵禦邪惡影響的魔法。他們會佩戴護身物並行使儀式以偏折邪眼的詛咒。有些人則將具有保護效果的圖像刻在石頭上，或是織、繪在衣物的褶邊。特定的石頭也因具有治療效果而得到重視，例如縞瑪瑙（onyx）的形式之一「纏絲瑪瑙」（sardonyx），據說能夠幫忙避免流產。

隨著時間過去，教會的一些神職人員的態度轉為嚴厲。在西元770年代期間，皇帝利奧四世頒布一道法令（Novel），不再容忍立意良善的法術與護身物。過一世紀之後，君士坦丁堡牧首約翰七世（Patriarch John; the Grammarian）被指控修習「律動」，從而引發一波「破壞偶像」（iconoclasm）的活動。販售用來當成護身物的神聖物件及圖像者（ghitevtai），還有進行欺騙勾當的魔術師（hekantontarchos），逐漸被迫改為祕密活動。

宮廷魔法

即便具有基督信仰的官方地位，宮廷的掌權人物仍接受魔法，甚至運用魔法。有在玩魔法的

▲ 治療石

這顆年代約為西元6到7世紀的護身物混用基督信仰與魔法。其圖面顯示一個女人接受基督的奇蹟碰觸。石頭本身則是赤鐵礦（haematite），一般認為它能藉由吸收血液而避免月經流血不止。

諸信仰的調和者

在中世紀的拜占庭帝國中，各個社會階層均著迷於魔法，而魔法也能為他們提供實質的協助，還有許多學者研究異教信仰祕術法門的歷史，其中最為著名者之一即是希臘修士米海爾·普塞羅斯。普塞羅斯（原文字面意思是口吃者）是高階政治顧問及著名的歷史學家。盡管持基督信仰，他對於那些黑暗技藝（他稱之為「祕術」、「禁術」）有著強烈的學術興趣，特別對占星學及晶石的力量感興趣。他的著作是了解拜占庭魔法的主要知識來源。

米海爾·普塞羅斯（圖左）是了解黑暗技藝的偉大拜占庭學者（圖右為皇帝米海爾七世Michael VII）。

▲ 天文圖表
這個顯示黃道十二星座、中央有太陽戰車的圓圈，係依據西元2世紀希臘學者托勒密的著作《天文學大成》（*Almagest*），是後續的一千三百年當中最完整可靠的天文學作品。而他的占星學著作《占星四書》（*Tetrabiblos*）於拜占庭也有同樣的影響力。

皇帝與女帝據說還算不少——雖然這當中的關聯，有時是後世作家想要汙損他們的名聲而加以捏造。

11世紀的佐伊女皇（Empress Zoë）據稱謀害她的丈夫皇帝羅曼努斯三世（Romanos III），是為了要跟她的年輕戀人米海爾（Michael）結婚，而根據修士兼學者米海爾·普塞洛斯（Michael Psellos）所述，這位女皇想盡辦法懷孕，甚至還用上護身物與魔藥。據說君士坦丁堡牧首約翰七世習修祕術，而當時還有貴族阿勒克西歐斯·阿克叟訶（Alexios Axouch）被指控跟魔法師（*go-es*）商量事情。阿克叟訶因為被指控用魔藥使安提阿的瑪麗亞女帝（Empress Maria of Antioch）無法有後代，而被終身監禁在修道院，然而這樣的指控也許是由他的敵人編造出來。

占星學與占卜

拜占庭擁有當時最為前衛的占星家，例如

「……能夠預知未來，並用抽籤、
預言及夢境預測未來的雕像……
還有使人生病及痊癒的雕像。」

無名氏論「雕像魔法」，《完美對話》（*ASCLEPIUS*），西元3世紀

西元6世紀的赫費斯提翁（Hephaestion），然而占星學在拜占庭世界的地位並不明確。教會的一些神職人員學習占星學以制定禮儀年曆（liturgical calendar），然而「預測」（prognostication）——即從諸星預估未來的研究——被認為是某種祕術作為。儘管如此，宮廷仍然運用占星家給予指引，其中著名的例子是11世紀的學者西米昂·塞斯（Symeon Seth）對於眾星的解讀，使他準確預測出那位拜占庭義大利半島地區（Byzantine Italy）的征服者西西里的羅伯特（Robert of Sicily）的死亡。塞斯將以下這些話語事先封進信封裡面：「某位來自西方、擾動許多事情的強敵將會猝死。」

直到12世紀，身兼學者、醫師及作家的拜占庭公主安娜·科穆寧娜（Anna Komnene）在她的歷史著作《阿勒克西歐斯傳》（*Alexiad*）納入占星的參考資料，然而羅網已在束緊。在同一世紀中，歷史學家尼基塔斯·卓尼亞提斯（Niketas Choniates）譴責皇帝曼努埃爾一世（Emperor Manuel I）居然把星象的解讀當成是神的話語來相信，並嚴厲批判那些「傳播疾病的占星師」。

接在占星學的後面就是盤占（lecanomancy），像是從一盤水當中尋找模式，或是觀察石頭掉進那盤水時產生的漣漪。拜占庭流行這個源自古巴比倫的概念，甚至拜占庭的法院也常用盤占。當時還有許許多多的其他占卜方式，人們對於它們大多用非常嚴肅的態度來看待，這當中包括馬嘶占（chremetismomancy，即解讀馬的嘶叫聲）、顫動占（palom-ancy，依身體不自主的抽動、顫動而占）以及肝占（從動物的肝臟解讀徵兆）。而最奇怪者當數「腹語」（*engastrimythoi*）——即靈媒在進入恍惚、附身的狀態時用奇怪的聲音講出預言——的解讀。

解讀夢境

拜占庭時代的解夢指南被稱作《夢之解讀》（*Oneirocritica*），其名取自西元2世紀希臘學者阿特米多魯斯（Artemidorus）的同名著作。解讀夢境在當時相當流行，而且既然夢是神賜予的——雖然這方面仍有爭議——絕大多數的解讀都被視為正當合法的作為。說真的，就連教會牧首也曾撰寫許多解夢的指南，例如尼基弗魯斯（Nicephorus）及哲馬努斯（Germanus）。有本10世紀的文獻係關於要在帝國旅行的準備事宜，就建議要帶一本解夢指南當成標準配備喔！

▲ 藉水占卜
這個西元10世紀的拜占庭玻璃碗係為盤占（解讀容器中的水之模式）的用途而製作的。它很小，只有17公分（6.5英寸）高，十分適合讓占卜者專注心神。

▼ 帝國之夢
巴西爾一世（Basil I）是最偉大的拜占庭皇帝之一，其出身為馬其頓的農夫，然而他的母親夢到他有一天會戴上皇冠，如同這幅於11世紀學者作家約翰·斯基里澤斯的文獻裡面的繪圖，這預言後來實現了。

神聖與奇妙

魔法及早期的伊斯蘭信仰

在先知穆罕默德於西元632年過世之後，伊斯蘭信仰從一開始的阿拉伯人向外擴展到很遠的地方。無論它擴展到哪裡，絕大多數人都會改採穆斯林的信仰並跟隨《可蘭經》的指引。然而，舊有的習俗並不會立刻消失，因此整個帝國的政治與學術雖然都變成以伊斯蘭信仰為宗，古老到比伊斯蘭信仰還要更早的魔法修習方式仍然遍布各地。

更甚的是，為了跟隨穆罕默德的指示——「到每個地方尋求知識，即使這代表你得去中國也是如此」——伊斯蘭信仰的社會變成強大的學術研究社群。當時的巴格達城是翻譯古老文獻的中心，而古老文獻雖然絕大多數源自希臘，但還是有源自波斯、印度與中國者。除了科學與哲學之外，關於古代魔法的著作也來到巴格達城及伊斯蘭世界，其中有以「三倍無上偉大的赫密士」（Hermes Trismegistus）（參見第134－135頁）及以瑣羅亞斯德（參見第30－31頁）為名的文獻。

防禦惡魔

穆斯林認為上帝是無可匹敵的，然而他們仍然相信自己需要

▶ **所羅門的耳環**

這個用於裝飾的星形物可能在影射所羅門印記。據說上帝賜給他這個印記，讓他能夠控制精怪。

祂的介入以保護他們不受惡魔（shayatin，即危險的古老靈體）的影響。而這裡的惡魔係指一群邪惡的妖魔，其中包括墮天使與邪惡精怪。《可蘭經》指稱它們是對心智進行誘惑的存在，但是對於許多人而言，惡魔既真實且危險。而邪眼——那些使不幸發生的詛咒與法術——是另一個從古早時代傳下的信念，也具有同樣的真實與危險。

護符與魔碗（ magic bowls ）

《可蘭經》並不贊成異教信仰的阿拉伯人所做的護符，然而這樣的態度無法阻止穆斯林運用護符來抵擋惡魔與邪眼。而《可蘭經》的信徒之所以妥協，是因為那些護符刻有《可蘭經》的節錄字句。說真的，有些護符甚至就是縮小版的《可蘭經》。在《可蘭經》裡面的所羅門王，被認為是先知兼古代的魔法師，而他的六芒星印記時常出現在護符上。

魔碗是辟邪類魔法的一種特別常見形式，而且在12世紀左右非常流行。人們會保存樣式樸

▼ **魔法精靈**

精怪是能夠改變形體的精靈，其存在的概念比伊斯蘭信仰還要更早，然而《可蘭經》接受它們為神的造物之一。絕大多數精怪既不善也不惡，然而少數精怪是危險的惡魔（shayatin），例如以下這份13世紀扎卡利亞·卡茲維尼（Zakariya al-Qazwini）手抄本裡面的藍象。

「……這些令人難以置信的惡魔……將法術授予人類……除非得到神的允許，不然它們是不會用法術傷害任何人。」

《可蘭經》對於名為shayatin之危險惡魔的論述

▲ 抵禦惡魔與邪眼

這個12世紀的護符是一張紙捲，上面寫有取自《可蘭經》的神聖經文。這張紙原是放在小盒裡面當成護身胸墜來佩戴，其經文能夠保護「佩戴者的心」。

實的陶碗，用來治療各式各樣的疾患。基本上，魔碗不僅刻有《可蘭經》的節錄字句，還會放上源自波斯或甚至中國的魔法符號，旁邊再附上黃道星座與行星的符號。許多魔碗還會有諸如蠍、蛇等野獸的形象。

研究祕術的學者

早期伊斯蘭世界的魔法不僅稀鬆平常，其翻譯作品也引發學者的強烈興趣，他們會去區分魔法（sihr）與占卜（kihana），然這兩類互有重疊。

某些學者會認為魔法僅是諸如吞劍之類的戲法。10世紀的律師阿布·巴科·賈瑟斯（Abū Bakr al-Jaṣṣāṣ）堅持，人們對於

魔法的信心僅僅是出於無知。然就眾多魔法而言，的確存在一股真正的祕法力量，能夠召喚精怪，甚至使死者復生。當時最有名的魔法學者，就是12世紀的作家阿曼德·伊本·阿里·布尼（Ahmad ibn Ali al-Buni），他在其著作《明亮眾光》（Luma'at al-nuraniyya）探究神的99個名字所具有的奧祕特質，並對護身物如何利用神名的超自然力量提出建議。

魔法文字

對於許多早期伊斯蘭信仰的信徒而言，字母與數字都有著魔法力量，有些魔法師甚至精通跟字母有關的學問（'ilm al-hurūf），其中包括研究阿拉伯字母的奧祕特質以及跟它們有關聯的名字。有一種名為「名占」（onomancy）的占卜方式，

▼ 以點占卜

早期的地占師會在投擲幾把泥土之後尋找模式，然而到12世紀時已有這樣的裝置，占卜師能夠轉動機關，得出隨機的點陣排列以進行解讀。

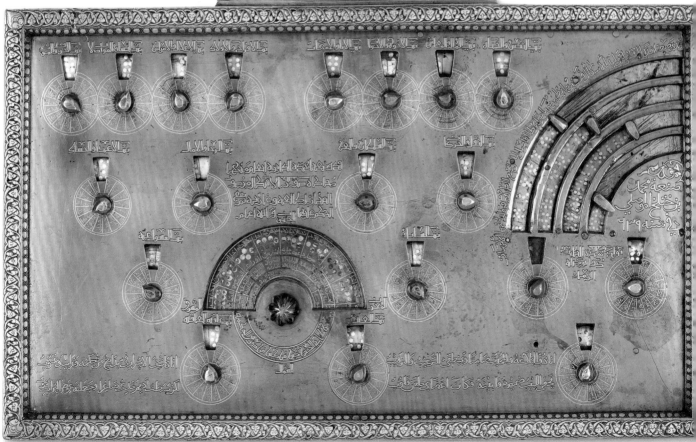

> 「至於文字的奧祕，我們不應想像自己可藉由邏輯推論的幫助予以揭露，唯有藉由異象與對於神聖事物的解讀能力之助才能通達。」

出自阿曼德・伊本・阿里・布尼，西元12－13世紀

係先為某名字或片語的各個字母指派特定數值，然後再把所有字母的數值相加而得出單字或多字的數值。一般認為這樣做能揭露隱藏的意義並能做出預測。

當時在預測競賽或戰鬥的輸贏時，會把各方名字的數值都除以9，然後再拿結果查表，類似的技術也用於預測疾病或旅程的結果，或是某事件發生的機會。另一種名為jafr的技術，則是將99個神名其一的字母們，與欲想達成的目標之字母們結合起來以助其實現。

書寫本身在當時被認為是在操作強力的魔法，同時也能當占卜工具來用。據說使用正確的字母，它們就能給予控制精怪的力量。當時在魔法字母表、隱密著作及古文明的字母方面有許多專題論文，其中著名的是10世紀學者伊本・哇希雅（Ibn Wahshiyya）所寫的《狂熱信徒在學習古代文字謎語的想望之書》（*Kitāb Shawq al-mustahām fi ma'rifat rumūz al-aqlām*），他是那些最先著手解讀古埃及象形文字的歷史學家之一。

魔方陣

伊斯蘭魔法有一持續受到注意的面向，那就是魔法數字方陣（*wafq*; magic number square）。方陣也許源自中國，然而它在阿拉伯世界被採用——特別是在12世紀之後——並出現在許多伊斯蘭的魔法指南裡面。最簡單且最早的魔法方陣是名為「布都」（*buduh*）的3乘3方陣，其排法係使數字1至9在九宮格排成任一行、列及對角線的加總都是15。

數學家著迷這個概念，他們通常會試圖創造出更大的方陣。然而在早期的伊斯蘭世界，人們的興趣是放在方陣的魔法特質，以及它們抵擋苦事的能力。說真的，人們認為3乘3魔法方陣的力量強到光是寫出或說出「布都」之名，就足以治癒胃痛或使當事人隱身*。

▲ **具有法力的數字**

這個卵圓形金屬印章的中間就是「布都」，即3乘3的魔法方陣，其陣中九個數字的排法使每一行、列或對角線的加總都是15。方陣外圍則是四位大天使的名字。

背景小知識

阿拉伯煉金術

煉金術（阿拉伯語為*al-kimiya*）的目標，是要將某一物質轉變成另一物質。9世紀的學者拉齊（al-Razi）認為，唯有做到此事者才是真正的哲學家，因為這樣的能力堪比神的創造力量。而煉金術的究極任務即是將賤金屬轉成黃金，藉此得到永生。煉金士行事隱密，係為了避免其技術落入追求財富而非智慧的人手中，他們也會把這類人視為江湖騙子而不予理會。煉金士奠定現代化學的基礎，其中最偉大者是賈比爾（Jabir ibn Hayyan），他使我們這個世界有了實驗室、蒸餾法及強酸。

這幅**煉金術賢者**的圖畫係收在10世紀某本討論夢境的書籍裡面，作者為煉金士塔米米（al-Tamimi）。

*譯註：*buduh*就是3乘3魔方陣的四角數字以特定的對應表轉成阿拉伯字母所拼成的字。

眾行星之力
阿拉伯占星學與星之魔法

星之魔法（astral magic）即運用恆星及行星的相關魔法，具有古老的傳統，然其最龐大的根基是在早期伊斯蘭世界，於阿拉伯及波斯學者之間形成。而它的眾多根源都有共同的信念，即神界與人界之間存在著天界，又名星界。星界即是恆星與行星的領域，黃道十二宮則象徵眾星在一整年的移動。星之魔法師相信地上的每一存在都會受到特定的星之力量的影響，因此他們嘗試解讀眾星的模式以得到指引，並尋找能夠運用眾星影響力的方式。

從市場到宮廷，阿拉伯社會的許多階層都有在使用占星術。它在一開始被當成祕術法門，跟伊斯蘭信仰的理念不符。但早期伊斯蘭社會又同時發展出天文學，因學者試圖定出聖城麥加（Mecca）的方向與適合祈禱的時候，所以對於星界的研究逐漸被視為從屬於合法的自然科學。西元9世紀學者肯迪（Al-Kindi）的《論諸星光》（*De Radiis*）就提到眾星的影響力是藉由它們發散的光束而來。

《賢者之向》

將阿拉伯文的文獻轉為拉丁文版本的翻譯工作係從12世紀開始進行，大幅影響歐洲看待魔法與科學的的觀點。在星之魔法方面最著名的著作就是《賢者之向》（*Ghāyat al-Hakīm*），其寫就時間約在10至11世紀，並在13世紀翻譯成拉丁文及賦予*Picatrix*的名稱。《賢者之向》解釋眾行星與非實質事物（例如色彩與香氛）之間的自然連結，並提

◀測量眾星的星盤
星盤（astrolabe）係由伊斯蘭的占星家與天文學家發展用於對時的工具，是為了要調查、確定物件的距離與高度，此外還可用於測量緯度、解讀占星盤。這個星盤是為蘇丹阿布·發提·穆撒（Sultan Abu-I-Fatih Musa）所做，年代約為1227-28年。

▶ 出生星盤
這是蒙古裔征服者「跛腳帖木兒」（Tamerlane）之孫、王子伊斯坎達（Prince Iskandar）的星盤，上面顯示他於1384年4月25日出生時恆星與行星的精確位置。

供魔法配方，以下是其中一款用於「醞釀麻煩」的配法：「取四盎司黑狗血，鴿血及鴿腦各二盎司，以及一盎司的驢腦。將所有材料混合到完全均勻的程度。當你把這款魔藥摻進食物或飲料給某個人，他將會憎恨你。」

占星預測

　　占星家的主要活動之一，即是做出占星盤以定出諸恆星與眾行星在移位時跟著變換不停的影響力量。行星移動的計算通常是複雜的數學，所以絕大多數占星家都是受人敬重的學者。早期伊斯蘭占星學的占星盤分成四類：出生盤（出生當時的諸影響力之圖）、國家或朝代盤、選擇盤（查看是否適合進行某特定動作），以及提問盤（用於回答諸如疾病預後及尋找失物之類主題的特定問題）。

　　當時的人們相信，若要增強眾星的影響力，其方式之一即是使用關聯特定星象因素的種種材料來製作護符，其概念是選擇正確的材料（通常是金屬），並在計算之後，於適當的影響力最為強烈的時分製作護符。

◀ 眾星裡面的故事
這份手抄本的年代約在1300年，其作者公認為阿布·馬夏爾（Abu Ma'shar）。內容係以繪圖的形式談及許多主題，包括惡魔、個人化的月相，以及黃道星座，例如此圖就是在講巨蟹座（al-Saratan; Cancer）。

背景小知識

現代的星之魔法

西方在中世紀及後續時代對《賢者之向》進行廣泛的研究，像是文藝復興時期的學者柯奈流士·阿格里帕（Cornelius Agrippa）、馬爾西利奧·費奇諾（Marsilio Ficino），還有19世紀數個關於魔法－神祕的運動。而在近數十年來，抱持新時代思想的人們又開始讀這本著作，探索關於星光體投射（astral projection）（參見第287頁）的看法，這概念係認為人的靈魂可以訓練到能夠進入眾恆星、行星及其相關力量的層面。

這個**現代的護符**係依《賢者之向》的指示而製。

具有保護性質的物品

運用具有保護性質的物品（通常稱為護身物）之做法，從人類最為初期的時候就已出現。無論是佩戴、攜帶、置於家中或神聖處所，人們都相信護身物具有力量，可以抵禦邪眼、負向能量、惡靈，甚至疾病。有些護身物被認為具有自己的魔法力量，還有一些具有強烈宗教意涵的護身物，係藉神聖祝福及佩戴者的信仰，而擁有可被覺察到的力量。

寶螺（cowrie）的殼關聯到生育力及預測未來

▶ 穆坎嘎（Mukenga）係於西非庫巴人（Kuba）高階成員的葬禮時佩戴的面具。這副面具係以寶螺殼裝飾，該類貝殼自古以來在世界各地都被當成護身物來用。

皇冠為這對人像賦予王族地位的品質

以孩童像示現的基督則增添更多神聖力量

▲ 聖母塑像，聖母即基督的母親，被許多基督徒認為具有保護的奇蹟力量，而虔信者通常會在旅行時攜帶此類塑像。這尊塑像係來自捷克共和國。

▲ 維納斯小石像屬於最早可供攜行的塑像之一。其形象為巨乳豐臀的女性，係由歐洲的狩獵採集者所造，可能用來協助生育。

▲ 十字架胸墜對於許多基督徒而言並不只是宗教象徵，而是具有辟邪力量的物品。十字架據說也是吸血鬼最為害怕的宗教象徵。

▲ 兔腳是被認為具有魔力的現成物品。自古至今，世界各地都有相信它可以轉移運氣的人們，從歐洲的凱爾特人到美國信奉胡督的非裔美國人都有。

▲ **蛙**因其後嗣眾多，是生育、多產的象徵。像圖示（源自古埃及）之類的蛙型飾物，在當時係由女人收藏，以期產子順利、來世轉生順遂。

▲ **蠍紙**係中世紀猶太人的魔法護符。在紙上粗略繪出蠍子形象，再寫上幾個字，就能捲起來掛在頸上當成護符來用。

▲ **祖尼（Zuni）雕像**是新墨西哥地區古祖尼人具動物形狀的靈物。他們會在出去打獵時隨身攜帶這些物品以招來好運或避免危險。

這裡的「窗戶」則用黃金捏塑而成

尖端的形狀就像一座縮小的大教堂

▲ **聖甲蟲（Scarab beetle）**護符於古埃及會被放置在經過防腐處理的木乃伊遺體之心臟位置（那是唯一還留在遺體裡面的器官）。這類聖甲蟲護符據信能使前往彼世的旅程變得比較順利。

▲ **迦尼薩（Ganesh）**是具有象頭的印度神祇，象徵好運的祂是護符常用的形象，因為人們相信祂能藉由移除物質與靈性方面的障礙，將成功賜與佩戴者。

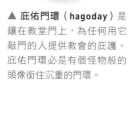

▲ **庇佑門環（hagoday）**是鑲在教堂門上，為任何用它敲門的人提供教會的庇護。庇佑門環必是有個怪物般的頭像銜住沉重的門環。

這個聖遺物據信是聖塞巴斯蒂安（St. Sebastian）的一塊足骨

▲ **荷魯斯之眼（The eye of Horus）**，另稱「瓦傑特」（wedjat）墜飾，當時係為古埃及法老的陪葬物，其作用是在彼世保護他們。而這樣的眼型飾物現在通常稱作「邪眼護符」（nazars，即現在流行的「藍眼睛」），原文係源自阿拉伯語的「視覺」或「監視」。

▲ **法蒂瑪之手（hamsa; the Hand of Fatima）**能夠抵擋邪眼，其來源也許是古埃及，或是跟迦太基（Carthage）的主神塔妮特（Tanit）女神有關。

▶ **基督信仰的聖遺物**是聖人遺體的一部分，並保存在某個容器裡面。這些物品受到相當的敬重，而早期的基督徒會不遠千里來看它們。許多聖遺物被認為具有奇蹟的療癒力量。這個聖遺物在舉行防止瘟疫的彌撒時，會被放在教堂的祭壇上。

◀ **位於核心的話語**

這頁圖係源自薩塞克斯公爵（Duke of Sussex）的《日耳曼摩西五書》（the Book of Numbers），年代約為1300年。可以看到騎士與怪物包圍著中間的文字「祂說」──即《民數記》開頭字母。處在如此中間的位置、周圍還有如此豐富的飾畫，在在反映出話語的重要性。

吾說話，即創造

猶太魔法與神祕主義

雖然《塔納赫》（Tanakh，即《希伯來聖經》）*譴責絕大多數魔法，然而在中世紀的猶太人社會上下各階層，包括教士們（rabbi），都有使用魔法，甚至領袖們行使魔法的一些故事也記在《塔納赫》裡面——例如在摩西（Moses）的許多故事當中，亞倫（Aaron）在埃及法老面前把自己的杖丟在地上，那杖杖就奇蹟般地變成一條蛇（參見第28頁）。猶太人的神聖經典《巴比倫塔木德》（Babylonian Talmud）也提及魔法相關的資訊，像是法術、咒語及護身物的使用。

附法的語言

話語是中世紀猶太魔法的關鍵部分。根據猶太人的傳統，希伯來語有著神聖的起源，而其字母具有創造的力量，例如在《塔納赫》，神僅是說出話語，就將這世界帶進存在。有些猶太人相信，正確的話語及字母的組合具有魔法效用，能夠用於任何事情，從擊敗惡魔到做出預言都可以。而神名及天使之名的字母被認為特別具有威力。有些法術是積極運用宗教話語來構成，例如在某文獻中，魔法話語被加進日常禱告，以行使一系列具有特定目的（像是死者復生）的法術。幾世紀以來，魔法話語及宗教話語之間維持著強烈的關聯性，特別見於猶太人名為「卡巴拉」（Kabbalah）的祕法傳統（參見第88—89、136—139頁）。

猶太的魔法學者相當受到古亞蘭語——即以色列人於第二聖殿時期（西元前539年至西元70年）使用的日常語言——及《塔木德》所使用的語言之影響。有些人甚至認為那句最為著名的魔法話語「阿布拉卡搭布啦！」（Abracadabra!），其實源自亞蘭語的「吾說話，即創造」（avra k'davra; I create as I speak）。

魔法書

許多猶太婦女通曉對付諸如疾病或不孕等日常問題的魔法應用。相反地，教士們及其他學者——基本上都是男性——修習「博學魔法」（learned magic），而此種魔法在中世紀逐漸被寫成魔法書。諸如《義人之書》（Sepher ha-Yashar; Book of the Upright）、《偉大祕密》（Raza Rabba; The Great Secret）與《神祕之書》（Sepher ha-Razim; Book of Secrets）等等書籍都會提供像是治療、激起愛意、招來好運、引發疼痛及驅逐惡魔之類的操作方法。

*譯註：內容即現今的《舊約聖經》

▲ **魔法之星**

這裡顯示在聖彼得堡抄本（係已知最早的《塔納赫》完整版本，年代約為1010年）上的星形所羅門印記及名為大衛之星（Star of David）的六芒星，常被視為是強勢的魔法符號。

背景小知識

魔像、泥人（Living clay）

魔像（golem）是模樣很土的人偶，據稱是用魔法吟誦神之名將生命賦予黏土而塑成。不過，由於它們並非由神所造，所以沒有說話的能力，甚至golem一字到現在也被用來代稱「愚蠢」一詞。雖然據說有些魔法師會創造出魔像來處理家務，不過，布拉格於16世紀的編年史有個著名的傳說，稱當時的猶太神祕學家瑪哈洛（the Maharal）創造出魔像以阻止反猶太主義的攻擊。據稱魔像頭上應該刻有 emet（真理）一字，而當第一個字母被抹消、使該字變成 met（死亡）時，它將瓦解為塵土。

這尊神祕魔像係源自16世紀的布拉格，本圖為經過重製的現代塑像。

▲ 具有保護力量的文字
中世紀的護身物，例如圖示，會在金屬盤面刻上魔法文字。它們係用來掛在頸上以抵擋邪靈，或是為佩戴者招來好運。

護符與護身物

中世紀的猶太人多相信邪靈（shedim）的存在，認為它們會帶來苦難，而其中一個關鍵的恐懼形象即是名為莉莉絲（Lilith）的夜魔，它會找孩童及正值生產的婦女下手，而防護此種邪靈的方式之一就是佩戴護身物（kaméa）。那時流行把狐尾與猩紅絲線當成護身物來用，而為了預防流產，就要攜帶一顆保護石（even tekumah）。

護身物通常會有書寫其上的文字，所以它們承載著猶太魔法裡面被認為最為強力的元素——話語。而這些話語當中，有些是宗教經文，例如《詩篇》第126章的複本會放在家屋四周以保護孩童；其他則含有天使的名字或傳統的魔法語句，而它們會被刻在金屬片上供人們佩掛在頸部。具有保護性質的文字也會被寫或刻在一些家具或居家用品上。

「所羅門印記」（Seal of Solomon）是特別強力的護符，據中世紀作家稱這個在所羅門王圖章戒指上的星形象徵係由神所刻，而且據說它使所羅門王具有控制邪靈的力量。此星形圖案可以為五芒或六芒，圖中三角形交疊的模樣據說會使惡魔感到暈眩。

卡巴拉

「卡巴拉」一詞在今日通常用來形容事物的神祕或祕密之處，然其根源是猶太人的祕法思想，其目的在於了解、連結神聖事物，甚至予以影響。卡巴拉係從1230年的《光輝之書》（Zohar）出現，而找到這文獻的西班牙拉比宣稱那是來自某位2世紀的賢者之教導，年代已有千年之久。《光輝之書》被認為是來揭露《摩西五書》（Torah，即《塔納赫》的前五章）的隱藏意義（即屬神的面向），仔細學習這些意義，據信能使研讀的人達到與神合一的神祕境界。

而在後續幾世紀當中，卡巴拉的學術、神學面向對於猶太人的思維變得非常重要。然而它還有另一個面向，即所謂的「實修卡巴拉」（practical Kabbalah），其目的是影響這個世界，而不是僅向神靠近而已。從14世紀開始，信奉實修卡巴拉的人們將運用神及天使名字的概念，實際用於製作護身物或形成他們所用的部分咒語。他們也吸納其他猶太祕術傳統，包括解夢（oneiromancy）及惡魔的相關概念，例如15世紀的卡巴拉文獻《回應之書》（Sepher ha-Meshiv）描述如何使用咒語召喚惡魔、天使，甚至神。

事實小補帖

中世紀猶太愛情法術

如同許多文化裡面的常見做法，中世紀的猶太人通常會用魔法來襄助愛情之事，像是使用護身物或具有顯著意義的魔法文字。護身物的銘文也許是在呼喚《塔納赫》記載的愛人們，像是亞伯拉罕（Abraham）與撒拉（Sarah），或是以撒（Issac）與利百加（Rebecca），以提振愛情。相反地，如要結束愛情，護身符的銘文也許是呼喚夏娃（Eve）或是暗嫩（Amnon），後者強暴自己同父異母的妹妹他瑪（Tamar）。有些人則運用比喻，例如使用描述燃燒的字詞以激發慾望。有個法術則建議準戀人們用一個蛋殼盛入自己與所愛對象的血，接著用血在蛋殼上寫下彼此的名字，然後把整個蛋殼埋在地下——據稱此法必定馬上生效。

亞伯拉罕跟撒拉說神應許給他們一個孩子——其圖取自14世紀英格蘭手抄本。以前的愛情魔法常會提及這對夫妻。

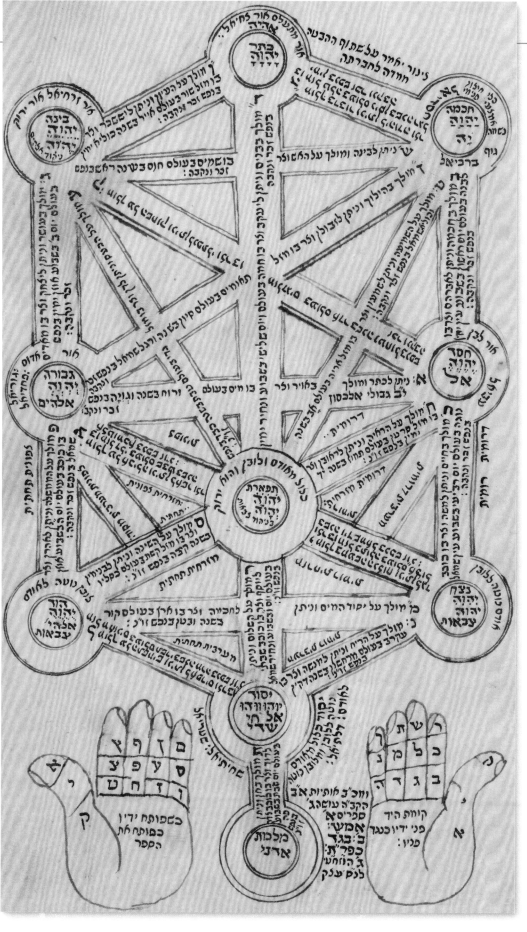

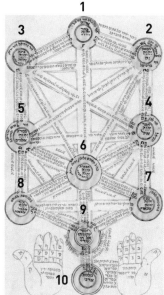

重點

1 科帖爾（Kether）、王冠

2 侯克瑪（Hokhmah）、智慧

3 庇納（Binah）、領會

4 黑系德（Hesed）、仁慈

5 葛夫拉（Gevurah）、力量

6 悌孚瑞特（Tifereth）、光榮

7 聶札賀（Netzach）、勝利

8 侯德（Hod）、榮耀

9 易首德（Yesod）、根基

10 瑪互特（Malkuth）、王國，有時也被稱為「舍金納」（Shekhinah，即神聖存在）

◀ **生命之樹**

這是15世紀的「樹圖」（ilan，通常被稱為生命之樹），其圖係顯示十輝耀（sephiroth）——即代表神的各種不同面向之節點（nodes）——之間的神祕連結。卡巴拉的學者會對此類圖案進行沉思，以求在靈性方面與神合一，而有人相信達成該目的有助於他們影響物質世界。

天使字母表

象徵記號的流行

▲ 魔法的學術研究

如同其他中世紀猶太卡巴拉文獻，13世紀的《拉吉爾天使之書》（*Sefer Raziel haMal'akh*）收錄魔法符號及其他神祕知識，包括這裡顯示的圓端字及星形所羅門印記。

就中世紀猶太魔法而言，「書寫」處在其核心的位置，無論是法術、詛咒或護身物上面的保護字詞均是如此。象徵與記號在當時是書寫魔法的核心部分，除了能夠維持祕密之外，據信還能留存古魔法的要素。

有些象徵與記號係由猶太魔法師自行發展出來，但絕大多數都是源自其他文化。最有名的外源記號即是圓端字（*Karaqtiraya*，此字係為*charaktêres*的希伯來語音譯版本），它們原是用於做成字母形狀之記號的古希臘字，常以筆畫尖端有小圈的線條構成，據信它們本身就具有神祕的力量。圓端字時常出現在中世紀的卡巴拉文獻，然其源頭比13世紀的卡巴拉還要至少早700年。

圓端字被認為約在1500年前進入猶太魔法傳統，無人能確定它們源自何處。有人猜測它們源自埃及象形文字，也有人認為它們係來自美索不達米亞的楔形文字，但最有可能的來源是古希臘魔法文字。有些記號相似於那些出現在希臘魔法莎草紙與寶石的記號（參見第32－35頁），另一些則看似是希臘字母與希伯來字母表，僅是在筆畫末端加上圓圈。

由於一般認為魔法文本在製作複本時須力求準確才行，因此這些記號在經過好幾世紀仍被保存下來，不斷變換的日常語言無法像它們那樣保持不變。不過，它們的起源故事在中世紀就已佚失。由於圓端字跟字母很相似，所以研究它們的猶太學者會嘗試將它們當成某個字母表的一部分來進行解碼，並為它們賦予希伯來字母的對應。這類學者在整個中世紀期間將圓端字發展出各式各樣的字母表，各自對應某位特定的天使，像是梅特昶（Metatron）、加百列（Gabriel）或拉斐爾（Raphael）。

密碼

吸收魔法象徵與字母表為己所用並不是猶太人獨有的做法，基督信仰的世界與穆斯林世

背景小知識

符號與印記

阿拉伯、猶太教與基督信仰等傳統在中世紀相互交流，三者均出現圓端字，而其影響也可從後來常結合數個傳統之要素的祕術符號當中看到。右圖取自18世紀的惡魔學綱要，係汲取並兼容各種不同的來源，亦包括幾個魔法印記。每個印記都有標出與其關聯的特定惡魔，而這部分係借自中世紀阿拉伯傳統的觀念，即惡魔可用書寫出來的印記予以控制或征服。這裡顯示的印記都用「符號」（Caracter）來標示，雖然它們係以惡魔為名而非天使，但它們的一些形狀仍清楚顯示圓端字（*charaktêres*）的影響。

這份綱要宣稱摘整「整個魔法技藝」，包括像是別西卜之類的惡魔印記。

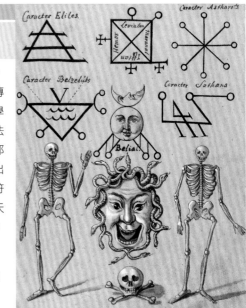

▲ 交流的文化

魔法象徵與符號會在各文化
之間相互反覆借取，就像這
個10或11世紀的拜占庭護身
物所展現的圓端字、所羅門
印記以及古希臘文字。

界也同樣接受圓端
字。在5、6世紀，教會的先
進思想家奧古斯丁（Augustine）及
亞爾勒的凱撒略（Caesarius of Arles），均將圓
端字譴為惡魔的事物，然而這樣的觀點仍無法阻
止人們將這些字刻在護身物上，或寫在魔法作品
裡面流傳出去。而在護身物所具有的基督信仰文
字與象徵記號旁邊，也會伴有圓端字，例如中世
紀拜占庭時代就是如此。在早期中世紀阿拉伯文
獻當中，則將這些圓端字關聯到星座。

　　天使字母表則是過了中世紀之後還繼續留
存很久，到了16世紀，著名的日耳曼祕術師柯奈
流士・阿格里帕（Cornelius Agrippa）開始研究猶
太人的圓端字。他後來稱自己在魔法上面的鑽研

就像是年輕人所做的蠢事，
然而從他那裡傳出許多不一樣的天使字母表，
包括所謂的天界字母表（celestial alphabet）、「使
者字母表」（Malachim，取自希伯來語 mal'akh，
即天使或傳訊者之意），以及「渡河字母表」
（Transitus Fluvii，名稱即拉丁語的渡河之意）。
而這三者看似都受到圓端字的影響。同樣在16世
紀，英國煉金士約翰・迪伊（John Dee）與共事
者愛德華・凱利（Edward Kelley）創造出一套天
界字母表，並宣稱該字母表是由出現在異象裡面
的天使靈體向他們揭露的。

歐洲民俗魔法

通俗魔法的傳統

從西元5世紀以來，基督信仰遍及整個歐洲，而被驅趕的異教信仰只得隱匿自己。早期的教會將魔法關聯到異教信仰與惡魔，然而歐洲的通俗魔法傳統在整個中世紀時期仍被保留下來，甚至發揚光大。這項傳統係由多種不同法門所構成，通常都跟基督信仰有著錯綜複雜的關係，而使用者的身分也很多樣，甚至連醫生、聖職人員都有。有別於研究菁英魔法的學者，通俗魔法的修習者會接觸到一般民眾，並為人們提供諸如人際關係問題、疾病與作物歉收等日常問題的解決辦法。

文字的魔法

在整個中世紀，魔法文字、法術及咒語都會被用來做許多事情，從確保旅行平安到使某人生病或死亡都有可能。就絕大多數情況而言，一般認為文字在大聲說出時的力量大於書寫的形式。人們也許會佩戴著寫有魔法文字的護身物，然其主要目的是在提示那些需要被說出來的力量文字。基本上，法術的文字會有格律與音韻，像詩那樣讓人容易吟誦。許多盎格魯－撒克遜（Anglo-Saxon）的咒文被收錄在醫學書籍裡面，因為它們在當時被認為是治療某疾患的正當方式，不過當時的人們應該已經在用那些避免偷竊或作物歉收，或是停住鼻血的咒文。「威德琺斯提切」（*Wið færstice*）是著名的盎格魯－撒克遜咒文之一，用來停止尖銳的疼痛，其咒文中的文字暗示這疼痛係來自女人的矛，或是精靈的隱形之箭（elf-shot）。

神祕的符文

▲ 符文的護佑
這枚年代應屬9世紀的布拉罕姆沼澤戒指（Bramham Moor Ring）係於英國約克郡尋獲。無人解得刻於戒指上的符文之意思，然而人們認為那些符文具有魔法。

▶ 取出燕石
此圖係取自羅伯特‧波頓（Robert Burton）所著《憂鬱的解剖書》（*Anatomie of Melancholy*），顯示某人正在取出燕石（chelidonius，即燕子體內的石頭，據稱有魔法性質）。這石頭會被包在亞麻布裡面，並圍繫在個人頸部以治療發燒或抵禦邪惡。

物品的力量

在通俗魔法中，人們相信看似平常的物品（例如石頭、植物與動物）具有力量。例如在寶石誌（lapidary，即記載眾寶石具有的魔法及醫療特質的書）及動物誌（bestiary，即跟動物有關的教導故事之合集）所看到的學術及宗教的傳統，也已進入以口語為主的文化圈。

而特定的植物也被認為具有自然的力量，它們在當時會被用於製作魔藥或護身物，或是被認為需要具備特定條件才有魔法效果，像是須在特定時候一邊唸特定話語一邊採收，或是得要置於特定的地點，例如趁日出之前採集艾草並放進某人的鞋子中能夠避免疲倦。有些魔法物品則比較奇怪，例如對治牙痛的解方之一，是把一顆從死者頭骨取出的牙齒佩掛在患者的頸部。賦有天界力量的戒指能被用來保護佩戴者不受惡魔或一些疾病的侵擾。

預測

為了看出未來會發生什麼事情，人們會諮詢通曉占卜技藝的男男女女。占卜意謂尋找徵象與模式，可以從自然來找，例如動物的行為或鳥兒飛翔方式（即占兆），或是藉由擲出石頭或骨頭來找（即占筮）。但這些方法對於當時的專家——通常是早期的江湖郎中（cunning folk）（參見第124頁）——來說是需要學習多年的進階技藝。一般民眾通常使用較為基本的方法，例如用古老傳統智慧來預測天氣：「一早天若紅，牧羊要注意。」

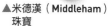

▲米德漢（Middleham）珠寶

受過教育的有錢人，例如這件15世紀金質護身物的擁有者，也會運用晶石與護符。此護身物將《聖經》的場景、彌撒儀式的字句與魔法元素混合，例如Ananizapta此字據信是對付癲癇的咒語。而那顆藍寶石據說能夠治療包括潰瘍與頭痛在內的一些疾患。

> 「此強大護身之物，
> 自古著名。將它當成
> 手鐲，套於汝之左臂。」

雷恩的瑪博得（MARBOD OF RENNES）所著的《眾石之書》（Liber de lapidibus），
西元11世紀

▲ 森林之王

這枚8世紀的斯拉夫胸針示現魔法與音樂之神韋萊斯（Veles）的人臉及長有數角的形象，祂被認為是斯拉夫異教司渦哈夫的名稱由來之一。

算命的方式有無數種，例如手相（chiromancy）、解夢與數字學。占星學也同樣蓬勃發展，然而大多只由富裕及學識豐富的人使用，畢竟它需要專業的知識，還有對於眾恆星及諸行星的詳細觀察。至於平民老百姓用的通俗占星學，比較仰賴容易知曉的天上徵象，而人們經常用月相來預測執行特定活動的最佳日子。

斯拉夫魔法（Slavic magic）

在斯拉夫世界裡，對於魔法的信念則深植於異教信仰之中，而且直到中世紀的後期還能保存完好。許多斯拉夫人拒絕基督信仰，一直到北地十字軍戰役（Northern Crusades，即12世紀的天主教對波羅的海的人民發起的戰爭）迫使他們接受。於是斯拉夫人敬拜唯一的至高神，但也同時信仰一些次級的神祇。他們的世界也充斥著魔法靈體，包括水域（像是瑪弗卡*mavka*與魯薩爾卡*rusalka*）、森林（像是利蒐維克*lisovyk*與萊西*leshy*）以及原野（像是波利維克*polyovyk*）都有存在，而他們對家神（多摩威*domovyk*）自己的祖先特別崇敬，認為它們會幫助預測未來並予以保佑。

斯拉夫的巫者

在斯拉夫魔法中，巫者、薩滿與智女（wise woman）扮演特別重要的角色，提供占卜、抵禦邪靈以及療癒的法術。斯拉夫信仰的神職人員，男女都能擔任，而這職位被稱為渦哈夫（*volkhvy*），此字源自烏克蘭語的狼*volk*，而這也是俄羅斯的魔法、音樂之神的名字，祂也掌管有著廣大水域的冥界。

在俄羅斯，渦哈夫被認為是具有變身成狼與熊之能力的巫師與巫者的後裔，而巴爾幹半島地區，特別是塞爾維亞（Serbia）、馬其頓（Macedonia）及保加利亞（Bulgaria）地區，那裡的巫者據稱有著龍的先祖。而渦哈夫的後裔，亦即身上有巫者血脈的人，據傳聞還繼續生活在現今的烏克蘭境內。

巫者在斯拉夫神話魔法也擔任吃重的角色，其中最為著名的是雅加婆婆（Baba Yaga），其形象被描述成一名具有可怕魔法力量、既凶惡又狂野的老婆婆，有時凶暴、有時和藹。她現仍出現在許多俄羅斯的童話故事，搭著研缽到處飛、手上揮舞搗杵，並生活在森林深處的小茅屋，據說這屋子是用雞腳站著——甚至她自己有時候也長有雞腳喔。

▶ 善惡兼具的巫婆

俄羅斯民間故事裡面的雅加婆婆不騎掃帚，而是搭乘研缽，並把搗杵當成槳來用——而此圖顯示她正用此方式追趕某個女孩。雅加婆婆是個模稜兩可的角色，既是神仙教母，也是邪惡巫婆。

「阿列克（Oleg）詢問那些做出
神奇事蹟的魔法師，想知道
自己的死因究竟為何。」

取自《俄羅斯往年紀事》（*RUSSIAN PRIMARY CHRONICLE*）提及「渦哈夫」的章節，約西元1113年

▲ **動物魔法**
許多動物都有魔法的關聯性
質，例如雄鹿在法術中通常
象徵速度、力量或男子氣
概。某份14世紀手抄本提出
將雄鹿睪丸當成春藥來用的
建議。

交感、聖人、藥草與體液

魔法與醫藥

中世紀的醫藥是多樣的領域,而隨著醫師逐漸建立更加複雜的外科程序、運用更多種類的藥草製劑,魔法與科學也開始出現競爭。隨著醫學知識逐漸增長、技術逐漸變得專業,原本那些被貶為江湖郎中或當地療者才用的技藝逐漸受到人們的重視。

基督信仰的作家,例如4至5世紀的聖奧斯定(St. Augustine),一直把疾病視為上天對於罪的懲罰,相對地,疾病的治癒係來自神的恩典。聖奧斯定譴責用於醫療的占卜與技藝,像是在病人上方懸掛具有治療效果的護身物,認為那是惡魔附身的象徵。

專業醫生

自西元9世紀起,吸納古希臘及羅馬醫生智慧成果的阿拉伯醫學文獻譯本開始在西歐流通,

▼ 中世紀的占卜

此圖顯示的是「醫官鳥」(calladrius,係為全身雪白的傳說水鳥)被用於占卜——如果牠轉頭不看某病患,該病患會死;如果牠往病患的方向凝視,該病患將會恢復,而這隻鳥將會飛走,並神奇地把疾病帶走。

其中包括希臘醫學先驅希波克拉底斯（Hippocrates）約在西元前400年發展的成果，即四體液（four humours）的理論。根據其理論，疾病係源自身體在血液、痰液、黑膽汁與黃膽汁等四層次出現的失衡，而恢復它們的平衡，就能治癒相應的疾病。

希波克拉底斯的理論為正式的醫學訓練立下根基，而西方的第一所醫學學校則約在西元1075年左右於義大利南部的薩勒諾（Salerno）成立，於是打造訓練有素的人力資源之過程就此開始。這些新醫生開始維護自己的權威性及地位，想辦法擠掉傳統療者——要求療者與醫師要有正式執照的做法，最早係從西元1140年西西里國王羅傑開始（King Roger II of Sicily）。然而，只有富人能夠負擔得起諮詢有照醫生的費用。即使教育已有進步，還是很難根除人們對於通俗醫護賦有的魔法特質之深度信任。

聖人的解藥

除了科學與魔法之外，人們有時也會尋求宗教的方法來避免或治療疾病。西元8至9世紀的法蘭克國王查理曼大帝據稱擁有某個聖物，係由兩塊半球形水晶構成，裡面裝有真十字架*（True Cross）的碎片以及童貞瑪利亞（Virgin Mary）的頭髮，提供不病不危的護佑。基督信仰也被大量用來為特定方式之所以有效提供解釋，例如在12世紀中期，女修道院院長聖賀德佳（Hildegard of Bingen）曾以文字表示魔鬼討厭寶石——其具備

◀ **指明生活之道**

這幅描繪藥劑師正在收集草藥之插圖，係取自11世紀《健康的維持》（*Tacuinum Sanitatis*），為健康生活的指南兼藥草書。藥草在民俗療法有著關鍵的地位，由於藥草在使用上有其清楚的實際功效，因此藥草療法普遍受到神職人員的認可。

治療的性質已是廣為接受的信念——因為寶石使它憶起那座上帝之城。在像這樣的環境中，當社會各階層的信徒時常向聖人祈求療癒時，可被接受的基督信仰做法及醫療魔法之間的差異其實只有一點點而已，例如在聖女亞波羅尼亞（Apollonia）的故事中，她被羅馬行刑者打壞下巴，到了後世成為牙痛者的主保聖人。

民俗醫療

窮人無法向正規訓練出身的醫師求助，於是他們依賴民俗療者，而後者能用草藥來處理多種疾病，從產痛到膿瘡、牙痛都有。民俗醫療的做法也包括運用交感魔法，亦即療者會尋找與某病的本質相似的事物，並嘗試用它來驅逐該病。例如治療黃疸患者的方法之一，即是用搗爛的蚯蚓與不新鮮的尿液做成治療的藥劑，因為當時的信念是藥材的黃色能夠對付該病使患者皮膚呈現的黃色。

▼ **治療眼睛酸痛**

這一頁係來自11世紀英格蘭藥草書，其上顯示的條目為哈特氏苜蓿（Hart's clover）與洋甘菊（chamomile）。其內容則是建議將這兩種藥草做成糊狀，然後塗在眼皮上以治療眼睛痠痛。

> 「那些……為病患、孩童與牲畜唱誦法術的人，該拿他們怎麼辦？他們當然沒有犯下死罪吧？」

雷恩的威廉（**WILLIAM OF RENNES**）的《聖雷蒙德所著摘要的注解》（*APPARATUS AD SUMMAM RAYMUNDI*），約西元1241年

＊譯註：即耶穌被釘其上的那個十字架

▲ 身體的體液

絕大多數的專業醫療都是在企圖恢復諸體液之間的平衡,而這裡顯示的體液從左上開始依順時鐘方向為痰液(phlegm)、血液、黃膽汁(yellow bile)與黑膽汁(black bile)。這種醫療方式跟民俗療法與護符相差甚遠。

「五月的第一日,或是九月與四月的最後一日,都不應是見血或吃鵝的日子。」

取自《撒勒尼他納的健康法則》(*REGIMEN SANITATIS SALERNITANUM*),約西元12到13世紀

根據民俗療者(他們跟醫學專業人士完全不一樣)所言,五片蕁麻葉能提供勇氣,而檞寄生能使人在打官司時免受譴責。11世紀的英格蘭醫學文獻《巴德醫書》(*Leechbook* of Bald)載有痢疾解方之一,也就是在吟唱主禱文九遍期間挖出荊棘的根,再用牛奶將荊棘根與艾草一起煮到整個混合物變成紅色。而同一時間名為《療方集》(*Lacnunga*)的醫學文獻,雖然有著類似的彙編內容,則把許多疾病怪罪到精靈的惡作劇。

至於護身物與護符,那時的人們仍持續廣泛運用。雖然13世紀的神學家聖多瑪斯·阿奎那(St. Thomas Aquinas)在其著作《神學大全》(*Summa Theologica*)當中譴責這些事物,宣稱那些收在護身物裡面的紙捲所載文字或刻在護符上面的文字,可能是惡魔的名字,其他人對此則是抱持比較開放的態度,甚至一些經過大學訓練出來的醫師也認為這種做法有效,例如西元1300年左右,維蘭諾瓦的阿諾德斯(Arnold of Villanova)宣稱使用占星護符治癒教宗博義八世(Pope Boniface VIII)的腎結石問題。

醫藥占星學(medical astrology)

就中世紀的醫療而言,納入占星學的觀點是常見的做法,醫師、甚至是教會的神職人員認為天體能夠影響人間。說真的,在13世紀末,經過大學訓練出來的醫生當時也要研究醫藥占星學。當法蘭西國王腓力六世(Philip VI)於1348年召集巴黎的醫師們提供對於黑死病的解釋時,他們的結論是三年前三顆行星於水瓶座的合相引發這場瘟疫。當時的醫師經常參考占星盤以找出適合外科手術或開始療程的吉日,巴黎大學甚至在1437年還為元月份最適合服用瀉藥的日子展開相當激烈的爭論呢。

▼ 驅除疾病

此圖顯示亞西西的聖方濟(St. Francis of Assisi)藉由驅逐造成病痛的惡魔而治癒一名女士。除了專業醫療之外,驅魔術、祈禱與召請聖人等做法被認為具有治病的力量。

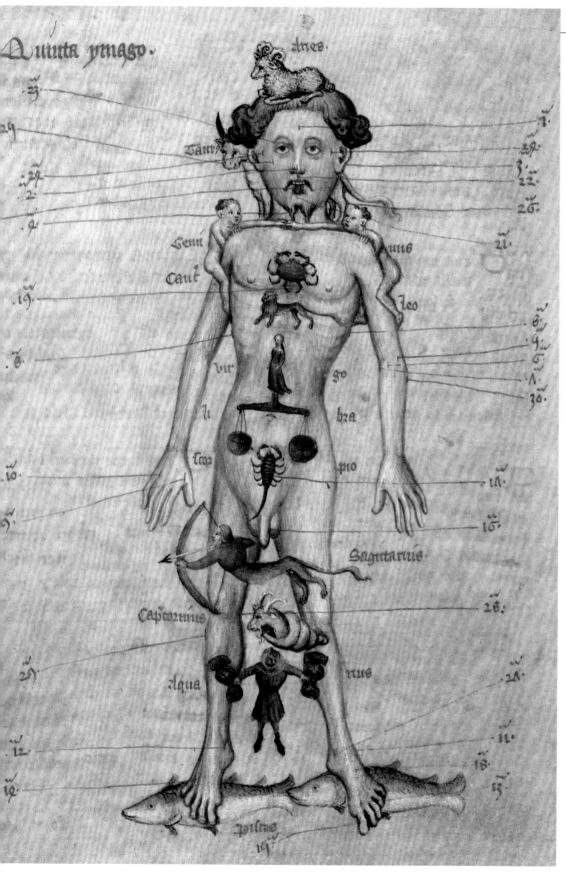

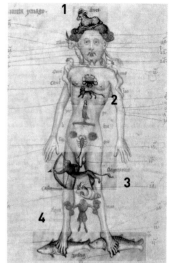

重點

1 牡羊座掌管頭部與眼睛。

2 獅子座掌控心臟、脊椎與
上背部。

3 射手座統管臀部、下背
部、骨盆與大腿，還有肝
臟與坐骨神經。

4 用魚象徵的雙魚座則管轄
雙腳。

◀ 黃道十二星座
黃道星座圖是中世紀醫學著
作的共同特徵之一，例如
此圖係取自約翰・迪・福
克斯頓（John de Foxton）
於1408年的《宙圖之書》
（*Liber Cosmographiae*）。其
顯示由黃道十二星座掌管的
身體部位，例如頭係由牡羊
座所管，所以那裡就用公羊
來標示。

▲ 這是14世紀義大利手抄本《毒茄參》裡面的圖，顯示人在把狗綁於毒茄參根之後才拿下耳塞。

毒茄參的傳奇故事

　　毒茄參（mandrake）*的凶惡魔法力量相當有名，其他植物遠遠不及。它的長條根部含有莨菪烷生物鹼（tropane alkaloid）的化學成分，可以導致頭暈、提高心跳率以及產生幻覺。據說巫者會在魔藥中加入這款藥材，以期協助他們進入恍惚狀態或幫助他們飛行。事實上，古羅馬學者普林尼曾告訴患者在外科手術之前咀嚼此草以減緩疼痛，而它在中世紀時期是人們高度重視的藥用植物。

　　然而毒茄參在魔法方面之所以有如此高的地位，係因肖似人形的奇特外觀，這是因為中世紀仍流傳古希臘的概念——肖似身體某部位的植物能夠影響該身體部位。由於毒茄參的外形可以聯想為男人或女人的身體，因此在用於催情或治療不孕方面相當熱門。人們之所以佩戴毒茄參根製成的護身物，除了想增加愛情運之外，另一理由即是希望提升個人的整體運勢。

　　毒茄參的相關傳說中最著名者，即是據說當它被拔離土地時，會發出足以殺死聽見者的淒厲尖叫，所以會建議那些需要毒茄參的人，要把一隻狗綁在它的根部，然後用食物引誘狗兒（如圖示）把毒茄參拉出土地並承擔死亡詛咒。後期的傳說則提到毒茄參會長在犯人被吊死或埋葬的地方，並以犯人的尿與精液為養分，這類傳說使它有「絞刑架小人」（little gallows man）的綽號。

「如果詛咒能像毒茄參的呻吟那樣取人性命的話……」

威廉・莎士比亞，《亨利六世》，1589－1592年

＊譯註：又名風茄、曼德拉草

神聖力量與邪靈

魔法與中世紀的基督信仰

▲ 魔鬼代言人

瑣羅亞斯德（亦稱查拉圖斯特拉）是古波斯的靈性領袖，而羅馬作家大普林尼將他描述為魔法的發明者。不過基督教會對此讚美不以為然。這幅1425年的微型畫，則將他與兩個惡魔畫在一起。

中世紀的教會神職人員在努力建立基督信仰影響力的同時，也試圖彰顯出神聖力量比邪靈還要優越的特質。聖職人員有時會認可人們對於超自然助力之渴望，而給予聖人、奇蹟與祈禱，以取代薩滿、魔法與法術。特別是聖者，會被用來對應魔法師之身為人類的守護者與保護者的角色。

惡魔的作為

基督信仰多視魔法為威脅，其聖職人員視魔法為邪惡，企圖將它消滅。習修魔法者開始被妖魔化成妖術或邪事的傳播者。通常是貧窮、弱勢的人們受到控訴，並被安上扭曲基督信仰儀式以行魔鬼之事的說法。

查理曼大帝在西元789年頒布的《一般勸告書》，要求魔法師與附法師悔改，不然就得處死。然而這樣的做法明顯成效不彰：西元829年的巴黎市議會述及當時已有能夠玩弄心靈的召喚師與可以召下風暴、冰雹及預測未來的行邪者（*malefici*）。諷刺的是，現在對於早期中世紀魔法的了解，絕大多數都出自當時想把這威脅定義清楚的學者之著作，像是西元六世紀聖依西多祿（Isidore of Seville）所著的《詞源》（*Etymology*）。

聖物的力量

隨著時間過去，人們開始相信基督信仰的象徵本身具有避邪的力量，亦即能夠避免壞運或防止邪惡的影響，並開始穿戴基督信仰的圖像（例如十字架）以抵擋邪惡，特別是病痛與貧窮，如同之前依靠有異教信仰象徵的護身物那樣。

對於聖物的信仰則提供更多的保佑。在11、12世紀，朝聖者會費盡心思地拜見神聖遺物，像是某位聖人的指骨、真十字架的某塊碎片，或是聖母瑪利亞曾經穿過的衣物。人們認為此類聖物必定具有奇蹟的力量，因此也出現買賣假聖物的黑市。有些擁護教會的人們譴責聖物信仰，但其他像是多瑪斯·阿奎那的人們則抱持幾乎完全相反的看法，認為榮耀聖物就是榮耀上帝。

希波的聖奧斯定（SAINT AUGUSTINE OF HIPPO，西元353－430年）

譴責魔法

聖奧斯定係住在希波·雷吉烏斯（Hippo Regius，在現今阿爾及亞境內），是早期基督教會最具影響力的思想家之一。雖然他在諸如《天主之城》（*City of God*）之類的著作中表達的想法並不為所有人接受，然而這些想法主導基督徒的觀點已逾千年。聖奧斯定決意要將基督信仰從異教信仰分別出來，於是他對魔法採取強硬的態度，主張魔法係由魔鬼所授，並由眾惡魔執行。他宣稱行使魔法就是與魔鬼立契——而這種武斷的論點到後來就被用來譴責巫者。

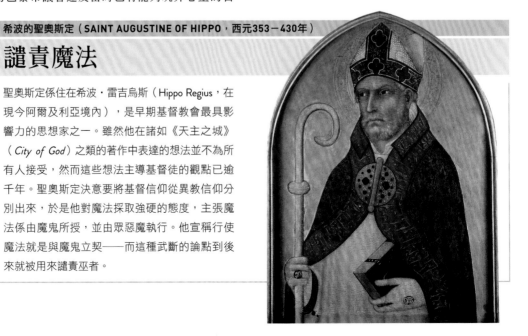

天使魔法

　　對於守護天使的力量之信仰，也出現該類做法係屬良善還是邪惡的類似爭論。天使魔法裡面會有淨化靈魂的儀式，像是祈禱、禁食，或是以某些圖像進行冥想，以建立與天使溝通的管道。有些神學家則認為，向天使祈求協助的做法，跟異教信仰的精靈召喚毫無差別，而其他人則為天使魔法賦予得體的名稱「通神術」（theurgy）。在12世紀流行的天使魔法指南《知識之藝》（*Ars notoria*），據信係根據聖經時期的所羅門王所撰寫的古代文獻。此書為讀者指出尋求天使協助以獲得博雅技藝、哲學與神學的超凡知識之方式。

▶ 具有魔法力量的聖盒
聖髑盒（reliquary）是聖遺物（聖人的部分遺體或是跟聖人有關聯的物品）的容器。這個裝飾華美的法國聖髑盒之盒外圖像，顯示出位於中間的基督，抹大拉的馬利亞（Mary Magdalene）則在左邊。

阿拉伯文獻

　　在中世紀初期，關於魔法的概念都沒有成為組織化研究的主題，直到12世紀，基督信仰的世界才因阿拉伯魔法文獻的拉丁文譯本出現而受到重大衝擊。當時學者經常翻譯的文獻主題是諸如占星學、煉金術、占卜及魔法等祕術學問，以

▲ 聖人的傳奇故事
此圖顯示聖高邁（Cosmas）及聖達勉（Damian）的殉道，兩位均有治癒病患的事蹟。當時一些開始用於取代異教民俗故事的聖人相關書籍也會提到他們兩位。

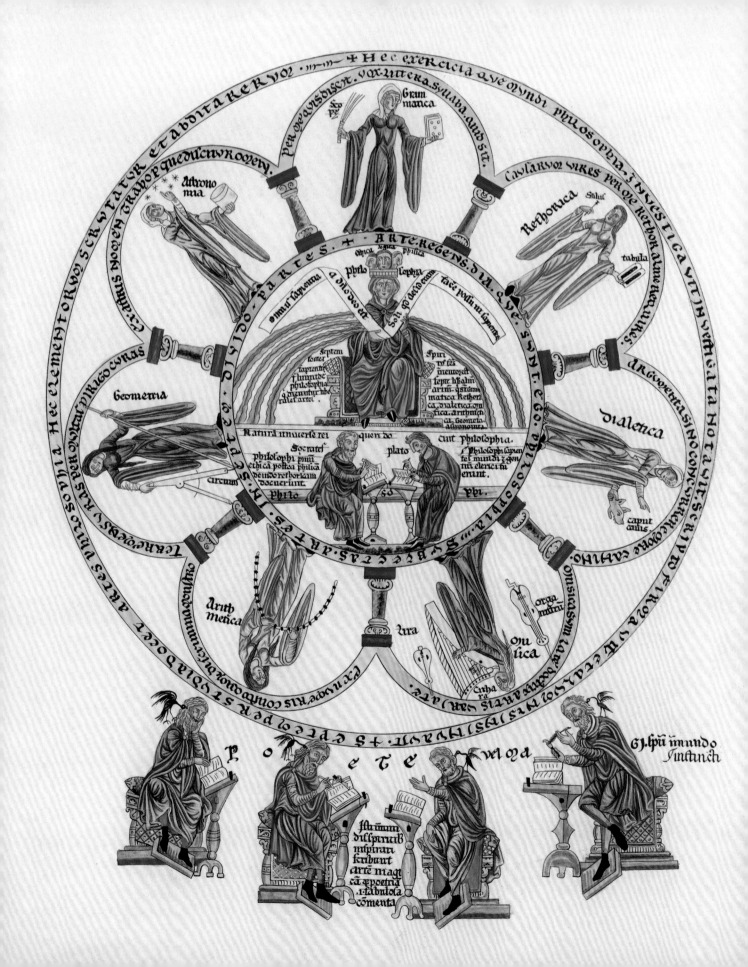

科隆的大亞爾伯（ALBERT THE GREAT OF COLOGNE，西元1193－1280年）

證明占星學的正當性

大亞爾伯（Albertus Magnus; Albert the Great）在當時是提倡全部人類都是具有自由意志的傑出學者，同時也是天文學家與音樂方面的專家，具有身為煉金士及魔法師的名望，並以其著作《論礦物》（ Book on Minerals ）聞名，該書係為礦物學的早期重要文獻之一。據說他發現能將賤金屬轉變成黃金的「賢者之石」（參見第148－151頁）。亞爾伯相信，占星學的運用以及對於植物與礦石的魔法力量之研究是自然科學的一種形式，跟以邪惡的惡魔召喚為象徵的死靈術完全不同。大亞爾伯在20世紀被立為自然科學的主保聖人＊。

及比較一般性的學問，例如數學。藉此趨勢，魔法逐漸成為學術界既定領域之一，例如天文學與幾何學。

當時的譯者也因這些阿拉伯文獻對於宇宙運作的洞見而感到興奮，甚至有些譯者還發展出自己的理論。西班牙哲學家兼語言學家多明尼庫斯·貢狄薩利努斯（Dominicus Gundissalinus）認為魔法是一種自然科學——是為神祕之事（例如磁鐵所表現的魔法力量）提供深入見解的合法科學探究領域。

將魔法視為一門自然科學的概念，再加上自然哲學，成為一些知識分子彼此談論的主題。對他們而言，那些可被觀察到的魔法效應，即便只有少數人能夠了解及控制之，都是真實且自然的事物。

有些學者專精於自然界的特定魔法領域，像是阿爾伯特斯·麥格努斯（Albertus Magnus）之類的寶石誌（即關於諸多晶石所具有的力量之指南）作家，認為晶石的魔法是神所賜予的自然特質。彼得伯勒寶石誌（the Peterborough Lapidary）是15世紀的手抄本，是目前最長、最易懂者，其中列出具神祕屬性的145顆石頭。而這些觀點也使普通人想到可以把晶石鑲入諸如護符、戒指與小刀等物品當中，並藉由唸咒或施法的儀式賦予像是必定賺錢或預防疾病之類的魔法力量。

惡魔的作為

越到中世紀的末期，哲學與神學的爭論越顯嚴重。教會神職人員開始妖魔化占星師與煉金士，並將魔法抹黑為與魔鬼立契的作為。教會譴責異教活動的力道逐漸增加，並於1230年成立「宗教裁判所」（Inquisition）使教會免受異議打擾。習修魔法的人們，特別是學者，都冒著被指控行使妖術的風險，於是轉為祕密行事以保護自己——然而這樣的隱密做法反倒招致懷疑。

▼ **自然的魔法物質**
這份13世紀的英格蘭手抄本，係本篤會修士馬太·派瑞斯（Matthew Paris）所著的《收藏之書》（ Liber Additamentorum; Book of Additions ），裡面有關於寶石、戒指及嵌有寶石的浮雕飾物之插圖，而人們會佩戴飾品來使用其保護力量。

◀ **彰顯神聖奇妙事物**
這幅插圖出自女修道院長，即來自亞爾薩斯之蘭德斯柏格的赫拉德（Herrad of Landsberg, Alsace），於12世紀編纂的百科全書。這幅插圖的圓圈將哲學和文科圍在裡面，而魔法師及詩人則被排除在圓圈外面，並容易受到邪惡的啟發（即他們肩上的黑鳥）。隨著時代的發展，學者也在嘗試提高魔法的地位。

＊譯註：即聖亞爾伯

水晶與寶石

從古早以來，人們總是喜愛寶石與水晶的美麗，並接受它們的魔法及療癒力量。以魔法為目的運用水晶的最早文字紀錄，見於西元前3000年之前的古蘇美文明，而古埃及人會在儀式上使用青金石、綠松石、紅玉髓、祖母綠與白水晶以提升保護與健康——而現今新時代的水晶治療師也有同樣的做法。

石榴石（Garnet）代表再生

這種顏色飽滿的深色石頭被稱作「帝國玉」（imperial jade）

大象在中國是好運的象徵

▲ **紅寶石（Ruby）**係跟能量、行動、希望與提高動力及熱情有關，還有據說能在身體及情緒方面強化心臟。

▲ **藍寶石（Sapphire）**係跟第三眼（係新時代思想及非西方的宗教傳統之開悟徵象）有關。早期的教宗會戴鑲有藍寶石的印戒，以表示「神聖祕密由此人守護」之意。

▲ **玉（Jade）**據稱有鎮定、保護的力量，而將它作為治療催化劑的做法最早可溯自西元前一萬年。被稱為玉的礦石有兩種，即軟玉（nephrite）及硬玉（jadeite，又稱翡翠），而這個中國花瓶的材質係為軟玉。

位於中間的不純物創造出粉紅色澤

▲ **瑪瑙（Agate）**廣泛用於療癒及跟健康、智性與長壽的魔法。它係由二氧化矽及石英的微小晶體所構成，容易被雕成各種形狀。

▲ **祖母綠（Emerald）**被認為跟愛神阿芙蘿黛蒂（Aphrodite）——古羅馬稱祂為維納斯（Venus）——有關，它到現在仍有「將愛帶進眾人生命」的傳說。

▲ **黃水晶（Citrine）**是石英的一種形式，其顏色跟太陽的力量有關，且據說能夠賦予正向能量、新的開始與意志力。

▲ **碧璽、電氣石（Tourmaline）**據說能促進慈悲心與平安感，而當它被加熱或摩擦時，會產生電荷，因此得到煉金士的高度重視。

▲ 這副**黑曜岩**（**Obsidian**）面具係由古墨西哥的奧爾梅克人（Olmec）所造，該材質係由岩漿形成的玻璃狀礦石。據稱黑曜岩能揭露真實，也能將負向影響力量阻擋在外。

用於製作這尊頭像的紅玉髓，據稱能賦予勇氣

▲ **紅玉髓**（**Carnelian**）係跟大膽、領導力與權力有關，而此圖為古埃及建築大師的徽章。像這樣用於做成戒指的寶石，古羅馬人會在上面刻人或動物的頭像並佩戴之，用來保護自己不受斜眼的影響。

▲ **碧玉**（**Jasper**）據說象徵安全感、力量與穩定，古埃及的靈療者、高等祭司及國王常佩戴它以得到保護。此護身物有個由碧玉製成的「心」，所以它或許原本是綁在某具木乃伊的身上。

▲ **琥珀**（**Amber**）是史前樹木所產樹脂的化石。由於它被摩擦時會產生電荷，古希臘人將它關聯到太陽。若就靈性而言，據稱它能夠吸收負面能量。

串在一起的琥珀據稱能緩和孩童的牙痛，而這副手環由未經處理（未經打磨）的琥珀小塊串成。

綠松石因具多種益處而得到美洲原住民的重視

▲ **紫水晶**（**Amethyst**）在古希臘有「清醒」的意思，而且很早以來就據說能避免酒醉，且能為心智賦予認真的態度，此外還據說是能夠緩解壓力及悲傷的自然鎮靜劑。

▶ 美洲原住民將**綠松石**（**Turquoise**）視為諸天的藍石而受到重視，據稱能幫助佩戴者達到與宇宙合一的境界。這枚胸針係由美洲原住民納瓦霍族（Navajo）所造。

力量文字

魔法指南

我們可以看到中世紀時期創造出許多魔法指南，它們到後來就被稱為「魔法書」（grimoire，係源自法文 *grammaire*，意謂「文法」）。它們到現代也許會被稱為「影書」（Books of Shadows），這是首先用於指稱威卡魔法書的名字。

中世紀的基督信仰教會，認為這些魔法指南是在論述「自然魔法」或「惡魔魔法」。教會領袖將諸如收取藥草的奧祕力量用於療癒之類的自然魔法，定義為運用神創造的自然奇蹟事物的合法方式，然而他們認為諸如死靈術之類的惡魔魔法，是由魔鬼所傳。無論如何，就歐洲殘存至今關於這兩種魔法的文獻而言，其主筆多為教會的神職人員。

古老根源

中世紀歐洲論述魔法的指南絕大多數都以拉丁文寫就，因為那是當時各國學者通用的語言。其中有些指南係源自伊斯蘭學者以阿拉伯文寫就的著作，或是猶太學者以希伯來文撰寫的作品。為了使自己的著作有權威性，當時的作者常強調這些作品係取自更為古老的源頭，或是古代名人——因為他們可以接觸到那些後來因基督信仰與伊斯蘭信仰的擴展而失傳的魔法祕密

——的作品。如果這位名人是《聖經》裡面提到的人，那樣更好，因為這暗示該著作具有宗教上的合法性。少數幾本魔法文獻誇稱它們係依據所羅門王的著作所寫就，而15世紀日耳曼的修道院院長瑟米爾斯（Trithemius）擁有一本據說係由大法師西門（Simon Magus）——又稱「魔法師西門」（Simon the Magician）——所寫的書。這位西蒙在《新約聖經》看似有行奇蹟，但教會領袖還是將他譴為異教徒，責其魔法源自惡魔。

▲ **所羅門的魔法**
這頁係出自《所羅門的魔法論述》（*The Magical Treatise of Solomon*），據稱裡面有所羅門王給其子羅波安（Rehoboam）的魔法教導。該著作的最早版本可以溯至14世紀，而其副標題為「水占之藝」（The Art of Hygromancy）——水占卜的技藝。

▶ **咒語裡面的智慧**
這些來自《知識之藝》複本的紅色圖表顯示書中一些咒語的順序（以黑色小字表示），其中包括祈禱和少見的名稱。如果將它們正確地唸誦出來，據信能夠解開相應的知識力量。

> 「任何人都可藉由此書得到拯救
> 以及前往永生的指引……」

《賀諾里爾斯誓約書》，13世紀

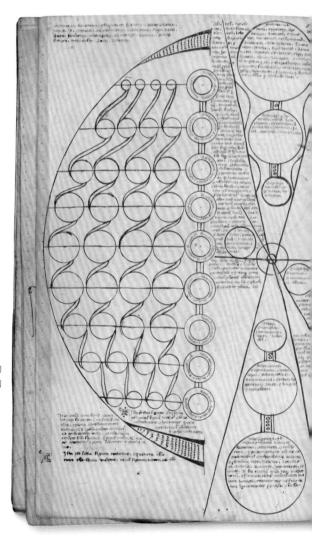

▶ 天使的協助
這幾頁係來自13世紀的《賀諾里爾斯誓約書》，詳細介紹該書的儀式所要召喚的天使。

知識之藝

最有名的魔法指南即是《賢者之向》（見第82−83頁），這本論述占星魔法的書籍最初係以阿拉伯語寫就，但除此之外還有其他頗具影響力的作品。《知識之藝》即是其中之一，它集結據稱能為使用者提供迅速精通「基督信仰的天使魔法」學問與智慧的文獻。《知識之藝》內含改善記憶的平凡技術，以及召喚天使將智性力量（例如語言精通）賜予運用者的祈禱。12世紀就有《知識之藝》的最

早版本，而自那時起，該書在整個中世紀時期，甚至在中世紀之後，都相當有名。

誓約書

《賀諾里爾斯誓約書》（*The Sworn Book of Honorius*）的著作年份約晚於《知識之藝》，所以也許有受到它的影響。該書是某一堆載有呼求天使之力的祈禱的「所羅門」手抄本之一部分，之所以有此稱呼，係因這些手抄本的作者宣稱連結到所羅門王。《賀諾里爾斯誓約書》開頭數頁即宣稱它的製作最先由某個魔法師會議選擇某位作者，由他來記錄天使的知識而成。該書有93章，論及各式各樣的主題，從抓賊、尋找寶藏的方法，到召喚「地之邪靈」。無人知曉它的真正來源，其名義上的作者「底比斯的賀諾里爾斯」（Honorius of Thebes）之真正身分也無人得知，然而這個名字關聯到文藝復興時期祕術家使用的「底比斯字母表」（Theban alphabet）（參見第145頁），後來的威卡信徒也用這套字母表──該實例顯示，藉由將概念歸諸名人身上以創造權威性的做法依然持續下去。

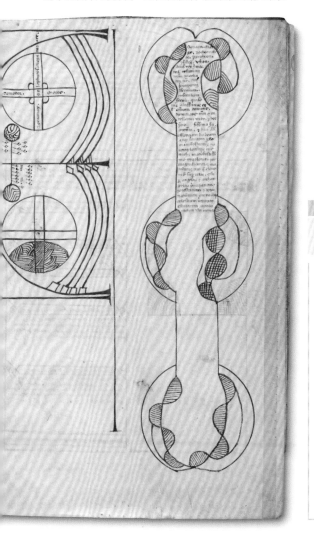

背景小知識
魔法書的未來

包括日耳曼祕術哲學家海因里希・柯奈流士・阿格里帕（Heinrich Cornelius Agrippa）的著名作品《祕術哲學三書》在內，許多現在被稱為魔法書的魔法論述著作，是15世紀印刷機發明之後最早印行的書籍，而且從那時起一直相當受到歡迎，儘管它們在18世紀因科學和理性主義的發展而被主流排除在外。即使到了20世紀，新的魔法書仍續出現，儘管許多人宣稱它們係以古時原版文獻為本，例如1927年的《妥里耶爾的祕密魔法書》（*Secret Grimoire of Turiel*）據稱係源自16世紀某份抄錄「年代更加古早許多的文獻」之手抄本。

這張圖係取自年代可溯至1775年的惡魔學魔法書，但該書自稱係以1057年的某原版文獻為本。

巫師、國王與龍

　　從12世紀後期開始，法國作家開始為上層階級創作所謂的「騎士浪漫故事」。這些故事裡面滿是魔法，而其主角是執行任務的騎士，具有英雄氣概的他堅守忠誠、榮譽的信念與彬彬有禮的愛情，當中最有名的例子莫過於亞瑟王（King Arthur）。

　　亞瑟王的故事也許源自威爾斯的地方傳說，其主角的真實身分也許是6世紀某位戰勝撒克遜人的不列顛國王，然而現代流傳的亞瑟王故事版本係出自1136年不列顛教士「蒙茅斯的傑佛瑞」（Geoffrey of Monmouth）所著的《不列顛諸王史》（History of the Kings of Britain）。許多亞瑟王相關的浪漫故事都是以此發想，例如騎士蘭斯洛特（Sir Lancelot）與王后關妮薇（Queen Guinevere）的悲慘愛情，就是從法國詩人克雷廷·德·托瓦（Chrétien de Troyes）所寫的故事開始提及。

　　亞瑟王相關的故事很有魔法的氛圍，像是附法的長劍、消失的城堡、聖杯的追尋（據稱聖杯具有奇蹟力量，包括賜予長生不老），以及著名的巫師梅林（Merlin）。蒙茅斯的傑佛瑞最先在1135年的著作《先知梅林》（Prophetiae Merlini）提及梅林，其靈感應係源自威爾斯的傳奇先知與吟遊詩人墨辛（Myrddin）。而這裡的圖畫顯示出那在傑佛瑞所述的梅林傳奇故事當中，不列顛王在異象中看到的紅白二龍爭鬥且白龍漸居上風的情境，係在暗喻不列顛人與撒克遜人（白龍）的爭戰。傑佛瑞也為梅林設置一位魔法對手，即名為「仙靈摩根」（Morgan le Fay）的女術士。

「災禍將臨於紅龍，
因其滅亡已然加速！
而那條白龍
將會奪取牠的巢穴……」

梅林在傑佛瑞的《先知梅林》中所言，1135年

召喚惡魔與死者
中世紀的死靈術

死靈術是死者的魔法，necromancy一字係源自希臘文意謂「屍體」的*nekros*以及意謂「占卜」*manteia*，最初用於指稱從死者獲取知識的方法。在中世紀時期，它逐漸用於意指召喚死者靈體以占測未來、獲得隱藏的知識、將某人起死回生，或是把死者當成武器來用。

早期信仰

就古希臘人而言，死靈術是活人進入冥府的必要儀式。在《奧德賽》（*Odyssey*）中，奧德修斯依循女術士奇耳琪（Circe）所述的儀式拜訪冥府，並看到自己在回程時將會發生的事情。希臘人並不相信死者會比生者知道更多事情，然而其他文明則認為死者知道一切。《聖經》裡面的隱多珥女巫（Witch of Endor）為掃羅王召喚先知撒母耳的靈體，而撒母耳預言掃羅的死亡，就在當日較晚的時候發生。

▲ **惡魔與靈魂**
這幅取自某份13世紀法蘭西手抄本的細部圖畫，描述希伯來人的《瑪加伯書》（Maccabees）裡面惡魔取走人的靈魂並送入大鍋的場景。

▶ **正在工作的死靈法師**
這幅裝飾華麗的M字畫係取自1481年大普林尼的《自然史》手抄本，圖中顯示死靈法師畫出魔法圈，並在裡面放一瓶油、一個鈴鐺及一本儀式魔法手冊。

幾世之後，約在西元600年左右，身為學者的聖依西多祿認為死靈法師召來的死者靈體，事實上根本不是死者，而是惡魔。中世紀的人們將死靈術——又被稱作「黑魔法」（nigromancy；black magic）——視為非法技藝並定義為召喚靈體與惡魔的行為。死靈法師們則是堅持自己並沒有跟魔鬼立契，而是使用神的力量召出靈體與惡魔並予以控制。

對儀式的興趣逐漸增長

自12世紀開始，那些阿拉伯文文獻的拉丁文譯本，例如《賢者之向》（參見第82-83頁），使人們對複雜的儀式魔法開始有學術研究的興趣。《慕尼黑的惡魔魔法指南》（*Munich Manual of Demonic Magic*）描述在地上畫出圓圈並以符號填入其中的數種方式，並稱這樣的圓圈能為死靈法師提供保護的空間。不過，魔法的惡魔之力可能會要求代價，有時還得獻祭動物才能與那些靈體溝通。

教皇思維二世（POPE SYLVESTER II，西元945-1003年）

巫師教宗

在1120年代，馬姆斯伯里的威廉（William of Malmesbury）宣稱法蘭西教皇思維二世是黑魔法師（右圖顯示他與魔鬼正在交談）。經過一世紀之後，波蘭人馬丁（Martin the Pole）在其描述諸教皇的編年史中，將思維二世描述成將自己的靈魂出賣給魔鬼的死靈法師。但事實上，思維二世——本名是歐里亞克的吉貝爾（Gerbert of Auriac）——是那時代最偉大的學者之一，他將阿拉伯數字和星象盤（astrolabe）引入歐洲。他還是音樂領域的專家，曾建造數架管風琴。

「藉由死靈法師的詛咒，那些甦醒過來的
死者看似能說出預言並回答問題。」

聖依西多祿，《詞源》，約600－625年

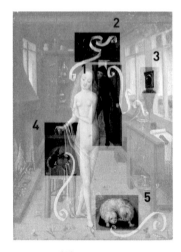

重點

1 注視女人（女人並不理會他）的男人態度太屈從，所以不可能是魔鬼。他比較有可能是僕人。

2 備妥的空白法術卷軸可供寫下咒語。

3 鏡子常關聯到女巫。

4 女人將數滴藥水澆在一顆心上面。

5 這隻小狗是靈寵（陪伴者及助手），適合有錢的人來養。

 愛與天譴

赤裸的女體就中世紀的觀點而言係象徵女人的淫蕩，也代表她們容易接受惡魔誘惑。圖中女人所呈現的赤身裸體可能意謂其對愛情魔法相當熟練。

與魔鬼立契
遭受嚴厲審查的巫術

根據那圍繞在中世紀的巫術發展出來的神話所言，巫者無論男女都是棄絕基督信仰並自願與魔鬼立下從屬的契約。據說有些女性為了換得魔法力量而與魔鬼性交。其契約是正式的，有時會採取書面合同的形式，而它逐漸被用來當成許多控訴的基礎。巫者也會行使有害的魔法，並有不自然的行為，例如飛行。他們也會變身為狼、身上有著記號，甚至進行亂倫或食人的行為。每個地方對於巫者的說法並不相同，依當地的傳統而定。

分歧的意見

在基督信仰的早期，巫術會被看成是異教信仰時期的危險遺物。事實上，約在西元400年左右，聖奧斯定堅持巫術僅是幻象，其實並不存在。西元643年，倫巴底（Lombardy）國王羅薩里（Rothari）頒布以下命令：「任何人都不得抱持將外籍女侍或女奴當成巫者來殺的想法，因為這是不可能的事情，即便抱持基督信仰也不能有這樣的想法。」然而在兩個世紀之後，關於巫術的意見開始分歧。其中一方面，西元829年出席巴黎市議會的主教們，決定巫術如此危險，應以死刑懲之。不久之後，蘇格蘭國王肯尼思‧麥克亞爾賓（Kenneth MacAlpin）宣布所有法師與巫者都應當綁在木柱上燒死。另一方面，西元900年的《主教教規》（Canon Episcopi）仍然認定巫術僅是幻象，並宣稱那些事情——例如婦女說自己在夜晚騎掃帚飛在天上——都只是魔鬼玩弄心智的把戲。

針對弱者

在中世紀時期，對於巫術的指控逐漸增加。然而，那些被控訴行使巫術的男女，幾乎都沒有習修任何魔法，更不可能知曉學者與教會神職人員所知道的那種罪行比單純邪事還要嚴重的巫術——即人類與惡魔合作推翻基督信仰的陰謀。受指控者通常是貧窮、弱勢的人，是那些在社群造成混亂而被敵視的人們，或是流浪者或乞丐之類的邊緣者，而他們總是被處死刑。

西元1390年，法國的巴黎高等法院（Parliement of Paris）通過一項對付巫術的法案，並很快認定以下四個對象有罪：首先是瑪莉翁‧杜‧多珥

▲ 邪惡之人的作為

這幅年代約為1550年的木刻版畫係取自塞巴斯蒂安‧蒙斯特（Sebastian Munster）的《宙圖》（Cosmographia），是首部試圖描述整個世界的德語作品。畫中女巫召出具有三個動物頭顱的惡魔。

愛麗絲‧凱特勒（ALICE KYTELER，1263－年1325以後）

有錢的女巫

右圖的現代女巫雕像坐落於基爾肯尼的凱特爾旅店（Kyteler Inn），其描述的對象就是1324年在愛爾蘭基爾肯尼（Kilkenny）的愛麗絲‧凱特勒，她是首位因身為異教徒而受巫術審判的女性，也是第一個因藉與魔鬼性交獲取魔力而受審判的女性。愛麗絲藉由結婚四次而變得富有，且每次婚姻都會掌管丈夫的生意。她的繼子們控訴他行使巫術，認為她使用惡魔之力誘惑他們的父親。她雖被定罪，但其人脈有足夠的影響力讓她潛逃出國，從此銷聲匿跡。然而她的女僕佩綽妮拉‧迪‧密斯（Petronilla de Meath）被指控為愛麗絲的共犯，並於

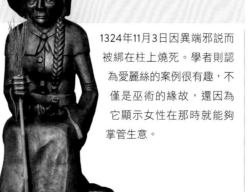

1324年11月3日因異端邪說而被綁在柱上燒死。學者則認為愛麗絲的案例很有趣，不僅是巫術的緣故，還因為它顯示女性在那時就能夠掌管生意。

▲ 與魔鬼共舞
據說女巫應像本圖這樣在黑色安息日於樹林中與魔鬼共舞。該圖係取自弗朗西斯科·瑪麗亞·瓜宙（Francesco Maria Guazzo）在17世紀的《女巫彙輯》（*Compendium Maleficarum*）。

▶ 以火為鑑
聖道明（St. Dominic）藉由自己在改變異端者的信仰之努力，促使道明會修士成為中世紀最為狂熱的獵巫者。該圖顯示聖道明的真實之書在火中奇蹟地倖存下來，而異端書本則被火燒毀。

神聖典範，那麼她就是利用性來欺騙、剝削男人的邪惡誘惑者，裸體女子的描寫也常與惡魔力量相連結。

異端思想與宗教審判

在中世紀後期，越來越多婦女被控訴為巫者，該現象的解釋之一即是出於對女性的貶抑，而另一因素則是教會對於異端思想——即那些與教會的信條相悖的諸信仰——的討伐。諸如瓦勒度派（Waldensians）與迦他利派（Cathars）等異端基督教團體在12世紀逐漸得到民眾的追隨，使得教宗在1233年設置宗教審判所，為其賦予廣大的權力，可以調查、指控、審訊及處罰異端者。而在接下來的幾個世紀，宗教審判所逐漸使人們感到恐懼——該機構常用酷刑以獲取自白，而那些被指控為異端且拒絕承認自己有罪的人們，會被綁在木柱上燒死。

當時的教會也開始將魔法視為威脅，因為它看起來跟異端思想頗為相似。因此魔法與異端思想都被描述為魔鬼的事工，不僅無知、傲慢（出於無視教會），而且詭計多端、善於欺騙。異端者開始被人們懷疑在施行妖術，而巫者則被人們懷疑是異端者。

丘里耶（Marion du Droiturière）及瑪歌·迪·拉巴（Margot de la Barre），然後是瑪賽特·迪·茹伊（Macette de Ruilly）及珍·迪·布利格（Jeanne de Brigue）。這四名婦女被指控行使巫術，並在不列顛群島被綁在木柱上燒死（參見第115頁），而那些足以證明有罪的自白，卻是用虐待折磨這些婦女的方式取得。不久，使用酷刑來對付被控行使巫術的男女成為常規。

最初這些因敵視巫術而受害的人們，都是被指控使用自身魔法力量來操縱男人，而其自白則透露出當時越來越明顯的貶抑女性觀點，亦即女人若沒有達到宮廷浪漫愛情故事裡面的貞潔、

背景小知識

女人、色慾，還有邪術

日耳曼的宗教審判官海因里希·克萊默（Heinrich Kramer）在其聲人聽聞的1487年暢銷書《女巫之鎚》（*Malleus Maleficarum*）當中明確地將女性與撒旦魔法串聯。克萊默認為一切巫術均來自色慾，且女性尤其容易因性的慾求、靈性的軟弱，以及「對於邪惡的自然傾向」而容易受到邪術的影響。這本書到後來被教會禁止，而克萊默則被嚴重譴責。

這幅19世紀的歷史畫作顯示一名被指控行使巫術的女性被帶到宗教審判官的面前。

▲「聖殿騎士被處火刑」（The Burning of Templars）取自喬凡尼・薄伽丘（Giovanni Boccaccio）約於1480年的著作《論名人的結局》（*De Casibus Virorum Illustrium*）。

聖殿騎士的失勢

　　西元1307年，法蘭西國王腓力四世（Philip IV of France）逮捕「聖殿騎士團」（Knights Templar）——係戰士兼修士的強勢團體——的領導成員，施予酷刑並燒死，而其審判過程有出示偶像崇拜的罪證。不久之後，教宗克勉五世（Pope Clement）解散該團體，自那時起該團體就被蒙上使用魔鬼祕術儀式的謠言。

　　聖殿騎士團係於1119年由法蘭西騎士雨果‧德‧帕英（Hugues de Payens）創立，為前往聖地的朝聖者提供保護。他們的總部是在耶路撒冷的聖殿山上，一般認為那裡原是所羅門王聖殿的位址。這個菁英式的武力團體會嚴格篩選入團資格，而其入門儀式相當隱密，據稱洩露者會被處死。該團為歐洲最早的銀行業，因此聖殿騎士也相當富有，而朝聖者會把貴重的東西交給他們，換得存入憑證以方便旅行攜帶，並且能在旅途上以憑證提出資金。

　　然而，聖殿騎士會的財富與隱密招致不滿與懷疑。當時他們被指控為異端分子，且其周圍滿是神祕傳聞——據說他們會向十字架吐痰，並向山羊神巴弗滅（Baphomet）與以黑貓示現的魔鬼獻祭。後來有人推測他們發現所羅門王聖殿裡面的古代奧祕知識，係足以擊垮教會的重大資訊，甚至還擁有聖杯與都靈裹屍布（Turin Shroud）。

> 「上帝不悅。
> 王國之內
> 有信仰之敵。」

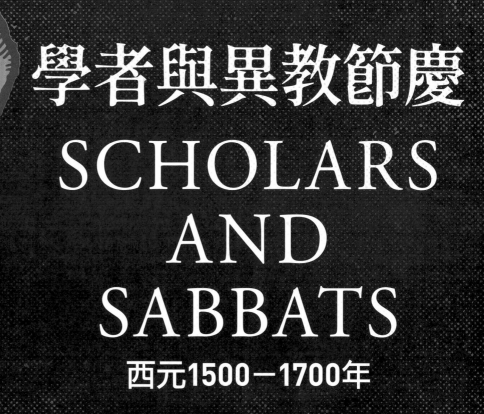

學者與異教節慶
SCHOLARS
AND
SABBATS
西元1500－1700年

導言

文藝復興時期的魔法從中世紀延續下來，通常分為高階與低階的形式。高階魔法會含有煉金術（將賤金屬轉變成黃金）的學術實驗，而低階魔法則籠括那些受歡迎的民俗傳統，像是各地的「江湖郎中」就提供了避免長疣的法術。

魔法的習修法門也分成利益性與傷害性。在對於邪惡的判定上，歐洲的態度通常是過度簡化且隨意，因此此在殖民擴張期間，持基督信仰的歐洲殖民者常常將非歐洲的原住民信仰誤解成邪惡、異端的妖術。例如在墨西哥，傳統的阿茲特克神祕主義將好與壞的面向交織在一起，但這樣的微妙之處常被西班牙殖民者誤會，並在1521年摧毀阿茲特克帝國。

現今人們非常熟悉的邪惡女巫刻板形象，就是在這時期固定下來。我們可以看到，16世紀與17世紀是史上最為激烈的反巫術立法、迫害與控訴的時期，像是1640年代自封為不列顛尋巫者（Witch-Finder）的馬修·霍金斯將軍（General Matthew Hopkins）、特里爾大主教（Archbishop of Trier）在日耳曼地區的迫害，以及1692－1693年於北美殖民地麻薩諸塞的塞勒姆（Salem）舉行的惡名昭彰的審巫案。雖然當時聲望如日中天的西班牙宗教裁判所（係消除異端思想的執法機構）僅是對巫者抱持懷疑態度，其主力還是對那些從僵化的天主教意識形態偏離的對象施予宗教迫害，然而整個歐洲仍有數千個男男女女因被認為使用巫術而遭受死刑。

歐洲的文藝復興運動激發智性的探索，開始將不同領域的知識交織起來，並質疑人類在整個宇宙的地位、人與神的關係以及自然的運做法則。那些在現代會被歸類到魔法或祕術之類的想法，當時也直接加入那鍋大雜燴一同烹煮。那時，那些關於魔法的思維被織成當代重要的哲學，包括赫密士思想（Hermeticism）、自然魔法（natural magic），以及現代科學的前身，例如在文藝復興時期臻至頂峰的煉金術孕育出現代的化學。

自然魔法則有對於宇宙本質的各種理論上及經驗上的

召喚師（參見第128頁）

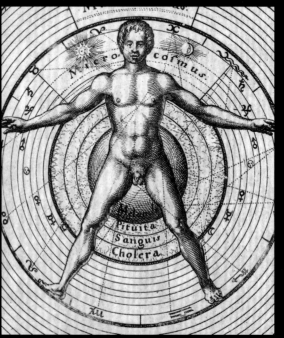

人類生命及宇宙（參見第135頁）

卡巴拉的生命之樹（參見第136－137頁）

探索作為基礎，不同於習修及沉浸在神祕儀式與符號的儀式魔法。而崇尚儀式的玫瑰十字信仰（Rosicrucianism）與採取西方基督信仰形式的卡巴拉（Kabbalah），則在這個時期蓬勃發展。日耳曼卡巴拉思想家阿思拿希爾斯·基爾旭（Athanasius Kircher，1602－1680年）在羅馬有一間博物館兼實驗室，吸引歐洲各地人們前來觀賞，除了讚嘆他那看似魔法般的磁力表演，並觀摩那些據稱是美人魚的樣本。

基督信仰的「新教改革」（Protestant Reformation）以及天主教的對應「反宗教改革」（Counter-Reformation），都發生在文藝復興時期。基督教會具有政治及社會方面的權勢，許多君王認為自己是神的指定人選，因此諸如神聖羅馬皇帝之類的角色就被賦予龐大的力量。因此許多具有一定身分的人們，不論是新教徒或是天主教徒，都擔憂自己的地位受到威脅，而向那些鑽研神祕事物的人們諮詢以緩解恐懼。

> 「從最高的山脈、最古的書籍、最怪的人物那裡，
> 你將找到那塊（賢者之）石。」

阿思拿希爾斯·基爾旭與約翰·史蒂芬·凱斯特勒（JOHANN STEPHAN KESTLER），
《基爾旭的實驗性自然科學》（*PHYSIOLOGIA KIRCHERIANA EXPERIMENTALIS*），1680年

煉金術的祕密（參見第150頁）

被定死罪的巫者（參見第180頁）

巫者的魔偶（參見第183頁）

江湖郎中的出現

通俗法術

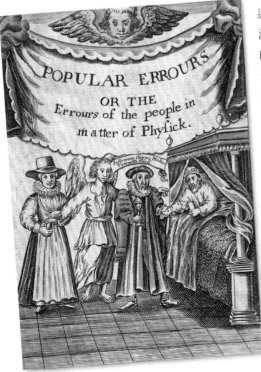

▲ 醫藥勝過魔法

在文藝復興時期，隨著科學的進步，江湖郎中逐漸被視為危險的密醫。這張係為1651年某個出版品的扉頁，顯示某位患者正在接受醫生的治療，而天使則阻擋身為江湖郎中的女人參與其中。

從歷史角度來看，魔法通常會分成高階、學識的魔法，以及低階、通俗或民俗的魔法，而這樣的分法在15到17世紀相當清楚。通俗魔法以據稱有特殊力量的藥草及動物、傳統信仰及具有保護力量的護符為主，跟民俗療法、良善的巫術及高階學識魔法有所交疊。

而通俗法術的中心即是這方面的從業人士，通常稱為「江湖郎中」。他們是當地社群的著名成員，而其低階魔法能幫助老百姓處理日常問題，像是吸引結婚對象、除疣、改善收成，或抵禦惡意巫術。

江湖郎中的技術含括草藥療法及助產工作，甚至有些做法還借用基督信仰的某些面向，例如某個跟馬鞭草有關的法術有此說詞：「馬鞭草啊，在地上生長的你是神聖的，因為最初發現你的地方，就在那骷髏地*的小山上。」通俗法術在歐洲各地都相當重要，像是瑞典的 *klok gumma*、匈牙利的靈視者 *táltos*，以及義大利的 *benandanti* 都算是通俗法術的從業人士。

宗教的迫害及問題

文藝復興時期的許多民俗術法，係從中世紀延續而來。然而在16世紀，民眾在靈性方面的接觸已經升高到令國家及教會的掌權人士感到威脅的程度，所以會藉由立法來掌控民眾。那些在以前曾被視為有害的巫術明顯成為主要目標，而且的確有些江湖郎中習修較為黑暗的技藝，但是無害的法門也有可能受到譴責。即使如此，儘管這方面的威脅在16世紀期間一直起伏不定，江湖郎中的術法仍在許多方面看似興旺發達。

全球各地在這個時代發生一些慘事，從16、17世紀在歐洲流行的瘟疫，還有震災、洪災──例如1530年荷蘭的聖斐理斯節洪災（St. Felix's Flood）──到17世紀北美殖民者面對的饑荒。此外，一般人的生活非常艱辛困苦，因此通俗術法看似為社會中最貧困的民眾帶來他們最需要的慰藉。

魔法圈

有些江湖郎中則把儀式魔法的圓圈運用技藝當成工具來用，而那些習修較為偏重學識魔法的人們也這樣做。魔法圈是保護的象徵，通常會畫在施法者的周圍以發揮保護效果，然而它也是靈體召喚的象徵，所以又名「召喚圈」。魔法圈通常會以具體的形式被畫在地上。

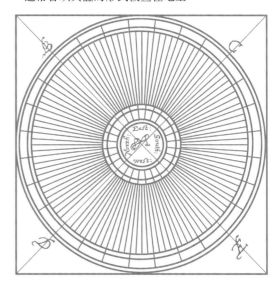

▶ 眾祕之印

這個圓圈的設計係為了駕馭魔法力量，取自17世紀某位江湖郎中的工作書冊。據說它象徵「整個世界的所有祕密之印記」。

* 譯註：骷髏地即耶穌被釘十字架的地方。

> 「眾人如果遺失任何東西，
> 或是出現任何病痛，那麼他們會
> 馬上去找被他們稱為智者的人們。」

安東尼·伯吉斯（ANTHONY BURGESS），
《145條闡釋》（CXLV EXPOSITORY SERMONS），1656年

▲ 為法術畫的圓圈
這場景係取自克里斯多福·馬羅（Christopher Marlowe）約於1590年撰寫的戲劇。圖中浮士德博士從魔法圈裡面召出一隻惡魔。出身卑微的聰明祕術家浮士德與魔鬼締結致命契約，以增強自己的力量。

交感魔法

文藝復興時期的江湖郎中在其術法上應用許多不同的策略,其中有些做法是把所謂的某些力量附在物品或動物身上,而那些力量係根據象徵性的連結與對應而來,即相似的事物可以處理相似的狀況。「交感魔法」係用於描述「依據模仿及對應的處理方式」之術語,例如肝病也許會用某動物的肝做成的混合物來治療,而治療的施作也許是講述跟對治症狀有些關聯的寓言故事,因為這做法被認為能使適當的能量變得清楚。

◀ 巫瓶
人們常將個人的不幸怪罪到巫者身上。有些巫瓶裡面裝有大頭針,用來傷害指定的巫者,而那位認為自己被施法的人也有可能把一件屬於自己的東西放進瓶中。

交感魔法的另一個工具,即是尋求能夠反映出宇宙中那些巨大力量的模式,例如通俗術法所使用的掌相學──手掌上的記號、線條及形狀會被用來判讀對象的性格並占卜其未來。

化解邪惡

交感魔法在化解方面是用在防止邪惡力量,而這種抵禦邪惡的做法也被稱作「辟邪魔法」。

▼ 轉移的故事
佛羅倫斯的藝術家保羅・烏切洛(Paolo Uccello)的這幅畫描繪基督信仰的英雄聖喬治(St. George)的屠龍故事,所殺之龍通常是邪惡的象徵。而摧毀邪惡的象徵是交感或轉移魔法的常見形式之一。

背景小知識
仙靈與民俗智慧

江湖郎中不分男女都經常召喚一系列通常被認為是仙靈的靈性存在並與之對話。實際上，仙靈是魔法修習者的靈寵（靈體助手），在某些方面也類似他們亦常使用的動物靈寵（參見第186－187頁）。例如江湖郎中可能會諮詢給予指引的仙靈，以找出某人遺失的物品藏在哪裡。其他在通俗魔法裡面的生物還包括精靈和獨角獸（unicorn，如右圖）等奇幻生物，而所謂的獨角獸之角——其實通常是獨角鯨（narwhal）的長牙——被認為對魔法及民俗療法特別有效。

圈養的獨角獸，此為荷蘭的壁毯，年代可溯至1495－1505年。

用來抵制惡巫的工具之一就是裝有多樣材料的巫瓶，而那些材料都有特定的效果，例如有人也許會把自己的尿液跟大頭針一起裝在巫瓶裡面，目的是要使某巫者在渡過水域會感到疼痛。用魔偶（poppet，或稱娃娃doll）來代表自己想要傷害的對象並用縫衣針戳刺之，則是交感魔法的另一種用途。魔偶在歐洲各地的傳統用途好壞均有（參見第182－183頁），在北美塞勒姆審巫案出現過，而特定的巫毒儀式也會用到魔偶。

交感魔法連結到局面更為廣闊、也更為人們接受的宇宙交感概念——即認為人類與其周遭的宇宙有著緊密的對應。而文藝復興時期的許多自然哲學及赫密士思想的學者倡導這概念（參見第134－135頁）。

轉移力量

對江湖郎中而言，轉移的概念至關重要，例如將活雞靠在瘟疫造成的淋巴腺腫脹區域，據信能把疾病轉給雞。類似的做法還有將病孩放在水裡洗，認為疾病會轉移到水裡面，這樣就能把疾病處理掉；或是將治療藥劑塗在受傷士兵的劍上，認為那有益於他的治療效果就會藉此轉移過去。

居家護符

當時的人們會傾向保護自家不受惡靈影響，像是經過木乃伊處理的貓、銀幣及巫瓶之類的物品，會被藏在牆壁及煙囪裡面以達到這個目的。當時的貓很重要，因為牠們關聯到巫者，並且據稱能夠偵測惡魔。鞋子是另一個藏匿辟邪物品之處，然其原由也許是當時的鞋子係依使用者製作成形，所以一般認為鞋子藏有使用者的靈魂，而其形狀也適合困住惡魔。具保護性質的象徵也許畫在家宅的周圍，像是畫在樑上或窗台上。

▼ **幸運鞋**
這是某個人的左鞋，大約在1600年代後期於劍橋大學學院的窗戶與煙囪之間的牆壁裡面發現。至於放在那裡的原因，也許是用來保護該學院的院長。

「在我還是男孩的時候……
鄉親已習慣去取悅仙靈們。」

約翰・奧布里（JOHN AUBREY），《異教信仰與猶太信仰的遺風》
（*REMAINES OF GENTILISME AND JUDAISME*），1686－1687年

▲〈召喚師〉（The Conjurer）──這是16世紀希羅尼穆斯‧博斯（Hieronymus Bosch）畫作的複製品，原畫現已佚失。

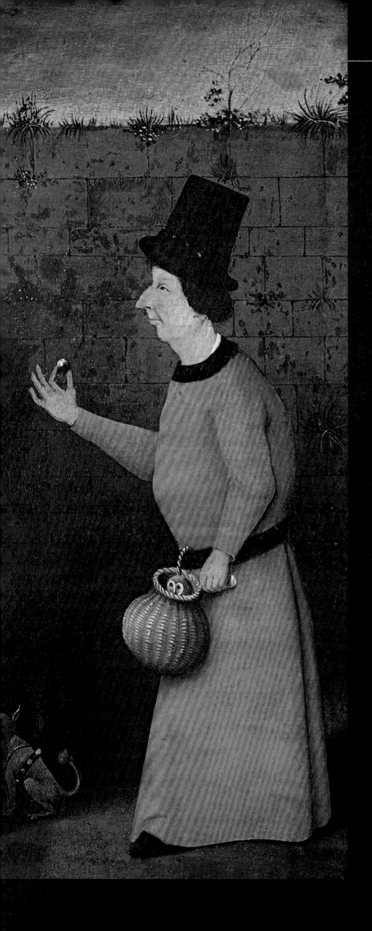

魔法或幻象？

魔術把戲在古時候就已出現，到了中世紀時期，各種魔法都會以街頭娛樂的形式呈現。文藝復興時期的召喚師延續此傳統，不僅把幻象戲法帶到市場與遊樂會，也到官員及王族的家宅表演。

在這張圖中，有個旁觀者對某位魔術師的表演看得入迷，而沒注意到自己的錢包正被偷走。旁觀者的嘴中看似有即將跳出來的青蛙，而那隻從召喚師的籃子探頭觀看的貓頭鷹也許象徵異端思想、過度的惡作劇、精明的蠱惑，或是毫無理智的意思。在召喚師的桌上及四周則是他的幾款謀生工具，包括用於古老的「杯球把戲」之器具。這項到現在依然流行的戲法，會使一顆球消失在某個杯子底下，並出現在另一杯子的底下。

文藝復興時期召喚師的表演節目會有雜耍、牌戲、欺騙目光的魔術手法，還有像是看似將戒指穿過某人臉頰之類的幻覺表演。有兩份文獻載有西方關於召物戲法的最早公開資料：其一是盧卡・帕西奧利（Luca Pacioli）的《論數字的力量》（*On the Powers of Numbers*，1496－1508）提到運用數字、幻象與魔術手法來表演戲法的方式；另一是雷金納・史考特（Reginald Scot）的作品《巫術的發現》（*The Discoverie of Witchcraft*，1584）則以此類戲法的存在將魔法關聯到戲法而不是行邪事，指出恐懼巫者是不理性的行為（參見第184－185頁）。

「平民們會認為（它）是奇蹟。」

盧卡・帕西奧利，《論數字的力量》
（ *DE VIRIBUS QUANTITATIS* ），1496-1508年

煙鏡

阿茲特克術法

西元1521年，西班牙征服者艾爾南·科特斯（Hernán Cortés）征服當時國力強盛、自15世紀起即掌控現為墨西哥中部及南部區域的阿茲特克帝國（Aztec Empire）。該國皇帝的信仰混合不同的中美洲文化（例如馬雅人的信仰是其中之一），而他們的習俗則含括條列清楚的諸神、儀式、迷信、占卜與法術。西班牙的征服使原住民改信基督信仰，因此關於阿茲特克文化的絕大多數資料，都源自西班牙殖民者或改信基督信仰的人們，且染有他們的觀點。此類資料來源之一是《佛羅倫斯手抄本》（*Florentine Codex*），

係由西班牙傳教士貝爾納迪諾·德·薩哈袞（Bernardino de Sahagún）所著。薩哈袞在西班牙征服之後不久即抵達墨西哥。殖民者通常會恐懼當地的風俗習慣，將原屬阿茲特克宗教的事物視為魔法，然而就許多阿茲特克人的觀點而言，基督信仰看似也是術法。

眾神與術師

在阿茲特克的主要神祇當中，有泰茲卡特里波卡（Tezcatlipoca）及羽蛇（Quetzalcóatl）這兩位，前者的字面意思是「煙鏡」（smoking

▲ **黑暗之神**
這副人類頭骨上覆蓋綠松石及褐煤的鑲嵌圖案，被認為代表阿茲特克的神祇泰茲卡特里波卡，它在當時也許是人們佩掛在背上的裝飾品，而其歷史可溯至15世紀或16世紀初阿茲特克文明的鼎盛時期。

▶ **雙倍力量**
這條大蛇很有可能是阿茲特克儀式裡面佩戴在胸前的飾品。雙頭蛇預示厄運，而最糟的可能是指死亡已近在眼前。

mirror），因此有「煙鏡之主」的綽號。祂的形象通常會跟自己的黑曜岩鏡（*tezcatl*）一同示現，而這種黑鏡跟黑暗力量有關聯，而且可能象徵著泰茲卡特里波卡的全見之力，在古墨西哥地區最常用於黑魔法。祂看似有許多種偽裝，善惡均有——人們相信祂以某些形象示現時是在行使黑魔法，然而除此之外，祂也是風與夜晚的化身。

羽蛇神的形象則是一條具有羽毛的大蛇，而且該羽毛是來自當地且被視為神聖的給薩爾鳥（quetzal）。當地一般認為蛇與大蛇具有魔法及占卜的力量，而羽蛇除此之外還被認為發明了曆法，是重要的阿茲特克占卜工具。藉由其與晨星、暮星的關聯，羽蛇也象徵著死亡與復生。

變換形體的轉變過程

諸神與人類在當時被認為均能變換成動物，以行使特定的魔法作為。泰茲卡特里波卡的動物形象是美洲豹。這類被稱作*naguals*的動物靈體通常被視為具有保護力量的協助者，跟當時在西方民俗魔法廣傳的巫者動物「靈寵」概念（參見第186－187頁）相呼應。

「夜、風、巫，我們的主。」

貝爾納迪諾・德・薩哈袞修士，論泰茲卡特里波卡，《佛羅倫斯手抄本》，約1540－1585年

色彩鮮豔的鼻頭裝飾意指羽毛——係以視覺呈現其與羽蛇神的關聯

張開的兩張嘴裡面的牙齒均用海螺殼製成

綠松石是阿茲特克人高度重視的寶石

代表20個用於曆法的
記日符號（day signs）
的象徵

◀ 雕在石上
這塊阿茲特克太陽石（Aztec Sun Stone，年代約
1500年）寬3.7公尺（12英尺），係於阿茲特克帝
國首都特諾奇蒂特蘭（Tenochtitlán）發現，係
描述宇宙及其諸時代（或諸太陽紀）的歷
史。位於中央的臉可能是太陽神托納蒂烏
（Tonatiuh），而他的舌是象徵性的牲祭用刀。

阿茲特克神聖曆

　　跟儀式有關的曆法系統稱為
「神聖曆」（tonalpohualli），其字面之
意即「諸日的算法」，每260日為一
個週期，下分的諸旬則各由不同的神祇
掌管，其在占卜的用途還包括預測星座
運勢。該曆法的整個週期係由20旬組成，
每一旬都有13日，而每一日都會配賦一個數字
（數字1至13）以及一個「日符」（day sign，日
符共有20個，例如蜥蜴、燧石及雨是其中三個象
徵），因此每個日子都有像是「1雨」或「13蜥
蜴」之類的名稱。每個組合則是每260日重複出
現一次，而根據某日的關聯數字、日符與神祇之
性質，就能判定為好日或壞日，這資訊是從作物
的種植到神祇的獻祭等一切行事的關鍵。個人的
出生日也能用來預測其命運。由於阿茲特克的主
神有13位，所以數字為13的諸日均被認為是具有
助益的日子，而出生日為「1風」或「1雨」的人
就有容易轉變為各種危險術師及施展法術的可
能性。

占卜工具

　　阿茲特克文化有許多魔法從業人士，包括幻
術師（teixcuepani）、妖術盜賊（temacpalitotique）、
梟人（tlacatecolotl，算是術士的一種）、醫療卜者
（ticitl），以及預言師（tonalpouhqui）。許多物品
被賦予特別或占卜的力量，像是玉米粒在被擲於地
上時能形成具有意義的圖案，還有短棒也同樣可用

◀ 丟擲玉米
這幅取自16 世紀《馬利亞貝亞諾手抄本》（Codex Magliabec-
chiano）的圖畫顯示風神正看著占卜師把玉米粒丟擲到布上以解
讀它們呈現的圖案。也有把玉米粒丟進水裡進行玉米占卜。

　　阿茲特克人跟歐洲文藝復興時期的許多哲
學家及魔法修習一樣，非常重視占星學與天文
學。對星空的仔細觀察，及精確的時間刻度，使
得各種週期環環相扣的複雜曆法系統得以成形，
其中包括具有20個星座的黃道，是魔法與儀式的
核心。

「吾係世界之力……吾知如何飛翔。」

節錄自傳統風格的阿茲特克儀式誦文

丟擲的方式以確定某個疾病是由哪位神祇引起。

　　阿茲特克人相信魔法的苦痛是由梟人傳來，而受到詛咒的人們可以服用諸如烏羽玉仙人掌（peyotl）之類的致幻物，以方便醫療卜者辨認詛咒。

妖術或魔鬼信仰？

　　在阿茲特克神話裡面有位著名角色，即「光明女術士」（tlahuipuchtli; luminous sorceress）瑪琳娜修契歐（Malinalxochitl），人們普遍認為她會對敵人造成痛苦的死亡。墨西哥的城鎮「馬里納科」（Malinalco）據稱由她創建，而人們到現在還會認為從這個鎮出來的人就是魔法師。

　　對於阿茲特克人而言，以人類及動物進行儀式獻祭是相當重要的部分，能夠帶來榮耀，可以取悅神祇，然而殖民者認為這是野蠻的魔鬼信仰做法。當歐洲人的觀點逐漸成為主流時，人們通常會無視或誤解這做法的意義與文化情境。

▼ **用於崇拜的儀式**
這張取自托瓦爾手抄本（Tovar Codex）的圖畫描繪三位祭司為防止乾旱而進行儀式的獻祭。第一位祭司（最左者）所持燃香係由名為柯巴脂（copal）的樹脂製成，該樹脂常用於阿茲特克人的儀式。

哲學魔法
赫密士思想、神性與宇宙

▲ 理論大師
這是在錫耶納大教堂（Siena Cathedral）地板上的「三倍無上偉大的赫密士」畫像（中間那位）。人們認為他是《赫密士文集》的創作者，而該文獻將他描述為與摩西同一時代的人。

赫密士思想（Hermeticism或Hermetism）係一套哲學與神學的概念，文藝復興時期的歐洲對此討論甚多。其重要概念之一即是相信靈能夠統合整個宇宙及其內所有事物，而人類個體是個具有複雜系統的宇宙整體（大宇宙）之縮影（小宇宙）。

舊概念、新思維

現在許多被標識為赫密士思想的文藝復興時期之概念，事實上應屬柏拉圖思想，而且該思想雖是源自古雅典哲學家柏拉圖，但係由羅馬學者普羅提諾（Plotinus）在3世紀發展出「宇宙係由『一』支持」的概念。赫密士傳統的重要文獻之一即是《赫密士文集》（*Corpus Hermeticum*），係為拜占庭時期探索神性與宇宙的神祕本質，及其與人類有何關聯之文獻選輯。這些概念在15世紀佛羅倫斯被重新發掘出來。學者馬爾西利奧·費奇諾（Marsilio Ficino）大約在1460年開始把《赫密士文集》的希臘文版本譯成拉丁文，而其於1471年的譯作當中有以下兩份專題論文：其一為《完美交流》（*Asclepius*）*，其內容含有關於儀式魔法的資料；另一則為《波伊曼德瑞斯》（*Poimandres*），裡面有數段探討天文學－宇宙學的文字。

《赫密士文集》係以年輕人與傳奇人物「三倍無上偉大的赫密士」（Hermes Trismegistus; thrice-greatest Hermes）之間的對話為表現形式，後者通常被視為兩位異教神祇——埃及神托特（參見第25頁）及希臘神赫密士——的混合形象。據稱《赫密士文集》係由「三倍無上偉大的赫密士」所撰，而且應是曾經流傳給聖經舊約時期的先知摩西及柏拉圖的古埃及智慧。

科學的進步

赫密士思想在實務方面的某些指示，例如藉由實驗來試驗自然的本質，使文藝復興時期的許多知識分子對科學產生興趣，而他們對於宇宙運作方式的新想法逐漸與魔法緊密交纏。

裴唐諾·布魯諾（1548－1600年）

自由思想家

備受爭議的義大利哲學家兼祕術家裴唐諾·布魯諾是回應赫密士思想準則的激進分子。他撰寫多種關於魔法的文章，宣稱「魔法師藉由信仰能夠做到的事情，會比醫生藉由實情而能做到的事情還要來得多。」他的觀念經常含括自然魔法，例如事物之間的自然吸引力和排斥力，而且他會尋求關於「存在」本身之力量的新真理。對許多人而言，布魯諾在無限宇宙和宇宙靈魂的玄祕概念感覺很有瀆神之嫌，例如他暗示基督所行奇蹟僅是精妙的魔術而已。義大利當局在1600年以異端信仰的罪名將他處決。

這座青銅雕像建於1889年，就位在羅馬鮮花廣場（Campo de' Fiori）當年處決裴唐諾的地方。

> 「在能獨自奔向那個『一』之前，吾等還須經歷多少副肉身哪？」

《赫密士文集》

* 譯註：中譯取自希臘文的標題 *Logos teleios*

包括裴唐諾‧布魯諾（Giordano Bruno）（參見以下圖文框）及喬瓦尼‧皮科‧德拉‧米蘭多拉（Giovanni Pico della Mirandola）在內的激進義大利哲學家，將赫密士思想融合自然哲學、自然魔法及其他魔法形式。米蘭多拉的《論人之尊嚴的演講》（Oration on the Dignity of Man）除了在開頭引用馬爾西利奧‧費奇諾的《完美交流》字句之外，該作品本身也是為了與作者在1486年倡言魔法與卡巴拉（參見第136－139頁）能證明基督的神性之爭議著作《900條推論》（900 Conclusions）並陳而寫就。

　　而在義大利城邦國家之外的地方，文藝復興時期的科學家兼祕術家也借取了赫密士思想，例如英格蘭有將占星學結合赫密士思想的羅伯

特‧弗拉德（Robert Fludd）、女皇伊莉莎白一世的顧問約翰‧迪伊（John Dee），以及以撒‧牛頓爵士。奠定現代醫學的瑞士醫生帕拉塞爾斯（Paracelsus），則將疾病連結到以赫密士思想統整的宇宙裡面特定星辰所帶來的有害影響。而柯奈流士‧阿格里帕也像帕拉塞爾斯那樣，將魔法視為了解生命之意義的關鍵，並認為「三倍無上偉大的赫密士」是魔法方面的首要權威之一。赫密士思想也影響後世的祕術運動，例如19世紀的金色黎明赫密士教團（Hermetic Order of the Golden Dawn）（參見第242－243頁）。

▼ 統合宇宙
此幅出自羅伯特‧弗拉德的圖表（約1617年）顯示大宇宙的巨觀世界當中有著人類或人類生活的微觀世界。弗拉德的微觀世界列出四種人格類型，而他的巨觀世界則包括太陽、月亮及眾行星，還有更高層次的神聖存在。

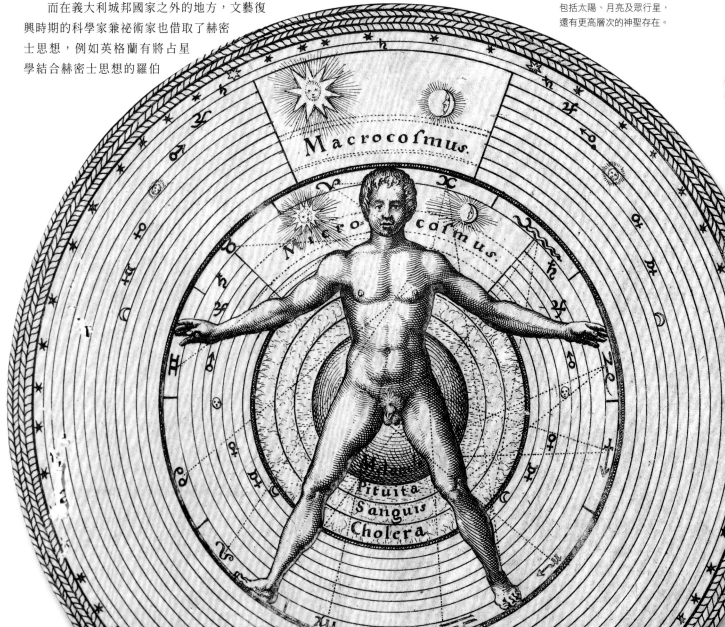

神聖之祕

卡巴拉傳統

卡巴拉在祕術研究及保持祕密這兩方面相當有名，由於其具有「人類從神那裡獲得神性『火花』」之信念，有助於推動祕密知識在這方向的理解。卡巴拉有幾種不一樣的英文拼法，像是 Kabbalah、Cabbala 與 Qabalah，通常各自對應特定的祕術法門或傳統，像是猶太信仰、基督信仰與赫密士思想。而 Kabbalah 一字通常用於統稱。

許多文藝復興時期的卡巴拉思想係由中世紀猶太魔法神祕主義萌發而成，其中包括運用符號（其實就是希伯來文字母表）來解讀《塔納赫》（Tanakh，即希伯來聖經）。當時那些具有伊斯蘭信仰的信徒與阿拉伯人的國家，例如西班牙，因著猶太教與伊斯蘭信仰混合出來的豐厚祕術傳統，產生出不一樣的卡巴拉習修方式，包括將神祕符號及護符運用於追求神祕知識，而加密的符號、字母與數字也是西方卡巴拉的重心。

基督卡巴拉

以基督信仰為形式的卡巴拉在文藝復興時期蓬勃發展，並染上當時赫密士思想（參見第134－135頁）的色彩。基督卡巴拉神祕家探索宇宙整體所具有的複雜觀念，到最後欣然接受一切宗教，使卡巴拉在西方的魔法歷史上有著舉足輕重的地位。

文藝復興時期卡巴拉的前驅之一，則是13世紀馬略卡王國（Majorca）的基督信仰祕術家雷蒙・魯爾（Ramon Llull）的著作。現在已有些人將他的理論當成部分具有卡巴拉的形式來理解，包括運用近似猶太卡巴拉的「十輝耀」（參見第

▼ 天梯

這幅木刻版畫取自雷蒙・魯爾的著作《新邏輯》（De Nova Logica），顯現其將想法組織為階梯的概念。上升的階梯，或是梯子，意謂從日常生活升入天界。

▶ 玄妙學說

這幅彩色的生命之樹插圖係取自吉卡提拉的《光之諸門》。樹上十顆球體係十道象徵上帝的神性及創造性能量的輝耀有關。

89頁）的圖像。早期的基督卡巴拉信仰也受到西班牙許多改信基督信仰的猶太人影響，例如基督卡巴拉早期的重要文獻《諸祕之信》（*Epistle of Secrets*）的作者保勒斯‧迪‧何瑞迪亞（Paulus de Heredia）。西元1492年，西班牙將未改信基督信仰的猶太人驅出國境，使卡巴拉散播至整個歐洲。

生命之樹

文藝復興時期的基督卡巴拉神祕家，當中有皮科‧德拉‧米蘭多拉（參見以下圖文框）、撰寫《論卡巴拉技藝》（*On the Art of Kabbalah*）的約翰內斯‧羅伊希林（Johann Reuchlin）、其著作《祕術哲學》（*Occulta Philosophia*）將魔法與卡巴拉連結起來的柯奈流士‧阿格里帕，以及翻譯約瑟‧吉卡提拉（Joseph Gikatilla）著作《光之諸門》（*Gates of Light*，據稱該文獻首先提出非猶太信仰版本的生命之樹圖像）（參見左邊圖片）的譯者保勒斯‧里西奧斯（Paulus Ricius）。生命之樹

> 「……魔法師不僅巧妙模仿自然，他還牧養自然。」

皮科‧德拉‧米蘭多拉，《論人之尊嚴的演講》，1486年

喬瓦尼‧皮科‧德拉‧米蘭多拉（1463－1494年）

基督卡巴拉之父

米蘭多拉是最初將卡巴拉引進基督信仰及西方文化的人們之一。他使抱持基督信仰的人們對儀式魔法開始產生興趣，其作品彙集的思維脈絡包括猶太神祕主義、柏拉圖思想、人本主義及赫密士思想。米蘭多拉將自然哲學及良善、自然的魔法──亦即跟上帝的神聖事工有關聯者──與有害的魔法劃分清楚。他在1486年打算在歐洲各地學者的某場集會當中為自己的一堆想法──也就是所謂的《900條推論》──進行辯護，但集會被禁止，其推論受到教皇的譴責。

重點

1 位於中間的光係由希伯來語的「四字神名」（Tetragrammaton；YHWH）發散出來，它們在卡巴拉是代表上帝的重要字母。

2 光從代表白天的人像發出，並在鏡子上反射。

3 此標題的意思是「光與影的偉大藝術」。然若調動文字，裡面的magna一字可譯成「磁性」（magnetic）而非「偉大」（great）的意思。

4 代表黑夜的人像則是披戴星辰。

5 雙頭鷹是基爾旭的贊助者（神聖羅馬帝國皇帝）斐迪南二世（Ferdinand II）的象徵。

▶ **為神聖事物解碼**

這幅標題頁取自阿思拿希爾斯‧基爾旭在1646年的著作《光與影的偉大藝術》（*Ars magna lucis et umbrae*），該著作將光學與玄祕的學問交織在一起，並且主要使用卡巴拉的象徵系統。

▶ 抵擋麻煩

這幅17世紀的卡巴拉圖像可能被當成具保護性質的護符來用，其中心是一座由文字組成的希伯來猶太燭架（Hebrew Menorah）──即具有七根分支的燭台。燭架的分支象徵宇宙知識的七個分支。

係源自猶太卡巴拉的象徵，而它關聯到赫密士思想對於人、神及宇宙之間的一體性概念，並且也關聯到希伯來文的「四字神名」（Tetragrammaton），即以特定的四個希伯來字母排列所表現的神之名。

修習方式的進化

在17世紀期間，一些學者開始將卡巴拉的幾條分支連結起來，並提出哲學、科學或宗教方面的想法。亞伯拉罕·柯恩·德·何瑞拉（Abraham Cohen de Herrera）嘗試調和卡巴拉與哲學，而克里斯丁·諾爾·馮·洛森羅斯（Christian Knorr von Rosenroth）的著作《卡巴拉揭密》（*Kabbala Denudata*）則為基督卡巴拉神祕家提供猶太卡巴拉文獻的譯文。

卡巴拉在冥想與「實修」（參見第87頁）方面一直有所分別，而後者常關聯到魔法，主要係因實修卡巴拉會運用記號、象徵與文字（特別是與神或天使之名有關者），以與神聖力量互動並影響現實世界，而不是單純把卡巴拉當成深入領會的工具而已。實修卡巴拉神祕家想要藉由儀式與護符，像是冥想生命之樹的意義或是在金屬圓盤刻上某位天使之名，以產生改變。

宇宙解謎

日耳曼耶穌會神父阿思拿希爾斯·基爾旭因其多產的學術研究，常被稱為文藝復興時期的最後一人，而這位受人尊敬的學者之研究範圍含括埃及學、數學、醫學、占星學、數字學以及複雜符碼的解碼工作。由於對解開神祕、奇蹟及偉大宇宙力量之謎團深感興趣，基爾旭主持一項了解古埃及象形符號的調查──這是當時喜愛玄祕事物的人們常見的努力方向──而這個興趣使他將卡巴拉與埃及神話做出關聯。他在玄祕方面的研究對赫密士卡巴拉十分重要，因為他相信世上存在某種遍及一切的智慧，除了能將人類及其所居宇宙統合在一起，也能統整一切知識領域。西方卡巴拉到現在都還在使用他所提出的生命之樹版本呢。

繼續前進

到了17世紀末，人們對於卡巴拉的基督信仰形式之興趣逐漸降低，大多係因同時崛起的現代科學。不過，卡巴拉仍以各種不同面貌繼續下去，包括猶太教的密修形式及特定的祕術法門，而赫密士思想的一些分支也還留有它的影響。

▼ 卡巴拉的基督

這張圖係取自基督卡巴拉神祕家兼赫密士思想家克里斯丁·諾爾·馮·洛森羅斯所著的《卡巴拉揭密》（1677-1684），其顯示「原初之人」（Adam Kadmon）或「巨臉」（The Great Countenance，譯註：這是生命之樹第一輝耀科帖爾的稱號之一）的頭部，許多卡巴拉學家認為它係使用普遍常見的基督形象。

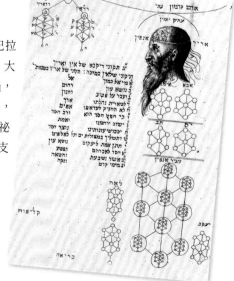

「世界是被隱密之結所縛。」

阿思拿希爾斯·基爾旭，《自然王國的磁性》（*MAGNETICUM NATURAE REGNUM*），1667年

▲ 神聖之觸
這幅17世紀中期的壁畫顯示倡導諸王的神聖權力之法蘭西國王法蘭索瓦一世（Francis I），於1515年到訪波隆那（Bologna）期間為瘰癧患者施予療癒觸碰。

儀式的高階技藝
儀式魔法

儀式魔法是在文藝復興時期獲得推動的力量。儀式魔法與歡慶自然界本有的不可思議之自然魔法相反（參見第144頁），係以一系列的步驟運用特定的行動、儀式與工具，而其目的通常是召喚靈體。因此，即使是同樣的星辰，自然魔法的修習者會專注在星辰本身，而儀式魔法修習者在其祕術修習過程中，會有專注於召喚占星層面的靈性存在之步驟。

官方認可

雖然天主教教會不能容忍任何被其視為威脅到自身威權之非基督信仰儀式或魔法，然而儀式的運用早已嵌入那些被教會與國家雙方都能接受的修習方式，例如基督信仰的神職人員慣常依循的多種儀式。另一種官方認可且等同魔法治療的儀式，則是從「君王具有神聖權柄」之信念發展出來。這個在文藝復興時期持續流傳的信念，認為國王與王后是半神的存在，具有來自上帝的

▶ **天使的禮物**
迪伊聲稱天使烏列爾在1582年給他這顆水晶。據說它裡面會顯現符號或靈體，能協助治療疾病或預測未來。

看見未來

迪伊發展出用於占卜儀式的複雜數字系統，其中以數字7最為關鍵，部分原因係據說上面共有7個行星領域。他與夥伴愛德華·凱利（Edward Kelley），藉由後者擔任靈媒之協助，也有使用觀占的器具，例如鏡子或水晶球（即晶占crystallomancy），以接受天使的教導。

權柄。文藝復興時期有許多君王欣然接受神聖權柄的概念。人們認為國王與王后擁有特殊的力量，因此他們相信若得君王觸碰，或是觸摸君王碰過的錢幣，就能夠治療像是名為瘰癧（scrofula）的淋巴腺疾病——該病的別稱為「王之惡」（the king's evil）。在舉行大規模的儀式時，會安排數百位病患接受君王的療癒之觸。君王之觸的力量被視為奇蹟作為，再加上君王被認為是神在地上的代表，使得這類儀式在呈現時較有宗教的氛圍，比較沒有魔法的感覺——即便它們的真正身分其實並不明確。

與天使對話

奇蹟術（thaumaturgy，其概念即行使奇蹟）是16世紀不列顛數學家兼祕術家約翰·迪伊的事工核心。他也推廣以諾魔法（Enochian magic），係一套運用相互關聯的記號、象徵與數字密碼的儀式操作方式，用於召喚天使靈體（例如大天使加百列及烏列爾）並與其對話以獲得知識。迪伊宣稱自己係藉某習修方式與神聖力量接觸，而該習修方式有部分係基於猶太－基督信仰的杜撰作品《以諾書》（Book of Enoch），其內容敘述諾亞（Noah）的祖先以諾接受上天諸密的教導。另有一套以諾語，係據稱創世時即存在的字母表。據稱迪伊是使用以諾語的字母方陣與天使交談，而天使係以挑選字母構成句子的方式向他表達。他在數份文獻描述自己與天使的交流，其中包括其在1582年的魔法指南《七星祕理》（De Heptarchia Mystica）。

「噢，那引誘令人舒服；
噢，那勸說令人陶醉……」

約翰·迪伊，出自其為歐幾里得的《幾何原本》（*ELEMENTS OF GEOMETRY*）所撰之談論數學的序言，1570年

▶ **最為神聖的桌子**
這張刻有以諾字母的大理石桌是17世紀迪伊的木質聖桌複製品，據說天使用這些字母拼出要給迪伊與凱利的訊息。原本的木桌是迪伊依據天使透過凱利傳達的指示，於1582年製作。

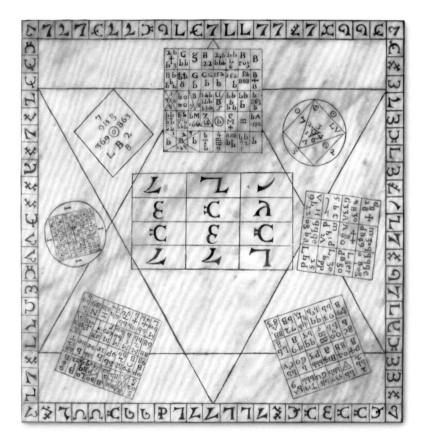

事實小補帖

召魔術與通神術

到了文藝復興時期，諸如阿格里帕之類的作家會將儀式魔法分為兩種類型，即召魔術與通神術。召魔術經常用於指涉惡魔（敵神之力）的召喚，通神術則被認為與良善力量互動的儀式。通神術theurgy一字係源自希臘語「神聖行動」的意思，其使用諸如占窺等魔法操作，來召喚善靈（通常是代表上帝前來的天使）並尋求它們的協助，因此通神術牽涉到人類與神聖事物的結合。然而通神術受到宗教權威人士的批評，他們懷疑這種「人與天使靈體溝通」的概念，並認為它們可能是偽裝的惡魔。

神之印記（*Sigillum dei*）是強力的象徵，據稱它讓使用者能接觸幾乎所有的靈體。

暗黑諸力

天使魔法與惡魔魔法均用到各種不同的儀式操作，也都包括學識、學術的面向。雖然有些儀式魔法所行使的奇事係模仿基督信仰及聖經所載的奇蹟，然而這類歸諸於上帝以外的存在之奇蹟事工，會有被指稱為惡魔魔法的風險。迪伊與凱利的事工也曾被如此譴責至少一次。雖然迪伊在英格蘭與歐洲經常為皇家提供科學、哲學與神祕事物方面的建議，他仍於1555年因包括巫術與召靈在內的指控在不列顛被捕入獄，不過後來被釋放了。

儀式魔法的確有其黑暗之處，分為兩個面向：其一為本質即邪惡的魔法，另一則是習修者宣稱為了馴服、驅逐黑暗力量而用於接觸它們的魔法。

複雜的儀式魔法，例如迪伊所用的那種，會取用數學、煉金術、分析宇宙的方式，以及中東的占星學等知識來創造出用來徵召眾星及宇宙之力的高度複雜儀式、圖案與護符。這類修習方式也會被用於召喚魔鬼或天使，因此好魔法與壞魔法之間的區分通常並不清楚，例如那些接觸惡魔的人們也可以宣稱自己是為了要消滅它們。

所羅門的智慧與罪惡

在文藝復興時期當中，與邪惡魔法有關的儀式形式就是「召魔術」（goetia）（參見上方圖文框）。該詞基本上係指稱用於召喚惡魔的魔法操作方式，特別是那些跟《聖經》時代的以色列王所羅門有關聯的惡魔。

所羅門是猶太信仰、基督信仰及伊斯蘭信仰的重要人物，他的偉大智慧以及建立第一座耶路撒冷聖殿的事蹟都相當有名。他在這三種宗教傳統當中都被賦予魔法屬性，包括操控靈體與惡魔的力量，此外還據說他後來沒把對神的事奉擺在屬世事物之前，所以不再有上天的眷顧。所羅

> 「看啊！吾為汝之力量與
> 存在所帶來的
> 所羅門印記之奧祕！」

《所羅門小鑰》，年代約1600年

門的豐富人物設定，吸引多樣儀式魔法的習修者，而其結果就是發展出以所羅門為特色的魔法形式。

印記與象徵

所羅門魔法儀式通常含括關聯到名為「所羅門之印」（Seal of Solomon）的魔法戒指之象徵，而該戒指據稱是神賜予的禮物，使所羅門王有操控惡魔的力量。一般與所羅門之戒有關聯的象徵形狀

或星形，通常具有五、六或七個邊或角，並用一個圓形圍起來。這些形狀可以在名為五芒星（pentacle）的手工藝品看到，據稱能當成具有保護力量的護符來用，或是具有召喚或驅離靈體的能力。

許多據信由所羅門撰寫或依其智慧寫就的書籍在整個文藝復興時期廣為流傳，其中包括《所羅門小鑰》（*Lesser Key of Solomon*），係17世紀中期作者佚名的魔法書，其內容係指示如何與天使或惡魔的靈體接觸的做法。而此類文獻在當時的流行程度，證明這一儀式魔法派別的確很有魅力。

▶ **宇宙方陣**
魔法方陣護符係運用占星魔法以期使用行星的力量。這個1651年的木星方陣，任何方向相加的數字總和都是34。

Y			
16	3	2	13
5	10	11	8
9	6	7	12
4	15	14	1

▲ **從地獄受召而來**
在這幅15世紀的圖畫中，由貝里亞爾（Belial）為首的五個惡魔出現在所羅門和摩西面前。據說所羅門運用神聖力量影響惡魔，然而某些魔法師會企圖將此種影響用於敗德的目的。

魔法與早期的科學

自然與玄祕哲學

文藝復興時期的歐洲是個大熔爐，人們探索並形塑出迷信、偽科學（pseudoscience）與原科學（protoscience）的早期分別。在這過程中，自然哲學（對於自然界的研究）與玄祕哲學（對於據稱藏於自然的力量之研究）相當重要。在中世紀時期，威廉·德歐凡納（William of Auvergne）主教將自然魔法定義為運用自然界本有之力的魔法。而文藝復興時期的玄祕哲學則算是自然魔法研究的同伴，並在某些方面是其繼承者。這時期的魔法、哲學、科學與宗教互有交疊，而一些自然哲學家也會致力於揭露隱藏在那些看似是奇蹟或超自然現象背後的自然因素。

魔法與自然哲學

自然哲學家研究宇宙力量，其中包括天文學、煉金術及具有生命的事物之面向。他們檢視諸如太陽、月亮、植物及岩石等事物的物理性質，期望藉由建立通用的自然法則來辨識及解釋這些事物。如同義大利哲學家皮科·德拉·米蘭多拉（參見第137頁）在其於1486年的著作《論人之尊嚴的演講》所言：「……魔法有兩種形式。其一全由惡魔的操作與力量所構成……另一種則證實……完全就是對於自然哲學的至高理解。」

將玄祕視為善力

玄祕哲學家所研究的魔法被視為「良善」且較具學術性，相反於藉由奇蹟術與召魔術之儀式召出靈體的儀式魔法（參見第143

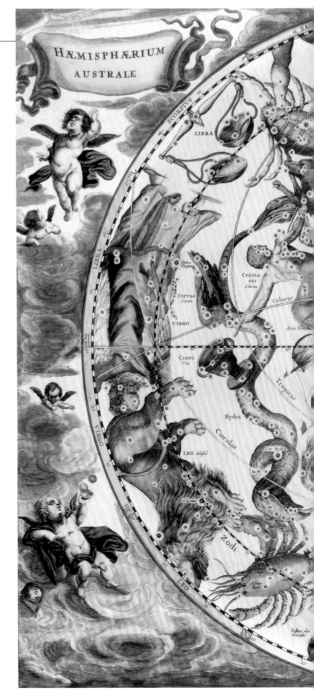

頁）。當時的科學與魔法都有融入基督信仰的概念，例如煉金士會在金屬變成黃金的神祕轉變中看出與基督復活的類似之處。雖然當時的教會不太注意天文學之類的領域，然而若將宗教與其他學問相混，則需要達到很好的平衡，而且也會有被指控為異端思想的風險。雖然如此，如同基督信仰與赫密士思想（參見第134－135頁）的信徒，玄祕哲學家也在尋找那潛藏在神聖自然秩序後面的原則。

▼ 在紋路之間

這幅版畫展示手上與占星符號有關的紋路和區域，係取自阿格里帕在玄祕哲學的重要著作《祕術哲學三書》。這些指南是文藝復興時期掌相（也稱為手相或手相解讀）的基礎。

「在自然魔法是如此，
在神聖事物也同樣如此。」

阿格里帕，《祕術哲學三書》，1530年代

STELLATUM ANTIQUUM.

◀ **繪製宇宙地圖**

這張17世紀的天體地圖係由荷裔的日耳曼製圖師安德烈亞斯・塞拉里歐斯（Andreas Cellarius）繪製。探索未知及天文研究是文藝復興文化的核心，而天文學是自然哲學的重要分支。

背景小知識

底比斯字母表

底比斯字母表在文藝復興時期於祕術界佔有一席之地，而這套書寫系統跟拉丁文字母表有著對等之處。人們通常認為它係源自神祕的（而且有可能是虛構的）中世紀作家底比斯的賀諾里爾斯（Honorius of Thebes）。它係在16世紀約翰尼斯・特里瑟米爾斯（Johannes Trithemius）的《多種密碼寫法》（Polygraphia）首度出現，而阿格里帕將它納入自己的《祕術哲學三書》——儘管後者的年代比《多種密碼寫法》更晚，但它通常被認為是該字母表的首次重要現身之處，而且也的確為其打響名聲。就歷史而言，這個字母表常被用來為魔法的書寫作品內容加密，並在很久之後被威卡信徒採用（見第264-267頁）。

底比斯字母表，取自16世紀博學家約翰尼斯・特里瑟米爾斯的著作《多種密碼寫法》。

懷疑論與玄祕

人們認為富有影響力、曾與基督信仰的權威人士發生衝突的日耳曼玄祕哲學家阿格里帕於1530年的著作，係為最早提出儀式魔法與自然魔法暨自然哲學所結合的諸多學問之間的重大分別者，其標題經翻譯為《論該等技藝及學問的不確定性與虛榮：抨擊性的宣布》（On the Uncertainty and Vanity of the Arts and Sciences: An Invective Declamation）。阿格里帕是個懷疑者，若用哲學的說法，意謂他以探究的精神進行自己的研究，並重新審思所有公認的知識。他廣為推展自然魔法，嘗試將不同的知識脈絡在諸如《祕術哲學三書》（De occulta philosophia libri tres）的著作中統合起來，並且相信神的神性構成包括良善魔法在內的每一事物。米蘭多拉與義大利學者馬爾西利奧・費奇諾也在這種業經赫密士思想影響、樂意

▲ 人類及他們的世界

該圖係由17世紀瑞士藝術家馬特烏斯·梅里安（Matthäus Merian）創作，或是模仿其創作之作品。這個擬人化的景觀若轉至側面來看，就可看出一張人臉。人類與自然界之間的連結對哲學來說很重要，用偽裝的形式來探索哲學寓言則是當時流行的藝術嗜好。

學革命的基礎，然而還是有一些成為祕術歷史的一部分。

真理與空想

就歷史而言，魔法、原科學與偽科學之間有著重疊之處，因為自然哲學家、玄祕哲學家及煉金士都將自己的事工看做是對於宇宙的嚴肅探究。有些人最後至少觸及部分的真理，例如煉金士的願望即是將鉛轉變成黃金，事實上的確有此種可能性（參見148－151頁），然而他們以黃道或天體運行的術語來解釋卻造成誤導。

宗教身為魔法思想（特別是自然魔法的定義）的重要成分，也在偽科學及原科學的故事插上一腳。在對此類思想發揮影響的過程中，宗教也幫忙孕育自然科學的早期發展。

廣泛探究的學術圈裡面，而阿格里帕自己的赫密士理念也激勵其他重要人物，例如裘唐諾·布魯諾（參見第134頁）。

與玄祕哲學家不同的是，自然哲學家係於原科學（即科學的初始形式，例如煉金士的實驗，它們到後來形成近代化學的基礎）取得進展，雖然他們並不一定會將它從魔法及偽科學（即那些聲稱為科學，但以現今主流科學價值觀來看並非如此的資訊）區分出來。他們的工作成果絕大多數都成為後續的啟蒙運動時期及現代科

活在和諧中

帕拉塞爾斯的工作成果清楚指出原科學與偽科學及自然魔法之間的交集。這位身兼煉金士、物理學家、化學家及占星家的瑞士醫師，是醫藥科學與早期化學領域相當重要的人物，然而他具有與玄祕哲學一致的觀點。他從赫密士信仰、卡巴拉及玫瑰十字會汲取資訊，針對人在宇宙的位置進行意義重大的探詢。此類想法常用複雜的寓言來隱藏，而我們可從那時代的藝術作品

> 「魔法能夠經驗和徹底了解
> 人類理智無法觸及的事物。
> 因為魔法是偉大的祕密智慧，
> 如同理智是龐大的公共建物那樣。」

帕拉塞爾斯，《論祕術哲學》（*LIBER DE OCCULTA PHILOSOPHIA*），約16到17世紀

窺見它們，像是擬人化的圖畫（參見左頁）。而左頁圖中形成人臉的地景，是在呼應基督信仰「人反映神的創造」的概念，以及赫密士思想「人係其周遭自然世界的縮影」的概念。

帕拉塞爾斯的研究奠基在觀察、實驗，以及對於不同的物質彼此形成關聯之過程的興趣。他的工作成果可被視為早期以經驗為依據的科學研究之範例，然而他在自己使用的方法當中看見某種特別的魔法。

預言的力量

文藝復興時期的哲學含括許多看似矛盾之預言與理性主義的混合物。最早的科學實驗還在進行的那段時期，係由玄祕哲學家來指導如何預測未來。當時流行的是星占（即藉由觀看天體以尋求智慧），富人會收集星象護符，預測命運的遊戲也在那時出現。這部分跟自然哲學也有交疊之處，例如義大利學者吉安巴蒂斯塔・德拉・波爾塔（Giambattista della Porta）於1603年的著作《天界之相》（*Coelestis Physiogranonia*）就用比較接近自然主義的語彙陳述星占。而其較早於1558年的專題論文《自然魔法》（*Magia naturalis*），則探討自然哲學家如何運用哲學的思考及實際的實驗，來鑽探那由理性的一體性（而非魔法）支撐的自然世界之奧祕。

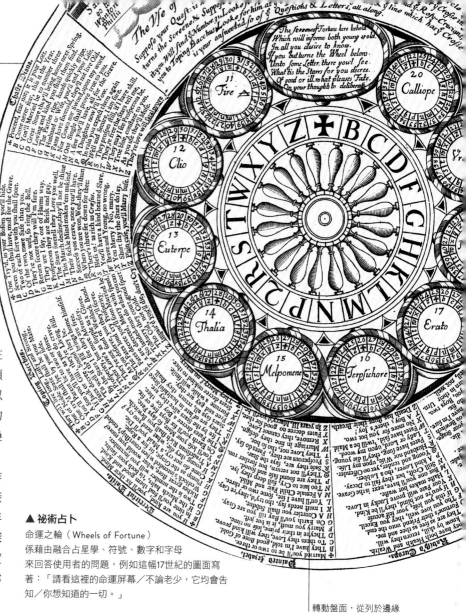

▲ 祕術占卜

命運之輪（Wheels of Fortune）係藉由融合占星學、符號、數字和字母來回答使用者的問題，例如這幅17世紀的圖面寫著：「請看這裡的命運屏幕／不論老少，它均會告知／你想知道的一切。」

轉動盤面，從列於邊緣的結果類別選出一項

艾薩克・牛頓爵士（1642-1727年）

牛頓的本性

英格蘭物理學家暨數學家艾薩克・牛頓爵士，被認為是那始於文藝復興時期並於啟蒙運動期間持續蓬勃發展的科學革命之最為偉大的重要人物之一。不過，他大概比較會認為自己是個自然哲學家。牛頓著迷於宗教及諸如煉金術的實踐作為在促進對於自然世界及其力量的了解之過程。由於相信自己是上帝選來探勘這類真理，他著手煉金術的實驗，還擁有大量的煉金術文獻，包括某份名為《赫密士博物館》（*Musaeum hermeticum*）的著作。該文獻提到「賢者之石」（參見第149頁），另外還有關於煉金術的敘述：「……其祕密也許只有對受神揀選的人才會具現出來。」

幻想或科學？

煉金術的黃金時代

　　煉金術的故事，是魔法與科學對峙的故事、是充滿祕密與象徵的故事，也是為了達至轉變而追尋完美理解的故事。煉金士探索物質的本性，追尋可將賤金屬（例如鉛）轉變為黃金的聖杯，並尋求身體與靈魂的完美。

　　文藝復興時期算是煉金術的黃金時代，習修此道的人們係以那些據稱自古代就已開始的傳統作為立論的根基——其中包括煉金術與赫密士思想（兩者都宣稱赫密士是自己的創始者）之間的連結（參見第134−135、150−151頁）——並在其上增添知識與符號的新層次。他們的工作成果促成早期現代科學與更為玄祕的事物之間的分歧，而這過程也是發生在這段時期。

煉金術與化學

　　文藝復興時代的煉金術也與阿拉伯裔習修者（例如買比爾Geber，參見第150頁）所用的煉金術有所關聯。我們也許可從文藝復興時期時常互換使用的「化學」（chemistry）與「煉金術」（alchemy）二字看出阿拉伯的影響——即這兩字都有相同的「chem」字根，雖然人們對此字根的爭論甚多，然而它也許是從阿拉伯文的「轉變」（kimiya）衍生而來。

　　許多文藝復興時期的煉金士所做的事情，若就我們現代的角度來看，完全可以算是科學的研究，而他們的成果奠定後來諸如化學與醫藥領域的實驗室工作之基礎。然而，許多煉金士在當時被視為江湖騙子，用發財的承諾欺騙人們。到了18世紀早期，現代科學開始興起，「煉金士」一詞逐漸用於指稱追尋那些開始被認為不科學的

◀ **化學的前身**

這幅描繪雙蒸餾器（double still）的圖係取自16世紀德國外科醫生和煉金術士希羅尼穆斯‧布隆施維西（Hieronymus Brunschwig）的蒸餾手冊。這是一本關於化學的先驅著作，其思想有許多係借取自煉金術。

▲ **將易變事物固定下來**

這幅17世紀或18世紀的插圖係根據早期無插圖的1599年文獻《巴系爾‧瓦倫泰的十二鑰》，該著作詳細說明製作賢者之石的12個步驟。圖中的花可能象徵經過純化的貴金屬。

魔法目標（像是創造黃金）之人們。比利時學者揚‧巴普蒂斯塔‧范‧海爾蒙特（Jan Baptista van Helmont）的研究通常被認為可以代表從煉金術到化學的轉移，亦即他的確相信煉金術的法則，但他也堅持只有藉由實驗才能獲得自然的知識。

萬事萬物都得改變

　　轉變與純化——將低賤的事物轉變成更好的事物——均是煉金術的核心概念，也是用於創造那神祕難述的「賢者之石」（Philosopher's Stone）之嘗試做法。人們相信賢者之石能夠做出很不得了的事情，不僅能將賤金屬轉變成貴金屬，還能治療疾病、使人達至永生不死的境界——係藉由相關的「萬應藥」（Universal Panacea）及「長生不老藥」（Elixir of Life）而達成——以及靈魂的純化。而在這些信念的背後，則是「一切事物自然都會致力於達至完美」的古老概念。

祕密與象徵

　　為了要達到自己的目的，煉金士會依循那由多個步驟構成的一系列祕密操作過程，該過程絕大部分滿是跟宗教、自然哲學及常見魔法有關的符號，其中除了有數字的儀式操作與順序，還有我們能從現代科學

▼ **探求賢者之石**

此為《里普利卷軸》（Ripley Scroll），其名稱取自15世紀具有影響力的英格蘭煉金士喬治‧里普利（George Ripley）。裡面的紅綠獅子分別代表硫磺及水銀，是製作賢者之石的兩種主要成分。

背景小知識

古代事物的相似性

煉金術在中世紀因國與國之間的多樣影響而在西方深扎根基，而這些影響還可溯至更早，即中國（參見第51頁）、印度、希臘、拜占庭和穆斯林世界的傳統，它們裡面都出現了煉金術的概念。西方的煉金術在很大程度上係歸功於阿拉伯的思想，其中有許多似是源自那位名為傑柏（Geber）的人物，而這個西方名字係用於指稱兩位煉金士，其一是大約生活在8世紀、傳統上被視為相當重要的阿拉伯煉金士賈比爾，另一則是後來在歐洲的另一位煉金士兼作家。

這幅1584年的印刷圖，係描繪阿拉伯煉金士賈比爾。

認得的一些操作方式（例如蒸餾，參見148頁）。

　　那些用於嘗試創造賢者之石的一系列步驟，也被稱為「偉業」（the Great Work），且每一系列的步驟數量及種類都各有不同，通常會是7步驟——像是16世紀的《日之輝煌》（*Splendor solis*）（參見下方及第152－153頁）——或是12步驟，像是《巴系爾·瓦倫泰的十二鑰》（Twelve Keys of Basil Valentine）。與符號關聯的成套數字都是煉金士密碼世界的一部分，大多以占星學為主。煉金術的材料與操作被認為會與天體的數字、本性及運作有關，而該項學問也會廣泛使用黃道及占星的符號，例如

某個文藝復興時期的煉金系統會有12道「門」（或步驟），並依以下順序關聯到黃道十二星座：鍛燒（Calcination）屬牡羊座；凝結（Congelation）為金牛座；固著（Fixation）屬雙子座；溶解（Dissolution）為巨蟹座；消化（Digestion）屬獅子座；蒸餾（Distillation）為處女座；昇華（Sublimation）屬天秤座；分離（Separation）屬天蠍座；滴融（Ceration）為射手座；發酵（Fermentation）屬摩羯座；繁殖（Multiplication）屬水瓶座；而投射（Projection）為雙魚座。

色彩的進程

　　追求賢者之石的西方煉金士會希望自己的實驗流程能產生特定的色彩順序。這順序共有四個階段（雖然有些文獻提到比這更多的階段數量），該順序開始的第一階段為「黑」（Nigredo）、第二階段為「白」（Albedo）、第三階段為「黃」（Citrinitas）（一般不常提及這階段），最後的第四階段為「紅」（Rubedo），紫色或偏紅色彩的呈現即是抵達該階段的辨識特徵，代表成功創造出「紅色石頭」。

　　煉金術的文獻所用的象徵會緊密關聯到上述的色彩進程，因此烏鴉也許象徵「黑」的階段，而將炫目尾羽展開的孔雀（參見第153頁），也許是用來象徵某個預期產生多種炫目色彩的階段。

如其上、同其下

　　赫密士思想的概念（參見第134－135頁）也深深影響文藝復興時期的煉金士，特別是名為《翠綠石板》（Emerald Tablet; Smaragdine Tablet）

▶ **重生**

煉金術裡面遍布再生和復活的概念。在這幅取自16世紀的《日之輝煌》的圖像中，頭戴王冠的天使將一塊布遞給那剛從潮濕沼澤中起身的人。這人的黑色和紅色反映煉金過程當中的兩個階段。

的文獻所呈現的那些概念。《翠綠石板》的作者在傳統上被認為是傳奇人物「三倍無上偉大的赫密士」，然就現在來看，這文獻應是源自阿拉伯，年份應在6到8世紀。它為煉金士啟發靈感，而其謎樣內容被認為含有煉金術的祕密以及赫密士思想在達成個人與宇宙之間的平衡之概念。它還影響到文藝復興時期相當著名的人物，像是約翰·迪伊、艾薩克·牛頓，以及16世紀的醫師兼煉金士帕拉塞爾斯（其對於醫藥的創新貢獻即是

出於此類基於平衡的概念）。

赫密士思想的核心原則——世上存在著某種遍及一切的力量，統合小宇宙與大宇宙——通常會以「如其上、同其下」（As above, so below）來表示，係為《翠綠石板》部分內容的摘要：「『下』會對應到『上』，而『上』對應到『下』，之所以如此，係為完成『一』的眾多奇蹟。」對於煉金士而言，那個「一」就是指他們的終極目標——賢者之石。

▲ 具有隱義的雕刻文字

煉金士海因里希·昆哈特（Heinrich Khunrath）在1609年的《永恆智慧的圓形劇場》（*Amphitheatrum sapientiae aeternae*）納入了對於《翠綠石板》的想像，據稱該綠色石板上面的文字係由「三倍無上偉大的赫密士」所刻。

「……藉由經驗老到的煉金士以烏黑煤炭生起的火，可以將最渣最廢的礦石裡面的金屬轉變成——或至少會有機會轉變成——完美的黃金……」

約翰·米爾頓（JOHN MILTON），《失樂園》（*PARADISE LOST*）〈第五書〉（BOOK V），1667年

16世紀的《日之輝煌》第12—18件整版插圖，可能係由多位藝術家所創，然他們的名字沒有流傳下來。

煉金術在藝術的呈現

　　藝術與煉金術是文藝復興時期兩種令人全心投入的重要活動，而它們在這時期也常一起呈現。煉金術對藝術家而言是個寶貝——具有多采多姿、令人興奮的魔法主題，而且裡面滿是奇異的象徵（像是龍與高貴的禽鳥）。各式各樣的煉金術符號都被呈現在文藝復興時期的繪畫當中，從學術性、寓言式的圖畫到描述日常生活的圖畫都有。

　　這裡顯示的細緻且具象徵意義的畫作，係取自16世紀的《日之輝煌》，它是裝飾華麗、裡面滿是色彩與金色的煉金術手抄本。該文獻據信係由著名（其名聲非常有可能係屬虛構）的文藝復興時期煉金士撒羅門・特里斯莫辛（Salomon Trismosin）所著，而人們仍在爭論到底是誰繪出這些圖畫的藝術家（們）。

　　《日之輝煌》詳細描述某位煉金士追尋珍貴的賢者之石的種種冒險。煉金術重視反覆出現的數字，特別是數字7，而這裡顯示的圖將7位在占星方面的主要神祇——我們可以看到祂們位在每張圖的上方——關聯到煉金術的七項主要步驟。而這裡描述的宇宙神祇有薩圖恩（即土星，上排最左邊）、朱比特（即木星，上左）、瑪爾斯（即火星，中左）、太陽（下左）、墨丘利（即水星，中央）、維納斯（即金星，上右），以及月亮（下右）。圖中每個燒瓶都含有煉金術操作各階段的典型象徵：孔雀代表產生多色的階段、中央的白王后與下右的紅國王則是象徵那些需要結合在一起的面向，以產生煉金士的目標——「完美」。

「藉此，我將三種金屬染為純金……」

撒羅門・特里斯莫辛（據稱），《日之輝煌》，16世紀

玫瑰十字的祕密

玫瑰十字會

被稱為「玫瑰十字會」（Rosicrucianism）的祕密運動係從17世紀早期開始，名稱取自其標誌，即放在十字架上的一朵玫瑰。玫瑰十字會的會員聲稱他們的信徒已經得到隱藏的神祕知識，能夠提供用於徹底改換社會的關鍵——這樣的宣稱引出人們對這運動有著熱烈的猜測。玫瑰十字會也促成相關團體的成立，而這些團體也持續數百年之久。

混亂與變革

歐洲在爆發三十年之戰的1618年之前延續數十年的動盪不安，使許多人轉向接受千禧年主義（millenarianism），即相信社會將迎來一場戲劇化的轉變。自宗教改革以來，歐洲大陸飽受宗教戰爭的蹂躪，對未來感到恐懼的人們緊緊抓住

17世紀英格蘭占星家兼醫生羅伯特·弗拉德對玫瑰十字會深感興趣，並在自己1629年的著作《至善》（*The Highest Good*）的標題頁複製對應的玫瑰十字符號。

諸如日耳曼醫師兼祕術家柯奈流士·阿格里帕與瑞士煉金士帕拉塞爾斯等學者的靈性觀點。

而在如此緊張的氛圍中，三份於1614－1616年間在日耳曼發表的宣言引起軒然大波。第一份宣言——〈玫瑰十字兄弟會的名望〉（*Fama Fraternitatis der Rosenkreuzer*）——據稱係敘述日耳曼修士克里斯提恩·洛森庫魯斯（Christian Rosenkreuz，其姓氏直譯即是玫瑰十字，參見本頁左下的圖文框）及其成立的兄弟會之故事。而後續的〈玫瑰十字兄弟會的聲明〉（*Confessio Fraternitatis*）及〈克里斯提恩·洛森庫魯斯的化學婚禮〉（*Chymical Wedding of Christian Rosenkreuz*），係基於〈玫瑰十字兄弟會的名望〉關於某個神祕魔法社團的故事，並加入關於卡巴拉、闡釋學（hermeneutic）著作、煉金術及其他無名祕儀資訊來源的參考資料，為的是吸引那些認為新舊知識能被結合在一起為這世界帶來靈性啟蒙的人們。

男人的兄弟會

玫瑰十字會的宣言提到某群幾世紀以來持續傳遞知識、成員經過揀選的兄弟（男性）團體，但是無人知道這些宣言的作者是誰。後續一些線索則指出，這些宣言至少有部分係由日耳曼神學家約翰·瓦倫丁·安德烈亞（Johann

---

克里斯提恩·洛森庫魯斯（約1378－1484年）

傳說中的創始者

〈玫瑰十字兄弟會的名望〉聲稱日耳曼修士克里斯提恩·洛森庫魯斯曾前往聖地朝聖，並在阿拉伯和摩洛哥學習神祕技藝與卡巴拉。洛森庫魯斯在1403年返回之後成立一個致力於療癒病患及傳遞奧祕的兄弟會。據說他於1484年去世，享年106歲，而他的墳墓在1604年被發現時，明顯是被一盞永燃不滅的燈照著，這促使玫瑰十字會信徒公開那三份宣言並宣告社群的存在。

「哲學家之山」（Mons philosophorum）是洛森庫魯斯的墳墓，並由一頭獅子守護。

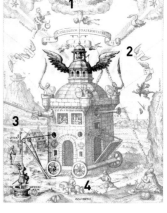

重點

1 東方係以拉丁文Oriens標示。

2 翅膀協助將城堡提升到智慧和明悟的高度。

3 這個人使用槓桿將城堡向上拉離俗世。

4 西方係以拉丁文Occidens標示。

◀ **東方奧祕**
這幅插圖出自日耳曼煉金士丹尼爾・莫荷林（Daniel Mögling）於1618年的著作《玫瑰十字的智慧之鏡》（*Mirror of the Wisdom of the Rosy Cross*），展示從東方出現的智慧和知識，降臨到屬於玫瑰十字會的城堡。

Valentin Andreae）所撰。他公開抨擊玫瑰十字會員、將其文獻視為某種惡作劇而不予理會，然而他的確在個人著作中承認〈克里斯提恩・洛森庫魯斯的化學婚禮〉係由自己撰擬，只是那份個人著作直到1799年，亦即安德烈亞過世已近150年之後，才出版問世。

　　儘管作者身分未明，〈玫瑰十字兄弟會的名望〉於問三年內再版七次。到了1623年，以玫瑰十字會為主題的出版品已達400本左右，而且在那年有兩份張貼於巴黎的玫瑰十字會海報，稱

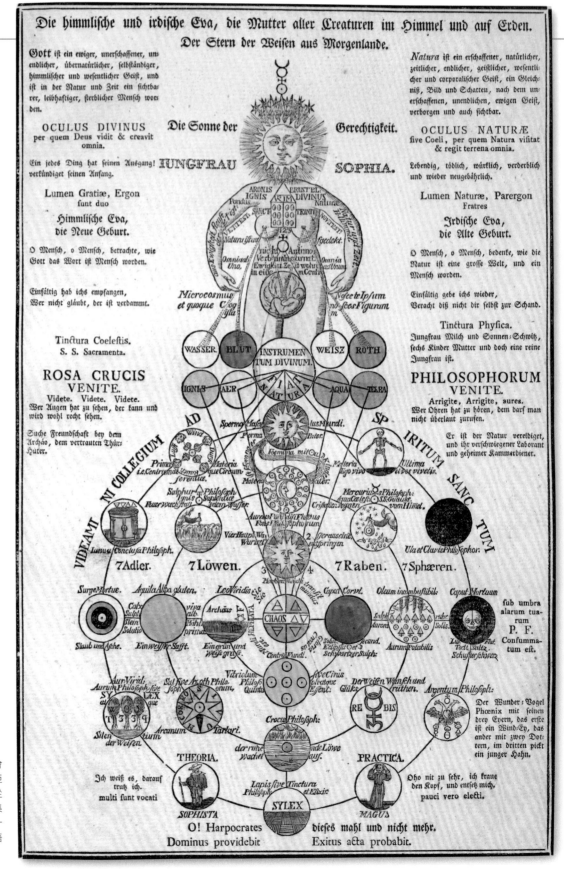

▶智慧之圖

這幅取自1785年玫瑰十字會
手稿的插圖，裡面的蘇菲亞
（Sophia，即智慧）形象從
煉金術符號交織而成的密集
網路中升起。這表示玫瑰十
字會的相關符號所構成的語
言已經變得如此複雜。

玫瑰十字兄弟會已來拜訪這座城市，使得大家紛紛猜測他們的落腳之處。許多重要的知識分子都對這團體感興趣，例如法蘭西數學家勒內·笛卡兒（René Descartes），他離開日耳曼到法蘭西尋找玫瑰十字會的專家。而人們也持續地追尋這些難以捉摸的玫瑰十字會員。

不過，自1618年以來，戰爭逐漸蔓延整個歐洲，減退人們對該兄弟會的熱情，甚至有一份玫瑰十字會的傳單稱弟兄們已經「遷往東方」。

復甦玫瑰十字會的奧祕

玫瑰十字會認為這個世界能藉由神祕知識的應用而改革，然而這個樂觀論點在啟蒙運動時期不再具有強大的吸引力，因為該運動自17世紀後期開始提倡使用現代科學達到同樣的目標。不過日耳曼地區仍然有人相信煉金術與卡巴拉的力量，來自該地區西利西亞（Silesia）的新教牧師撒母耳·芮克特（Samuel Richter）則於1710年發表一篇談論「金色玫瑰十字會」的短文。他在文中描述某個由「皇帝」（Imperator）領導的兄弟會，每個弟兄都持有煉金術的終極目標「賢者之石」（參見第148－151頁）的一部分。

新興的玫瑰十字會組織開始蓬勃發展，並成為具有複雜信念系統及正規儀式的祕密會社組織。在這些儀式中，會有一張桌子，上面擺著一座點有七支蠟燭的燭架，而資深會員則坐在桌旁，聆聽面前的準入門者對於35個教義問題的回答。該組織共有九個級次，從「初級生」（Junior）、「理論家」（Theoreticus）一直往上到「大師」（Magister）、「魔法師」（Magus），每一級次都能接觸到玫瑰十字會在更高層次的祕密知識，其中包括將低賤物質轉變成黃金的方式。對於這些新玫瑰十字會信徒而言，煉金術的改變不再是字面之意，而是用來指稱朝向更為靈性層面的轉變。

玫瑰十字會的思想逐漸被類似的祕密社團吸收，其中包括美生會（Freemasonry，舊譯共濟會），然而其理念對其他一些組織產生衝突，例如光明會（Illuminati）就拒絕玫瑰十字會在煉金術方面的修習方式。到了19世紀，人們對於玄祕事物的興趣再度復甦，為玫瑰十字會運動注入新的推動力量。那時成立了數個新的組織，其中包括位於美國的會社組織，像是1909年於西雅圖成立的玫瑰十字協會（Rosicrucian Fellowship），以及1915年於紐約成立的「玫瑰十字古祕團」（Ancient and Mystical Order Rosae Crucis, AMORC）。這兩個組織至今依然存在，接受成年男女入會。

▲ **路德教會的可能關聯**

新教改革者馬丁·路德（Martin Luther）的印章（放在玫瑰上面的十字架）與玫瑰十字會的印章有著相似的外觀，使得有些人猜測這兩者之間的關聯。

背景小知識

想像理想的社會

英格蘭律師湯瑪斯·摩爾（Thomas More）的《烏托邦》（Uto-pia）於1516年出版之後，描繪理想化社會的敘事小說開始流行，例如英格蘭哲學家法蘭西斯·貝肯（Francis Bacon）在1627年的《新亞特蘭提斯》（New Atlantis）提倡社會應由科學專家統治。許多跟玫瑰十字會沾上邊的人也紛紛仿效，像是著有《克里斯提安波利斯》（Christianopolis）的玫瑰十字會作家約翰·瓦倫丁·安德烈亞，設想出某個位於印度洋迦斐撒拉瑪島（the island of Caphar Salama）的理想社群。他所設想的改革社會將以個人虔誠、教育改革（年輕人應從六歲起在寄宿學校學習數學和文法），還有透過科學研究來改善居民的生活為根本原則。

克里斯提安波利斯：約翰·瓦倫丁·安德烈亞在其1619年的著作中，對於自己心目中的理想城市應有的秩序及常見建築著墨甚多。

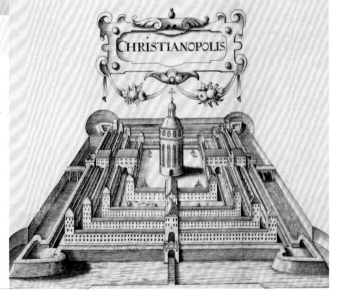

凝望諸星

西方占星學

▲ 皇室贊助
天文學家喬凡尼‧畢安吉尼（Giovanni Bianchini，圖中跪者）向神聖羅馬帝國皇帝腓特烈三世（Frederick III）展示自己的《天文表》（Tabulae Astronomiae）。這本著作首次於1442年編纂，提供比以往更準確的行星和恆星位置測量結果，對占星家來說是非常寶貴的資料。

源自巴比倫的占星學，相信眾恆星、諸行星的移動會影響人類的生活及地上的事件。文藝復興時期的歐洲，古代文獻的翻譯使得人們對占星學更加有興趣，而在此時也興起一門新的學問——天文學，即對於宇宙及處在太空中的物體進行無涉人類的科學研究，當時它們常被認為是彼此互補的學問。

西元1世紀的希臘－羅馬人托勒密（Ptolemy）以《占星四書》（*Tetrabiblos*）提出他的占星系統，即所謂的托勒密系統（Ptolemaic system）。該系統為文藝復興時期的占星師所用，像是義大利的盧卡‧高里科（Luca Gaurico），他在1552年的著作《占星專論》（*Tractatus Astrologicus*）發表重要人物的出生星盤。占星師也得到了贊助，像是教皇良十世（Pope Leo X）及女王伊莉莎白一世都是贊助者，伊莉莎白一世也聘用博學多聞的約翰‧迪伊，而他會建議舉行加冕儀式的最佳日期。

占星學的起落

文藝復興時期的占星學也對其他的學問造成影響。人本主義者馬爾西利奧‧費奇諾在其著作《生命三書》（*De triplici vita*）表示，人在身體與靈性層面的平衡能藉由天體的秩序予以協調。丹麥的天文學家第谷‧布拉赫（Tycho Brahe）也相信占星學，因此當他在1572年觀察到一顆「新星」（其實是一顆超新星）時，就根據人類會有的事件而將該現象解讀為戰爭與饑荒的徵兆。與他同期的占星師，則運用天文學家新製之更為精準的天體測量來優化自己的系統。

西元1647年，英國占星師威廉‧立利（William Lilly）在其著作《基督占星學》（*Christian Astrology*）提出星體與世間事物的諸多對應，例如木星跟謙遜、正義、白淨膚色、丁香、梨子、大象、獨角獸及數字3有關。即使如此，當時的占星學正逐漸沒落。1586年的某項教宗文告，禁止魔法修習與占星術，而17世紀的科學家也越來越不想與魔法還有解讀眾星沾上邊。

▶ 由木星指引的商人
在占星學當中，眾行星各自管控生命的特定領域，而克里斯多福‧德普雷迪斯（Christoforo de Predis）的《天球》（*De Sphaera*，約1450-60）則指出木星對於麵包師、穀物商人和魚販有良好的影響。

背景小知識

新科學

啟蒙運動削弱占星在科學上的根基。雖然身為勤勉的煉金士，艾薩克‧牛頓爵士還是構築出重力理論，並將個人學術觀點從托勒密宇宙學（即地球是靜止的，而且位於宇宙的中心）轉向以科學為依據的世界觀。占星學的概念，即眾恆星、諸行星及地上人事之間有著可供預測的關係，被「宇宙係按照固定的科學律法來運行」的信念所取代。

這幅插圖係來自彼得魯斯‧阿皮亞努斯（Peter Apian）的1540年《皇帝天文學》（*Astronomicum Caesareum*），係屬托勒密占星學的著作。

> 「最為睿智的王子，
> 您對於占星術能賜予
> 人們多少好處並不陌生。」

喬凡尼‧畢安吉尼，《天文表》，15世紀

▲ 凱爾特歐甘棒（ogham staves）上面刻有歐甘符號（這些早期的愛爾蘭字母以一條實線連結在一起）。一套有26根短棒，其中25根有符號，另一根為空白。在占卜時，就從袋子中隨機抽出三根來看。

▶ 靈擺（pendulums）係用於名為擺占（pallomancy）的古老占卜方式。使用者須預先確立擺錘擺動方向的意義。常見的用法是，詢問者提出某個問題，並由靈擺的擺動方式得出「是」或「否」的答案。

▲ 星骰（Astrodice）是三個以拋擲結果用於占卜解讀的骰子──一顆代表黃道十二星座（上左），一顆代表太陽、月亮和眾行星（上右），還有一顆有數字1至12的骰子則代表黃道十二宮位。

其閃亮表面會反光，有助於占卜者看到異象

水晶球據稱可向那些知道如何「窺見」或看進它的人們揭露未來的祕密或異象。水晶球用於占卜的歷史已有數千年之久，並吸引伊莉莎白時代的煉金士約翰・迪伊等著名的魔法修習者。

▲ 梅爾卡巴（Merkaba）是神聖能量的象徵：mer、ka、ba在希伯來文意謂光、靈及身體。它的外形為八角星狀（兩個融合在一起的金字塔）。若用於占卜，使用者會把梅爾卡巴當成靈擺來用，或是在某個框架裡面將它旋動。

▲ 易經牌卡係對於中國古代同名文獻（見第52－53頁）的現代詮釋方式。牌卡左下角圓圈裡面的圖案，係複製易經原本用於占卜的蓍草莖幹。

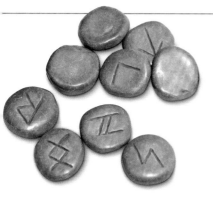

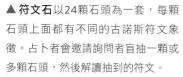

▲ **符文石**以24顆石頭為一套，每顆石頭上面都有不同的古諾斯符文象徵。占卜者會邀請詢問者盲抽一顆或多顆石頭，然後解讀抽到的符文。

▲ **擲骰子**是一種稱為骨骰占（astrag-alomancy）的古老占卜方法，因為骰子最初是由綿羊和山羊的指關節骨或其他小骨頭製成。其占卜技藝係在解讀骰子落定之後呈現的數字。

▲ **探測棒**（**dowsing rod**）能回應探測者的手具有的潛意識動作而轉動，故可指出隱於地下的水脈或礦藏。早期的探測者係運用樹枝來做，但現在他們最喜歡用兩根∟形棒進行探測。

▲ **茶葉解讀**（**tasseography**）的歷史可溯至人們開始喝茶的時候，但現在依然流行。占卜者在解讀時會去詮釋留在杯底的茶葉圖案。

▲ **靈應板**（**通常稱為Ouija board**）據說能夠拼湊出死者之靈所給予的訊息，（用於指示的）乩板在過程中看似會神祕地移動到不同的字母，但實際上它的動作係因參與者的潛意識動作所致。（請參考第230頁）

▲ **窺鏡**（**scrying mirror**）具有悠久的歷史，至今仍被當成通靈工具用於召請靈體，以期它們能為過去、未來，甚至是當前其他地方所發生的事件提供洞見。

占卜工具

占卜即是從模式與徵象找出其所暗示的未來之解讀過程，是世上最古老也最為廣傳的祕術修習形式之一。許多占卜方法到現在仍然受到歡迎，並為符合現代需求而被重新改造或賦予新的觀點，特別是新時代運動的支持者所使用的那些占卜方法。不同的文化會選擇不一樣的象徵進行解讀，而學者已經確認出從塵占（abacomancy）到秤占（zygomancy）的多種占法（manteia）。

預測的力量
曆書與曆法

在16、17世紀期間，曆書比占星方面的學術書籍還要來得普遍許多。那時的曆書比較像現代的日誌，含有日常實務所需資訊，除了必定會有的教會節日、慶典及市集的日子之外，還會有比較明確的天文資訊及日出日落的時間。在實務資訊之後，會接著提出關於氣候、農作物及政治的占星預測。雖然曆書的根源可以溯自西元前1世紀巴比倫的徵兆泥板，然而只有在印刷術的發明之後，曆書才得以廣傳，因為可以快速且便宜地生產及散布。

發明活字印刷術的約翰尼斯·古騰堡（Johannes Gutenberg），係於1448年出版第一本用印刷術製成的曆書。當時的曆書係出自義大利占星師威廉·帕倫（William Parron），很快傳遍法蘭西與日耳曼，並在1490年代傳至英國。到了17世紀早期，曆書已經傳到北美洲的英國殖民地，那時的曆書係由哈佛大學協辦，且於1639年出版的《新英格蘭專用曆書》（An Almanac for New England）。

曆書的流行

曆書在當時受到廣大的歡迎，光是英格蘭一地，在1664到1666年之間就賣出大約一百萬本。從15世紀後期開始在法蘭西出版的《牧羊人之曆》（*The Shepherd's Calendars*），其目標客群是平民百姓，然而它們的預測部分相當受到歡迎，除了貴族會買之外，連法蘭西國王法蘭朗索瓦一世（François I）的圖書館也會設法入手一本。曆書也會提及層次更高的事情，特別是對於世界末日日期的預測。這些預測會在社會動盪時蓬勃發展，因為可以用占星的預測來包裝

▲ **符文的提醒**
這本16世紀的挪威木製年鑑是用諾斯人的傳統書寫文字系統──也就是符文──所撰。它包括一系列的宗教假日、聖人節日，及農曆裡面諸如立冬之類的重要日子。

▶ **農事建議**
這本16世紀的英格蘭年鑑含有聖人的節日及黃道的眾星座（此處為天秤座與天蠍座）對農事和農村生活的影響預測。

不祥的預報

1474年，日耳曼數學家兼天文學家約翰尼斯‧穆勒（Johannes Müller）出版《星曆》（*Ephemerides*），即天體的位置表。在他去世之後，據稱在其文獻中發現了一段預言，預報1588年的災難。占星家將穆勒的預測與自己對於1583年將出現的土星及木星罕見合相之恐懼串聯起來。不過，儘管引起廣泛的恐慌和猜測，穆勒預測的災難並沒有發生。

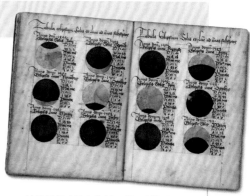

這份月相表取自約翰尼斯‧穆勒所著《星曆》，而他的名號「王山」（Regiomontanus）比本名更廣為人知。

政治方面的抨擊性言論。威廉‧立利的《梅林的英人曆書》（*Merlini Anglicus Ephemeris*）在英國內戰（English Civil War）期間廣為流傳（他的第一本曆書係於1645年戰爭中期出版）。立利因此變得十分有名，以致他在1666年倫敦大火之後被逮捕——畢竟雖然他預測到大火災，卻被人們懷疑那場大火是他本人引發的。

諾斯特拉達穆斯

占星界還有更加有名的人物，那就是法蘭西醫師兼占星師米歇爾‧德‧諾特雷達姆（Michel de Notredame），或稱諾斯特拉達穆斯（Nostradamus）。他從1550年起開始推出年曆，而他身為先知的名聲則在1559年成功預測國王亨利二世因長矛比武意外而死之後一飛沖天。《預言集》（*The Prophecies*）收錄他的眾多預測，其內容係以晦澀的四行詩寫就以隱藏真正的意思。有些人認為這些詩句已經預示從18世紀末法國大革命到2001年美國911恐攻之間的種種事件。

17世紀期間，附有更精準的天文資訊之純粹科學年曆，吸引同樣具有科學頭腦的買家。而市場上與之相對且仍繼續流通的是通俗、民俗年曆，像是從1764年開始出版的《老摩爾年曆》（Old Moore's Almanac），它到21世紀還是每年會出一本呢。

▼ **對於未來的紀事**

這張標題頁係源自諾斯特拉達穆斯的《預言集》，而列在該頁後面的多項預測即使到此世紀還是有人相信。

這是約翰涅斯・希歐多魯斯・德布萊（Johannes Theodorus de Bry）於1620年出版的《魔法曆》（*Magical Calendar*）

連結一切知識
之鑰

　　魔法書的由來甚久，可以溯自古美索不達米亞的徵兆泥板（參見第19頁）以及希臘魔法莎草紙（參見第32頁），並一直延續到整個中世紀時期。它們的存在表露人們想為神祕知識製作實體紀錄之欲望。到了文藝復興時期，印刷術的出現使得記錄這些知識的魔法指南，或稱「魔法書」（grimoire），得以大量生產及廣泛傳布，只不過魔法書一詞要到18世紀才廣為使用。這些書冊的形式可以是莊嚴華美的皮革精裝或是潦草裝訂的小冊，然而其內的祕術知識使它們本身有種很接近魔法的質地。

　　最為流行的魔法書，其名聲係因與知名學者的關聯而暴漲──但大部分是假的。例如，據稱係由13世紀義大利學者阿巴諾的彼得（Pietro d'Abano）所著的《論七日》（Heptameron），其實在1559年才首度出版；而《祕術哲學第四冊》（the Fourth Book of Occult Philosophy，也是1559年出版）亦假稱為當時已去世24年的祕術哲學家柯奈流士·阿格里帕之著作。流傳最廣的《所羅門之鑰》（Key of Solomon）是從14世紀開始流通，內含大量法術與咒語，據稱由聖經時代的所羅門王所撰，而依宗教裁判所的審判紀錄來看，它在文藝復興時期的西班牙及義大利看似特別流行。

「這本書講述……
如何喚出靈體……
使壽命延長三百年。」

菲利浦·荷馬吉爾斯（PHILIPP HOMAGIUS），
寫在《阿爾巴泰爾》（ARBATEL，1575）某一1617年複本上面的註記

對於各地象徵的誤解

殖民帶來的衝擊

原住民信仰原本十分蓬勃發展的美洲、非洲與亞洲，在15世紀歐洲人湧進之後出現文化的衝擊。殖民者經常將傳統宗教及其儀式一概稱為魔法及惡魔崇拜，並迫害這些宗教的修習者。

在非洲的葡萄牙人

1483年，葡萄牙探險家迪歐哥‧亢午（Diogo Cão）進入剛果王國（位於現代安哥拉的北方），發現那裡的宗教信仰跟基督信仰差異甚大。亢午及隨隊的基督信仰傳教士，將非洲人認為內有靈體居住或附身的物件「恩契希」（nkisi，參見對頁）稱為靈物（feitiço），轉成英文就是fetish，於是靈物（fetish）一詞變成非洲魔法藝品的通稱。

對於複雜的宗教觀點予以過度簡化，是歐洲人應對當地本土靈性思想的招牌模式。剛果的占卜治療師（nganga）據稱能夠保護生者抵禦惡靈且能治療疾病，被當時的歐洲人貼上妖術師的標籤，而他們使用恩契希收聚靈體（bakisi）的做法，則被指控為惡魔崇拜。

西班牙的觀點

在中南美洲，西班牙人遇到的宗教系統是由國家運作的階級制度與公立寺廟。而1524年抵達墨西哥的方濟各會傳教士在聽到以人犧牲獻祭時相當震驚（儘管他們自己的基督信仰觀念有著神子的自我犧牲），亦即中美洲的人們相信眾神已為確保人類的福祉而犧牲自己，所以現在需要血的獻祭作為回報。西班牙人譴責這種公開獻祭，稱這是偶像崇拜，係基於占卜與靈體巫術（brujería）的個體信念。

傳教士最關心的是當地的魔法修習者，像是據說能變身成美洲獅或美洲豹的變形者（nahualli），以及據說能夠吐火的死靈法師（tlahuipochin）。然而儘管暴力行使的迫害與控訴不斷發生——像是方濟各會傳教士迪亞哥‧迪‧蘭達（Diego de Landa）在1562年將158名具有嫌疑的馬雅魔法師折磨至死——當地本有的宗

▼ 草藥治療

這張從1552年某位阿茲特克醫生的手抄本中重製的插圖顯示治療心痛的草藥「諾諾奇東」（nonochton），將其花瓣置於水中碾磨並當成果汁飲用。而殖民者常對當地藥物抱持懷疑的態度。

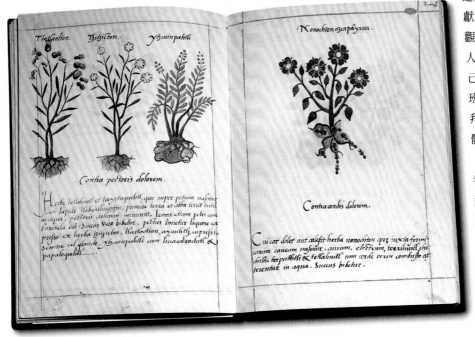

「『變形者』是……巫者，
他在晚上恐嚇人們，並吸吮孩子們的鮮血。」

貝爾納迪諾‧德‧薩哈袞，《新西班牙諸物通史》（*GENERAL HISTORY OF THE THINGS OF NEW SPAIN*），1545－1590年

▲ 狂熱者的縱火

這張取自《特拉斯卡拉歷史》（*Historia de Tlaxcala*）的插圖顯示西班牙修道士燒毀某間阿茲特克神廟。對於惡魔逃離烈焰的描繪則突顯西班牙人的觀點，即他們認為當地廟宇是惡魔崇拜的中心。

教習俗仍然持續下去。當地人仍繼續向占卜師（*tonalpouhque*）尋求建議——因為占卜師能依他們在以260天為一年的聖曆當中的出生日來判斷個人的命運——還會尋求使用致幻物進入靈界的人們或是民俗療者（*curanderos*）的協助。隨著時間過去，天主教的聖人及其形象開始與當地傳統神祇混合，而這樣的崇拜形式延續至今。

北美原住民的習修方式

　　類似的誤解也出現在北美洲，例如歐洲人會把當地的藥人（medicine man）及療者，與那些據稱具有深厚的靈性知識、但選擇將其用於轉變成動物形體來行惡的納瓦霍皮行者（Navajo skin-walker）搞混，任意將他們的所有習修作為貼上黑魔法的標籤。美洲原住民感知到這世上有著靈性的一體性，而在這個一體性裡面，每個生物、植物都擁有各自的靈，但這樣的觀念也被歐洲人誤解，認為當地人只是對著樹木、岩石或動物祈禱而已。

　　對於當地人的誤解在一開始就已發生，即1607年第一個英格蘭殖民詹姆斯鎮地在維吉尼亞

木質的頭部被雕成具有風格的特徵

其身體也許裝有經過占卜治療師充填魔法能量的物質，從而使這物品具有力量

用來當成身體的球狀陶器也是容器

隨附的羽毛裝飾與風、雨、雷、火等天空元素及飛行力量有關

◀ 有靈魂居住

這是來自剛果的「恩契希」小雕像，而西非人相信它可儲存那藉由靈性管道充填的能量，後續如要啟動這能量，就用金屬物（例如釘子）插進去。

The flyer.

▶ 新世界的場景

這幅繪有「印第安召喚師」
（Indian Conjurer）的水彩
畫作者為約翰‧懷特（John
White），他是1587年於洛亞
諾克（Roanoke）建立的第一
個英屬北美殖民地之總督。

地區建立之後不久，其領袖約翰・史密斯（John Smith）即認為那些參加成年禮的波瓦坦人是在獻祭他們的孩子。而有些錯誤判斷會延續至今。

冷凍北方的居民

歐洲人是在16世紀初首度接觸格陵蘭與加拿大北極圈的因紐特人（Inuit），當時派出多個探險家探索西北航道（Northwest Passage），因為據說這條海路可以連通太平洋與大西洋。而因紐特人的嚴苛環境則孕育出相互合作的需求，以及對於「依努阿」（Inua，即控制周遭寒冷環境的靈之力量）的信仰。

因紐特人的靈療者（angakkuq）跟西伯利亞的薩滿很像，他們會以與靈界同在的方式進行冥想，並引導他們的社群進行必要儀式以確保依努阿的眷顧。據信這當中又以取悅海之老母（Old Woman of the Sea、Arnarquagssag，後者係格陵蘭對祂的稱呼）最為緊要，因為海洋生物——像是因紐特人賴以生存的海豹——全是由祂創造出來。據說如果祂生氣的話，就會使海洋生物遠離人，造成人們的飢餓與困苦。

基督信仰的傳教士於1890年代開始向因紐特人傳教，然而他們並沒有充分了解當地居民的世界觀。因紐特人的信仰當中有著用於復仇的生物（例如圖匹拉克tupilaq），係由術師以動物的某些部分或甚至兒童的遺體創造而成，然而當時的傳教士看到這做法即認定為某種巫術。

不列顛的民俗魔法

然而來自歐洲的魔法與當地的魔法則出現一些融合。在不列顛於北美洲的殖民地，有些北美原住民信仰，與海運過來的非洲奴隸之宗教及英國民俗魔法（參見第202－203頁）融合在一起，而天主教對於聖水、蠟燭與聖物的使用，也在新英格蘭地區的清教徒出現對應的當地傳說。例如1691－1692年的巫者審判期間，塞勒姆的牧師塞繆爾・帕里斯（Samuel Parris）之奴隸提圖芭（Tituba）據說用尿做蛋糕，然而這是英國的一種古老民俗療法。而在康乃狄克地區（Connecticut），有位美洲原住民把「兩件比白天還亮的事物……那是印第安人的神祇」送給願意接受建議的殖民者，代表本土宗教依然充滿生機，且願意為樂意傾聽的殖民者提供魔法的解決方法。

▲ 暴力的衝突

此圖描繪1577年馬丁・弗羅比舍（Martin Frobisher）的英格蘭探險隊在巴芬島（Baffin Island）血腥角（Bloody Point）發生水手與當地因紐特人之間的衝突。暴力衝突加深對於當地信仰的誤解，並導致雙方無法信任彼此。

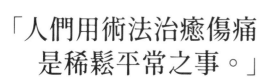

「人們用術法治癒傷痛
是稀鬆平常之事。」

科頓・馬瑟（Cotton Mather），《隱形世界的奇事》
（WONDERS OF THE INVISIBLE WORLD），1693年

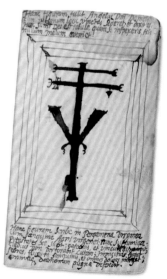

▶ 咒法之書

這本17世紀的書上畫有大主教十字（patriarchal cross），用來保護讀者免受暴力、疾病和惡魔的影響。此書及其內容是新英格蘭殖民地流傳的宗教狂熱及魔法信仰的典型混合物。

舞台上的術法

在文藝復興時期劇院的魔法

▲ 與惡魔對話

這幅17世紀的木刻版畫出自《浮士德博士》，其全名為《浮士德博士的生死悲史》（*The Tragical History of the Life and Death of Doctor Faustus*）。馬羅的這份佳作，描述一位博士為了渴求神祕知識而變成死靈法師，並將自己的靈魂賣給魔鬼。

在文藝復興時期的劇院，魔法則是用來娛樂人們、方便設計情節轉折，並為觀眾映現自身文化的重要部分。劇作家們則探討以戲劇幻象呼應現實人生的方式，還有戲劇本身到底算不算是一種魔法。

喜劇魔法

西班牙作家費南度‧迪‧羅賈斯（Fernando de Rojas）撰寫的喜劇對白《賽琳絲緹娜》（*Celestina*）於1499年出版，其內的重要角色為女術士賽琳絲緹娜，但就當時西班牙宗教裁判所積極迫害它所認為的法術之態度而言，這種貼近當下時事焦點的做法其實相當冒險，然而裁判官們僅是刪除其中幾條反對神職人員的台詞，就讓它通過審查。

占星家—死靈法師—江湖騙子是受歡迎的喜劇角色設定，像1513年義大利「畢比耶那紅衣主教」（Cardinal Bibbiena）的喜劇《卡蘭卓這個人》（*La Calandria*）裡面的魔法師魯孚（Ruffo）角色就是典型的例子。魯孚的表現及其他角色糾結不清的好笑誤會，其中心主題都是幻象與轉變。

到了17世紀中期的法蘭西，相較於古典傳統劇，魔法通常是悲喜劇及巴洛克劇院風格的特徵。在皮耶‧高乃依（Pierre Corneille）所撰的《喜劇幻象》（*L'Illusion comique*）裡面出現的魔法師歐坎德里（Alcandre）角色，相符於該劇精妙的「劇中劇」情節及對於表象的不定性之開創探究。

輕鬆與黑暗

而在文藝復興時期的英格蘭，戲劇魔法係用於喜劇、巧妙發明及輕鬆娛樂節目（light entertainment），也用在較為黑暗的主題。不過劇作家通常會依循當時掌政君王的意向，因此在英王詹姆斯一世的統治期間，他們得迎合他對於反巫術的狂熱。該王於1604年公布嚴厲的《巫術法》（Witchcraft Act），劇作家馬羅（Marlowe）則於同年推出《浮士德博士》（*Doctor Faustus*），其對於玄祕事物的表演會使觀眾嚇到認為自己看見舞台上出現真實的惡魔。

莎士比亞在其戲劇《馬克白》所用的刻板女巫角色，也算是有部分贊同英王詹姆斯對於巫術的看法。然而他對於法術的描述通常相當精妙，例如《仲夏夜之夢》（*A Midsummer Night's Dream*），或是《暴風雨》（*The Tempest*）裡面的魔法師普洛斯佩羅（Prospero）——這角色也許是以現實世界的祕術家約翰‧迪依為藍本呢。

> 「那位術士，他在夜晚勤奮努力工作，使得每一天總會湧現大量的嶄新奇蹟。」

多蘭特（DORANTE）談論魔法師歐坎德里，於高乃依的《喜劇幻象》，1635－1636年

事實小補帖

以愛為名

文藝復興時期的劇院在處理浪漫情愛的諸多主題時，例如征服心愛的對象或將命運多舛的戀人放在一起，經常會用上一點魔法或超自然的事物。這種藝術手法所反映的事實，即是讓人心想事成的民俗法術與魔藥早已成為民間流行的術法。莎士比亞的《仲夏夜之夢》（參見第173頁）裡面的花汁是以現實生活的藥草（例如藍花馬鞭草blue vervain）做成的調製品為藍本。

藍花馬鞭草在過去被用來製作使即將熄滅的愛情重新燃起的愛情藥，或是編成新娘花冠。

重點

1 空中的有翼人像正吹著喇叭，宣告高乃依是悲劇及喜劇撰寫技藝兼備的大師。

2 月桂冠是希臘神祇阿波羅的象徵，表示高乃依是其所在領域的領導者。

3 代表喜劇的人像（右）及代表悲劇的人像（左），位在這位劇作家兩側，而他使用魔法將兩者融合在《喜劇幻象》裡面。

4 面具是象徵戲劇的古老經典符號，也有助於偽裝。在《喜劇幻象》裡面，魔法與錯誤的身分纏在一起。

◀ 幻象大師

這幅版畫係1664年版高乃依劇作全集的卷首圖畫，劇作家就位在圖的中央。這些作品當中包括《喜劇幻象》，係使用魔法召喚其戲劇世界的劇作。

莎士比亞的淘氣仙靈

　　魔法讓莎士比亞能以發人深省的娛樂方式來傳達自己的想法。在其於1595－1596年間所撰的浪漫喜劇《仲夏夜之夢》當中，如同早期許多的中世紀浪漫故事，他用魔法來玩浪漫愛情的主題——它到底是隨機的瘋狂還是某種魔法？是否係由其他世界的力量掌管？超自然的存在是否比凡人更能管控愛情？

　　該劇並陳兩對戀人在其追求快樂的顛簸過程中遇到仙靈國王奧伯隆（Oberon）與王后泰坦妮亞（Titania）的故事，而故事的核心角色係小妖精帕克（Puck，惡作劇的創造者）以及某朵魔法花。不論是人還是仙靈，這朵花的汁液若被擠在熟睡者的眼皮上，就會使他們在睡醒時愛上看到的第一個對象。好笑的混亂接連發生，像是泰坦妮亞迷上名為波頓（Bottom）的織工（參見左圖），那顆驢頭是用魔法固定在他頭上。

　　該劇表現絕大多數舞台動作的地方是充滿仙靈的林地布景，也許是在反映民俗與自然魔法，還有自然界本有的奇妙。帕克這個角色遊走在無害的調皮搗蛋與略帶惡意的作為之間，明顯呈現出那條在好與壞魔法之間不斷變動的界線。中世紀時期的人們常認為小妖精（sprites）與惡魔有關，而當帕克提到那屬於夜晚的「可憎幽靈」（相對那些屬於白晝的仙靈）時，也在表示這樣的關聯。

「但我們是另一種靈。」

奧伯隆在《仲夏夜之夢》說的話

惡魔與現代女巫的誕生

文藝復興時期於歐洲的惡魔學

就文藝復興時期接受過教育的歐洲人而言，其對術法與巫術的看法之核心就是惡魔。此類存在被認為是能夠使用神祕力量的邪惡靈體，不過無法超過上帝所造的自然界之限制。惡魔學（demonology，即針對惡魔的研究）係借取更早以前的文化，包括美索不達米亞人對於惡魔與邪神的信仰（參見第18－21頁）、早期伊斯蘭信仰的精怪（參見第78－81頁），還有古希臘的守護靈（daimon，此字係用於指稱此類靈體的名稱之一）。早期基督信仰的思想家以這些想法當成自身理論的基礎，例如奧古斯丁主張惡魔是存在的，而且能夠進入人的身體。

◀ **進入地獄之嘴**
這幅16世紀的木刻版畫表現出處於地獄入口的路西法和惡魔們。基督信仰傳統則認為路西法原本是墮天使，後來成為撒旦，是上帝的死對頭。

魔鬼的事工

對基督徒來說，魔鬼（the Devil）——另稱撒旦（Satan）、路西法（Lucifer）、巴爾（Baal）或別西卜（Beelzebub）——眾惡魔尊其為王子並提供協助。這位大惡魔是文藝復興時期惡魔學的中心，此一事實除了使針對惡魔的研究深植於基督信仰裡面之外，也鼓動人們向那些據稱行使惡魔魔法者提出異端邪說的指控。法蘭西哲學家兼法學家讓·布丹（Jean Bodin）曾引述某份較早的文獻以解釋務必避免與惡魔立約，以下是他的說法：「……惡魔被判定是上帝與人類的頑強死敵。」

此外，惡魔據稱會屈從於某位聖經人物（即所羅門王）的權柄，這就是所羅門魔法之所以重要的原因，此類魔法會在儀式魔法（參見第143頁）當中召喚神聖力量，用來掌控惡魔。

用名字來認識惡魔

受到基督信仰天使位階制度的影響，文藝復興時期的玄祕文獻在列出眾惡魔的名稱時也會依各自的重要性來排序，此外還載明召喚各惡魔以行使特定法術之細節。此種分類系統有許多不同版本在市面上流通，特別是約於17世紀中期出版的《所羅門小鑰》中〈召魔書〉章節（Ars Goetia）裡面列出72位惡魔。《所羅門小鑰》所列的諸魔名單被認為是根據1563年荷蘭醫師約翰·維耶（Johann Weyer）所著《論諸魔的把戲》（De praestigiis daemonum）裡面的〈惡魔的虛假君王制度〉（Pseudomonarchia daemonum）章節。

▲ **驅趕惡魔**
這幅17世紀法蘭西的雕版畫描繪聖女加利納（St. Catherine）從某個女子身上驅出惡魔，其他有翼惡魔也同時逃離現場。那名被附身的女人，其身體形成十字架的形狀。

◀ **邪惡之箭**
在《天路歷程》（The Pilgrim's Progress，1678－1684年）裡面，英格蘭傳教士約翰·班揚（John Bunyan）將別西卜及其惡魔助手描述成致命的弓箭手，就像這幅取自該著作的19世紀版本之插圖一樣。

▲ 騎得性致高昂
女巫騎山羊是象徵淫蕩妖術
的常見圖案。在這張阿爾
布雷希特・杜勒（Albrecht
Dürer）於16世紀初期的圖
畫中，人物係倒騎山羊，代
表逆反自然的秩序。

「『巫者』是刻意運用惡魔的手段
來完成事情的人。」

讓・布丹，《關於術者的惡魔狂熱》
（*DE LA DEMONOMANIE DES SORCIERS*），1580年代

魔鬼代言者

　　文藝復興時期的神職人員與哲學家
經常稱巫者與惡魔及魔鬼共事，他們有
許多人發表詳細論述巫者本質及其與惡
魔互動方式之指南，然而這方面的意見
各有不同。有人認為惡魔必定是由巫者
控制，另有一些人則認為惡魔也許是巫
者的協助者。

　　就具有影響力的英國清教神職人員威廉・
帕金斯（William Perkins）而言，與惡魔結盟是巫
者的定義之一，所以對他來說巫者全都跟魔鬼勾
結，不會有所謂的「善良」巫者。其主要著作為
1608年發表的《論巫術的受誑技藝》（*Discourse of
the Damned Art of Witchcraft*），在將此類歐洲思想
引進英格蘭及北美洲方面貢獻很大。

惡魔的影響

　　許多書籍都詳細說明那些跟惡魔有關的法
術，而其作者通常會用「邪事」（*maleficium*）
一詞來描述惡意的魔法，像是日耳曼神職人員
海因里希・克萊默（Heinrich Kramer）於1484
年所著的《女巫之錘》（*Malleus Maleficarum*），
以及義大利神父弗朗西斯科・瑪麗亞・瓜宙
（Francesco Maria Guazzo）在1608年的《女巫彙
輯》（*Compendium Maleficarum*）均屬此類作品。
而這兩本著作，以及相信惡魔的存在、堅決反對
法術並親身參與控訴的讓・布丹之作品，均促成
追獵巫者（參見第178－181頁）的行為。然而荷

▶ 製造麻煩
這幅文藝復興時期的日耳曼木刻版畫展示兩名女巫用蛇與雞
煮出一道法術。在版畫作者的時代，使用火和釜的女巫是常
見的圖案。

蘭醫師約翰・維耶在1563年的《論諸魔的把戲》
則採取反迫害的立場，反對傳統的反巫教條，因
為他認為巫術係源自妄想或精神方面的不穩定。

現代女巫的出現

　　現代歐洲將巫者視為與惡魔有所牽連的女
性之概念，是在文藝復興時期得到強化，而且絕
大多數的巫者審判都是針對女性。貧窮且常為單
身的女性容易受到那些想為自身不幸尋找超自然
理由的鄰居之指控。女性也被認為比較容易受到
惡魔的影響。帕金斯在《論巫術的受誑技藝》宣
稱：「由於女人是比較軟弱的性別……會比男人
更容易被魔鬼的幻象糾纏。」而這樣的想法以及
「邪惡女巫」的形象延續好幾世紀。

▶ 女巫的安息日
這是身為佛拉蒙人（Flemish）的藝術家弗蘭斯・弗蘭肯二
世（Frans Francken II）所繪的〈眾女巫的聚會〉（*Witches'
Sabbath*，1606），表現女巫們的夜間聚會。當時流傳參加
這種聚會的女巫人數達數千名的聳動故事。

恐怖的刑罰

巫者審判

　　從14世紀到18世紀，在歐洲與北美州因巫術的罪名而被處死者約有五萬人，女性約占五分之四。而最極端的肅清則發生在16世紀晚期及17世紀早期的歐洲。

　　神學教授約翰涅斯・尼德（Johannes Nider）在其人生最後幾年，即1436－1438年，撰寫他的第五本談論巫術的著作《蟻群》（Formicarius）。他寫道「有非常多的巫者相當憎恨人性，男女皆有，他們會採用肖似各種野獸——特別是那些會吃食人類孩童者——的外觀」，然後繼續描述那些跟殺害孩童有關的軼聞。這著作到後來被納入《女巫之錘》於1486年出版，後者則讓法院得以引經據典，對巫術的指控採取更加強硬的立場。而隨著新教改革運動從1540年代開始橫掃北歐地區，使得那些原被一直容忍的地方習俗被抹黑為巫術，為迫害者的狂熱火上添油。

迫害的模式

　　從16世紀下半開始，一系列用來對付巫術的法案通過，包括1562年及1604年於英格蘭頒布的《巫術法》，使得巫者審判的案子大量出現。而在日耳曼西部區域，狂熱的特里爾大主教擺明要肅清自己那塊小教區裡面包括巫者在內所有不遵守傳統基督信仰的人們，光他一人在1580年代到1590年代就已處死300人。蘇格蘭在1560到1660年間處死200個據稱是巫者的人們，而同一

時期的英格蘭與法蘭西以同樣理由各約處死500人。斯堪地那維亞、荷蘭及波蘭的同類處死案子數量也很多，然而在大多為天主教徒的南歐，因巫術處死的案子數量相當稀少。之後，正當歐洲的巫者審判開始減少時，這樣的狂熱傳布到美洲各地。

巫者審判基本上有模式可循，亦即在審問階段中，被指控者為了自救而宣稱他人來誘使自己，所以通常會產生更多的嫌疑者。而其結果就是巫者審判案通常會集結成群地出現，例如1581－1593年的特里爾審判案、1612年發生在蘭開夏（Lancashire）的彭德爾（Pendle）審判案，以及1675年在瑞典的托索克爾（Torsåker）審判案，後者有一天中燒死71人的情形。為了套取口供，有些審

▲ 水浸考驗

浸水凳（ducking stool）是用於識別巫者。由於據說水會拒絕巫者，用此法考驗的無辜女性會沉入水裡（並可能淹死），但有罪的女性會浮起來（並活下來接受審判）。

「他們多次在她身上搜索乳頭；
他們還用扔人入水的方式考驗她；
但在經歷這一切之後，她被逐出教會……」

羅伯特・卡萊夫（**ROBERT CALEF**），描述1693年康乃狄克地區的某場巫者審判，《隱形世界的更多奇事》
（*MORE WONDERS OF THE INVISIBLE WORLD*），1700年

◀ **處死方式**

在英格蘭，被判死刑的巫者常被吊死而不是被燒死。這幅版畫展示1589年於辰斯福（Chelmsford）被吊死的三名婦女，其中包括瓊恩·坎尼（Joan Cunny），她因10歲孫子的證據被判死罪，而第四名婦女則坐在那裡陪著她們的靈寵，即動物夥伴。

問官會用所謂的巫者轡頭（witch's bridle，係有四根壓進人臉的鐵爪之器具）或吊刑（strappado，是一種滑車裝置，會把被指控者的身體——雙腳吊有重達200公斤（440英磅）的重物——猛然往前拉）。

英格蘭的漂浮折磨

在英格蘭，人們偏好另一種評估罪行的方法。這裡提到的「漂浮」，係指把那些被指稱為巫者的人們（通常為女性）手腳綁在一起之後，將他們丟進水中——如果那人沉入水裡，代表他是清白無辜；如果他浮了上來，就被認為有罪。這是英格蘭最惡名昭彰的獵巫人「尋巫者」馬修·霍金斯將軍最常用的方式。

霍金斯與其隨從（裡面還有一名專家精於尋找「巫者乳頭」——即身體出現第三個乳頭或是團塊——這被認為是與撒旦有關聯的確實證據）於1642-1644年巡迴東英格蘭地區。他的團體所處死的巫者達200人，將近英格蘭在整個巫者迫害的百年之內處死總數的一半。

西班牙的信仰審判

巫者審判會毀掉整個社群。1609年於西班牙的巴斯克（Basque）地區，審問官強·瓦萊·阿爾沃拉多（Juan Valle Alvorado）被叫來調查某個據稱以蘇加拉穆爾迪（Zugarramurdi）某個洞穴為活動據點的巫團。最後有40人被帶到洛格羅尼奧（Logroño）接受審訊，其中29人被認為有罪，五人於獄中死亡。到了次年，有超過三萬人在信仰審判（auto-da-fé）當中圍觀剩下的18名已認罪（並被赦免）的被指控者及6名不認罪者的隊伍。這六個人身著黑衣，踱步走向木柱，並在那裡被活活燒死。

法蘭西的男性巫者

被送上巫者審判者通常為女性，不過在諾曼第（Normandy），受審者絕大多數為男牧羊人，據稱他們用蟾蜍毒素來毒害他人，而他們的逮捕通常發生在教堂的聖餐餅被竊之後。1577年最先處死兩個男牧羊人，而最末一次的重大審判發生在1627年，到最後總共處死約100人。這地方就跟其他地方一樣，為社會對巫者的擴大關注而付出代價者多為窮人或邊緣人。

▲ **哥雅的魔女**

受到蘇加拉穆爾迪的巫者審判之啟發，西班牙藝術家哥雅（Goya）創作一系列相關畫作。在這張圖中，某個被告坐在宗教審判法庭的面前，其大尖帽透露他的身分。

現代的獵巫

儘管巫者審判在17世紀逐漸消失——歐洲的最後一次巫者處決發生在1782年的瑞士——然而在傳統信仰繼續存在且中央權力薄弱的地方，獵巫活動一直持續到現代。非洲的某些地方，像是坦尚尼亞（Tanzania），被認為是女巫而受到迫害者達數萬人；在迦納（Ghana），數千名婦女住在用來收容被指控行使巫術者的營地，然而她們通常是寡婦或被視為家中負擔的老人；在巴布亞新幾內亞（Papua New Guinea）和印度的部分鄉下地區，獵巫活動也有所增加，畢竟在這些地方，意見分歧的村落社群可將行使巫術的指控當成藉口來解決問題。

迦納的庫庫奧（Kukuo）女巫營係為被控行使巫術的婦女設立的強制收容所，她們有許多人是被自己所屬社群排斥的弱勢寡婦。

▲ **玉米殼娃娃**，例如這個維多利亞時代的娃娃係用玉米穗的外殼製成，其外形複製美洲原住民所做的娃娃，人們認為它可以保護住家和家畜。

▲ **非洲靈物**係由神職人員賦予保護社群的神奇力量。這裡顯示的恩康第（Nkondi，即「恩契希」的一種）有著釘到裡面的釘子，為有罪的一方招來懲罰。

▲ **古埃及的「伊米烏伊特」（Im-iuts）**，此種靈物係由貓皮或公牛皮製成的填充物，並安裝在盆中豎起的桿子頂端。它們原本是被放置在寶座附近以保護法老。

誇大的頭部尺寸，係因為高聳的額頭是美麗的標誌

這裡的雕刻紋路意指脊柱

寬大的臀部尺寸意謂生育力

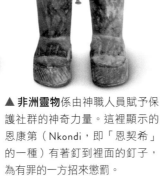

▲ **日本的佐賀人偶（saga doll）** 是幸運物。這個捧狗男孩人偶，製造年代約1800年，其木刻的頭部與身體並無相連，可做出點頭的動作。而當頭部移動時，就會伸出舌頭。

▲ **巫毒娃娃**的擁有者也許會把它當成敵人的分身，然後用大頭針刺入它或用別的方式肢解之，目的係將這些傷害轉移到敵人身上。

▲ **台灣的小人像**：在中國與台灣，這種小人像長久以來被用在正面或負面的魔法目的，從和合彼此的愛或慾，到報復冤屈都有。

▲ **迦納的阿夸霸（Akua'ba）生育娃娃**：當地希望懷孕的女性會把它揹在背後。這個具有大圓盤狀頭部的娃娃係由阿善人（Ashanti）製作，呈現獨樹一格的美感。

魔偶與靈物

　　包括魔偶（即外觀做成接近特定人士的假人）以及靈物（即那些被認為裡面有靈居住的物品）在內，這些用在魔法的娃娃具有保護或懲罰的力量。其概念為施術者對娃娃做出某些動作，像是釘入鐵釘或大頭針以造成娃娃的傷害，以期這些傷害會發生在某人身上。有些娃娃則是用來保護社群，比較不是鎖定某個對象。

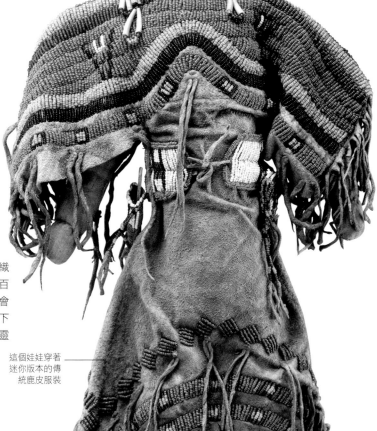

◀ **蘇族（Sioux）的娃娃**：像這樣的人偶長久以來是美洲原住民文化的一部分，除了當成玩具、靈界嚮導來用之外，還能確保豐收。

▲ **現代的玉米娃娃**使得稻稈編織（straw plaiting）工藝重獲生機。數百年以來，歐洲的人們認為收割玉米會使玉米的靈無家可歸，所以最後割下的玉米殼會被做成娃娃，供玉米的靈歇息過冬。

這個娃娃穿著迷你版本的傳統鹿皮服裝

這個娃娃穿著因紐特人的服裝

▲ **加拿大的因紐特娃娃**：神聖的治療師會在儀式中使用的娃娃，類似這裡顯示的鳥頭版本，係用來代表靈並幫助治療師進入靈性領域。

▲ **巫者的假人（effigy）** 被認為具有魔法的屬性，而且就像巫毒娃娃一樣也能被用來象徵某個對象，而其製作者就可以用它來影響那對象的生命。

妄想與欺瞞
揭穿對於巫術的誇張想像

隨著文藝復興運動在16世紀橫掃歐洲各地，質疑巫術的存在或批評巫者審判的召開及執行方式的懷疑論者逐漸增加。這樣的聲音不斷增強，而到啟蒙運動時代，巫術就被視為是某種騙術而非魔法。

懷疑不斷增長

在教會裡面及中世紀作者之間原本就有懷疑巫術是否存在的論點。然而在16世紀，出現新的理由支持這樣的懷疑，並因文藝復興時期的學者對於自然及科學探究的興趣而強化。義大利學者彼特羅·彭波那齊（Pietro Pomponazzi）於1520年發表《論自然效應之因》（*On the Causes of Natural Effects*），並在文中陳述那些傳統上被歸為巫術的現象具有完全可以解釋的科學原因。

像這樣的懷疑論點蔓延開來，批評人士朝那股對所謂的巫者迫害的狂熱根源進行攻擊。日耳曼的宮廷醫師約翰·維耶在《論諸魔的把戲》於1566年的版本稱那些被指控行使巫術

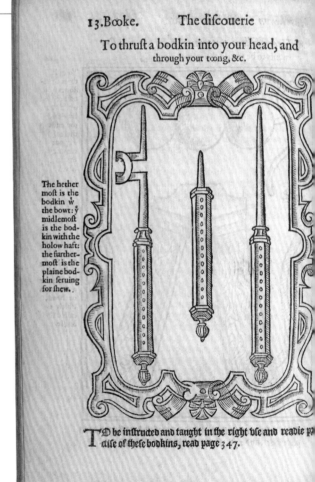

的女性都屬年長並受苦於嫉妒情緒，或如其口供所證患有憂鬱。不過，維耶的懷疑仍有其侷限，即他仍相信魔法是有可能的、男性術士能夠召喚惡魔。英格蘭議會成員雷金納·史考特（Reginald Scot）於1584年發表《巫術的發現》（*The Discoverie of Witchcraft*），進一步提高針對巫

▼ 斬首戲法
雷金納·史考特在《巫術的發現》裡面解釋「施洗約翰的斬首」（Decollation of John the Baptist），即一個男人看似被砍頭的把戲。事實上，這戲法用到兩個人，其中一個人的頭部就位在看似割離身體的位置。

> 「每個滿臉皺紋的老婦人……
> 只要唇邊鬚毛濃密、長著暴牙，
> 眼睛斜視……不僅被懷疑是女巫，
> 而且會被公開認定是女巫。」

約翰·高爾（JOHN GAULE），《摸著良心檢視關於巫者的精選問題》（*SELECT CASES OF CONSCIENCE TOUCHING WITCHES*），1646年

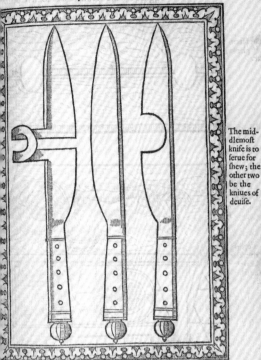

Iartumim.　of Witchcraft.　Cap.34.

To thruſt a knife through your arme, and to cut halfe your noſe aſunder, &c.

The middlemoſt knife is to ſerue for ſhew; the other two be the kniues of deuiſe.

TO be readie in the vſe and perfect in the practiſe of theſe kniues here poztraied, ſæ page 347. and 348.

◄ 運用匕首與短刀的幻術

在這幅取自《巫術的發現》的插圖中，史各特展示如何將去除部分刀身的刀刃來替換短刀，或使用已去除刀尖的匕首，就可以使觀眾以為它們已（對表演者）造成傷害。

些批評者則質疑那些在獲取運用巫術的口供以定罪的過程之關鍵作為——酷刑、尋找巫者記號及用水進行漂浮測試（參見第181頁）——的有效性。

法律的觀點

儘管支持巫者審判的人們激烈反彈——包括英王詹姆斯一世在其1597年著作《惡魔學》（*Daemonologie*）的表述——輿論的重心仍然逐漸轉向質疑「巫術係真實存在」的觀念。法王路易十四世於1682年頒布的法律，將巫術歸類為騙術，並不是跟惡魔結黨的問題。50年之後，大不列顛於1736年頒布的《巫術法》停止將巫術視為犯罪，而是將其視為輕微的罪行並予以相應的懲罰，即任何人若被判定犯下誘使人們相信算命或其他術法作為之罪行，罰以入獄一年。

巫者審判至此仍小規模地繼續下去，而丹麥直到1866年才移除將巫術視為罪行的法條。歐洲在1782年最後一名被指控行使巫術而判死刑的女性，其係因下毒而被判死，而不是基於被指控的法術行使與異端思想。

術信仰的攻擊層次，即他在書中對大量的魔法技術分類並嚴謹地揭穿。他的結論是，大多數的魔法都是用來欺騙容易上當者的把戲，而絕大多數的巫術指控都是針對無法為自己有效抗辯的貧窮女性。他跟維耶一樣，認為許多被指控者都患有妄想。

對於審判過程的批評

另有一些不相信巫術的人們則將矛頭指向審判過程本身，宣稱用於辨別巫者的程序並不健全。在日耳曼，弗里德利希・斯匹（Friedrich Spee）於1631年關於巫者審判的著作《警惕犯罪》（*Cautio criminalis*）則譴責那總是支持有罪裁決之過剩的宗教狂熱及誇張的審問程序。還有一

▼ 歷史上的女巫

這幅馬克白與班柯（Banquo）在荒野遇見三名女巫的木刻版畫，係取自《何林塞的編年史》（*Holinshed's Chronicles*），莎士比亞在撰寫戲劇時曾借鑑該書。藝術家將角色描繪成貴族及仕女，不使用醜陋女巫釀製魔藥的刻板印象。

▶ **偽裝的惡魔**

對於馬修・霍金斯之類的獵巫者而言，某人家裡若有小動物，也許會成為指控該人行使巫術的理由。儘管紀錄上可以看到那些靈寵具有人們取的親暱名稱，例如醋湯姆（Vinegar Tom）或貪吃鬼格里切爾（Griezzell Greedigutt），但牠們仍被獵巫者認為是惡魔，而不是真正的動物。

「伊麗莎白先向這隻貓提出自己的欲求，
希望自己能夠有錢、有好多東西⋯⋯」

報告所載的伊麗莎白・弗朗西斯（ELIZABETH FRANCIS）的自白，辰斯福巫者審判，1566年

超自然的助手

巫者的靈寵

從古埃及的獸首神祇到瑪雅人的動物靈伴（wayob），靈體助手與神聖力量長久以來都連結到動物世界。隨著16、17世紀歐洲對於巫者的熱烈注意之發展，出現「巫者的靈寵」（witch's familiar）的概念。這些靈寵通常是小型家畜，像是貓、蛙與蟾蜍（甚至偶爾也有人），據稱能使牠們的人類同伴具有超自然的能力，使巫者能透過該生物的眼睛觀看，或將自己變成動物以進去那些禁止進入的地方。

靈寵不一定會被視為邪惡，若牠們係從屬於江湖郎中或善巫，通常會將其視為和藹可親或當成是仙靈的動物化身。不過，普遍的看法則是魔鬼會採用動物靈寵的形象，因此巫者與靈寵之間被認為應該會有的同伴關係，在巫者審判就變成證明有罪的關鍵證據。

巫術的跡象

由不列顛的巫者審判之供詞來看，靈寵的到來——即該動物不請自來或是在非常需要的時候出現——通常是巫者進入邪惡魔法領域的標誌。據說巫者會跟自己的靈寵立契，以確保其服務的時間（可能會長達數十年），然而這是

與撒旦直接立約——據稱大不列顛境外的巫者通常會這麼做——的變體。巫者所給予的回報就是餵養靈寵，而「巫者乳頭」（即身體額外出現的乳頭或腫塊）通常被認為是邪惡魔法的跡象。而在塞勒姆巫者審判（參見第189頁）當中，據說其中一名被指控者莎拉·古德（Sarah Good）會讓某隻黃鳥吸吮自己的指間。

非預期的伴隨

靈寵據信能以不尋常的形式呈現。1593年撒繆爾（Samuel）家族的年邁母親因被某個以雞呈現的靈體指控行使巫術使人們生病而被吊死。而北歐也有記載，稱長得像惡魔的蒼蠅會在巫者頭上盤旋並嗡嗡作響。

對於持有靈寵的指控通常落在弱勢人士身上，然而也有可能用來對付政治對手：在英國內戰中身為保王黨員的萊茵河的魯珀特親王（Prince Rupert of the Rhine），據說有隻名為波伊（Boy）的狗靈寵，在親王參戰時總是陪在旁邊，直到1644年於馬斯頓荒原（Marston Moor）死亡。

▲ 惡作劇

日耳曼法律學者烏爾里希·莫利托（Ulrich Molitor）倡言針對女巫的殺戮。這幅插圖取自其1489年的著作《論女巫和女卜師》（*On Withes and Femal Soothsayers*），顯示女巫能將自己變成動物。

事實小補帖

魔法貓

名為撒桑的貓是荒謬證詞裡面的主角，然而該證詞確立伊麗莎白·弗朗西斯的罪名與處決。

貓是最常被報導的巫者靈寵——甚至有某個中世紀的傳說稱牠們是由魔鬼偶然創造出來的。在1566年於辰斯福舉行的伊麗莎白時代首次重大巫者審判當中，被告伊麗莎白·弗朗西斯稱自己從祖母那裡繼承一隻靈寵，係一隻名叫撒桑（Sathan）、身有白斑的貓，後來把牠交給共同被告人，艾格尼絲·沃特豪斯（Agnes Waterhouse），係育有孩子的婦女。指控者持續認定持有貓的靈寵是行使巫術的特徵，而在1662年，蘇格蘭女人伊莎貝爾·高迪（Isobel Gowdie）招認，魔鬼賜予她將自己變成貓的能力。

▲ 某名被指控者面質法官──該圖為19世紀的平版印刷品，係描繪麻薩諸塞地區的塞勒姆審巫案的情景。

塞勒姆審巫案

17世紀的新英格蘭是保守且封閉的社會，因此不遵守清教教會教導的人們常會受到巫術的指控。1692年，麻薩諸塞地區名為塞勒姆的小鎮受到孤立，且各家族之間容易出現派系爭執。當貝蒂（Betty）──係新上任的清教牧師塞繆爾·帕里斯（Samuel Parris）的九歲女兒──及其表親阿比蓋兒（Abigail）開始出現奇怪的痙攣時，馬上出現對於黑魔法的懷疑。由於醫生找不到實質的病因，於是請來地方法官。而貝蒂與阿比蓋兒在審訊時稱自己的病症係由牧師的奴隸提圖芭（Tituba）及其他兩名女性造成，而在提圖芭供稱自己勾結撒旦的靈寵並簽署「魔鬼之書」──上面還有當地其他女人的名字──時，行使巫術的指控蔓延開來。

其他女孩開始出現症狀，整個小鎮陷入恐慌之中。當年五月舉行了一次審判，然而對於「幽靈證據」──即人們指證受指控者的靈體在夢中或異象中折磨自己──的承認，使得受指控者難以辯駁。到了十月，19人被吊死，裡面有受人敬重的社群成員。而當行使巫術的指控蔓延到行政首長菲普斯（Phips）的妻子，官方開始介入，審判時不再納入「幽靈證據」，所以被判死罪者只再增加三人而已，但到後來都處以緩刑。塞勒姆審巫案為這個殖民地留下長久的傷痕，而到1702年麻薩諸塞議會（General Court of Massachusetts）宣布這些審巫案均不合法。

「我就跟未出生的孩子一樣清白。」

布里姬特·比肖波（BRIDGET BISHOP），
在塞勒姆因行使巫術罪名而被處死，1692年

祕密與儀式
SECRECY
AND
CEREMONY
西元1700－1900年

導言

到了18世紀，隨著啟蒙運動逐漸加速，對巫者的迫害減弱下來。這時的立法機構強調，對術士起訴的理由是他們用虛假力量的聲明來欺騙人們，而不是作為撒旦的代理人以行使神祕的法術。啟蒙運動所代表的理性時代，強調科學探究及將眾想法組織成專業學問，因此這類懷疑必然出現。

然而，神祕主義以強力的形式獲得立足之地，其部分原因無疑係出自對於當時的合理化及工業化的反抗。而助長此興趣的種種事件當中，包括從法蘭西（1780年代及1790年代）到美國（1775－1783）之推翻舊秩序的政治革命。而革命則滋養出個體在創意表達的自由，然而這類表達經常轉往非常超自然或驚悚的方向發展——如同黑暗浪漫主義（dark Romanticism）作家埃德加‧愛倫‧坡（Edgar Allan Poe）的筆下作品。19世紀到20世紀早期出現一些非常具吸引力的祕術團體，其中包括神智學（theosophy）——係以文藝復興時期的神祕觀念為基礎，吸取西方神祕主義、印度諸宗教的智慧及現代科學而打造出屬於19世紀更為現代的形式——其推動者為穿著十分繽紛的俄羅斯招魂師海倫娜‧布拉瓦茨基（Helena Blavatsky）。

神智學和本身與美生會有關聯的玫瑰十字會在概念上有相同之處。在18、19世紀與20世紀初期開始興起的金色黎明赫密士教團，連結此類傳統並沉浸在儀式當中。儀式也是加勒比海地區流行的巫毒魔法之關鍵，該類魔法係以死者之靈為核心的豐富多樣信念相混而成。

其他看似與秩序及機械化進展背道而馳的趨勢，則在19世紀積聚動力並帶起一般民眾將魔法當成奇景與表演來觀賞的熱潮。其中最為明顯的形式即是舞台魔術——精巧把戲、召喚、看似超自然的幻象之專業表演會吸引很多觀眾。另一股熱潮則是能跟死者說話的招魂術（spiritualism）。降神會（séance）在當時蔚為風潮，不論是在客廳或是舞台上都在進行。有名的靈媒，包括他們能無中生有地召喚幽魂

海地的巫毒儀式，參見第205頁

具有山羊頭的惡魔巴弗滅，參見第213頁

塔羅牌卡「太陽」，參見第218頁

與靈質（ectoplasm，即應該可使靈體具現自身的超自然物質）的故事都大為增加。另一種類似的靈之信仰則是通靈術（spiritism），其西方形式係由亞蘭·卡甸（Allan Kardec）發展，其追隨者相信輪迴的存在。在拉丁美洲及加勒比海地區，通靈術者的思想也以諸如綜合本土與外來信仰的唯靈教（Espiritismo）之形式蓬勃發展。

儘管有針對招魂術真偽的調查，一些著名的科學家仍相信它的真實性。如同在文藝復興期間，人們會將煉金士視為魔法師、實驗者或江湖騙子那樣，這時代也有許多人認為，如果科學家能夠產生像電那樣非凡的事物，那麼靈媒當然也能召出靈質的幽魂，讓他們可以跟已逝的愛人交流。

> 「玄祕哲學的傳統必是正確的傳統……
> 是最合乎邏輯的傳統，並能調解每個困難。」

海倫娜·布拉瓦茨基，《隱密之理》（THE SECRET DOCTRINE），1888年

哥德式恐怖風格，參見第222頁

降神會與轉桌，參見第228頁

金色黎明赫密士教團，參見第243頁

重點

1 這位自由石匠的頭是熾亮的星星或太陽。

2 其手臂是直角，右手拿著圓規。

3 左手掛著鉛垂線。

4 用來畫直角的矩尺則從邊緣垂下來。

5 原本係讓自由石匠裝備諸多工具的白皮圍裙，則繫在其腰間。

6 自由石匠的雙腿則由經典的石柱構成。

▶ **行當工具**

這張1754年源自英格蘭的圖像顯示一位非現實的「自由石匠」（共濟會會員），係由自己的行當工具構成自己。此人被圈在一個形狀及用色均屬活潑的巴洛克式邊框裡面，與用筆直的線條及黑白色調構成的地板形成鮮明對比。

所羅門王的智慧

美生會與神祕主義

現代的美生會係於17世紀末於英格蘭誕生，其最明顯的起始信念即是中世紀的共濟會（Masons，譯註：字面直譯即是石匠會），也稱為「自由石匠會」（Freemasons，譯註：現代的美生會亦取用此英文字）。他們之所以「自由」（free）係有兩種涵義，其一是中世紀的石匠為「自由人」（freeman），其二則是他們用來雕刻的石材係名為「易刻石」（freestone，字面即「自由石」）的石灰岩種類。

專業的知識

當時的石匠算是大師級的工匠，受過教育及嚴格訓練的他們會負責建造中世紀世界的大教堂與城堡，因此累積技術及理論方面的大量知識，特別是幾何學，而他們將此學問小心守護在緊密相繫的工會或工匠協會裡面。

共濟會的知識逐漸納入神祕的學問，像是靈知派思想（Gnosticism）、赫密士思想、卡巴拉（參見第134−139）、煉金術（將賤金屬轉變為黃金），甚至還有死靈術（召喚惡魔）。這些祕密儀式表現出他們對於玄祕事物的喜愛。

精心設計的儀式

於17世紀後期開始「運作」的美生會，接受過去從未成為共濟會會員的人們成為「受到認可」或「具有興趣」的美生會會員，其動機及過程並不清楚。然而，美生會的這個新世代帶來戲劇化且持續很長的重大影響。這些新會員顯著提升美生會的社會地位，並積極採用以前的許多做法。其儀式中包含中世紀共濟會採行的三個階段或等級——入門學徒（Entered Apprentice）、技術員（Fellowcraft）及石匠師傅（Master Mason）——而每階段都有精心設計的神祕儀式。他們同樣也以「廬」（lodge，即地方支會）為會員集聚的地方，此詞係以過去石匠師傅在監督任何建築專案

亞歷山卓·迪·卡廖斯特羅伯爵（COUNT ALESSANDRO DI CAGLIOSTRO，1743−1795年）

自封為共濟會的衛士

出生在西西里且自封為「亞歷山卓·迪·卡廖斯特羅伯爵」的朱塞佩·巴爾薩莫（Giuseppe Balsamo），是18世紀的無恥江湖騙子——但也許是個具有遠見但遭人不公告發的夢想家。身為魔法師、煉金士、預言家和個人出版者的他，被認為在義大利構築出「高階埃及共濟會儀式」（Rite of High Egyptian Freemasonry），且該儀式向赫密士思想借鑑不少。他的目標是「人類的完美」，即透過研究源自中東世界的教導、煉金術和共濟會而達到的狀態，其全貌即為「開悟之旅」。然而樹敵眾多的他在造訪羅馬時淪為宗教裁判所的犧牲者而被終身監禁至死。

◀ 入門儀式

在這幅18世紀中葉的法國圖畫當中，剛被木槌敲昏的入門者正被移到指定的位置。坐在右邊且被布遮蓋者是那些未被允許觀看祕儀的人們；左邊則有一名腰間佩劍的會員看守入口。整個場景係由許多三支一組的蠟燭提供照明。

「他們的目標是（卡巴拉的）魔法：即從世界的開始，一直到基督使之成熟的⋯⋯祕術智慧。」

湯瑪士・德・昆西（THOMAS DE QUINCEY），談論美生會，《深之嘆》（SUSPIRIA DE PROFUNDIS），約1824年

◀ 美生會的臨摹板（tracing board）
臨摹板顯示美生會的標誌及符號的外觀，係在各個入門階段用於指導新會員。這幅具有某種風格的1819年所羅門聖殿圖像，其上有上帝的全視之眼，入口處則有兩根柱子分處兩側，名為雅斤（Jachin）及波阿斯（Boaz）。

時於當地搭設的臨時廬屋（lodge）來命名。

西元1717年英格蘭美生總會（United Grand Lodge of England）於倫敦成立，使美生會在現代的發展運動得以確立。該組織的核心是原初共濟會奉行的儀式，而其沉浸當中的象徵意義，係立基在那些被認為是其古代前身的思想。

宇宙真理及象徵

美生會所採用的是半為神祕、半為魔法的教導及信仰的綜合體。它尊崇某位「無上存在」（Supreme Being），即「這宇宙的偉大建築師」（the Great Architect of the Universe），但它不是宗教，而是像煉金術、赫密士思想及玫瑰十字會那樣，關注在尋找宇宙真理。象徵與儀式則用於解開那個真理。而其最重要的象徵是西元前960年於耶路撒冷建立的所羅門王聖殿（the Temple of Solomon），因為這座聖殿的建築師戶蘭・阿畢夫（Hiram Abiff），應是第一位「石匠師傅」。

美生會會員對上帝的全視之眼（the All-Seeing Eye of God）及明耀之星（the Blazing Star）表示敬意，而後者有多種對應說法，稱其代表太陽、金星或伯利恆之星（the Star of Bethlehem）。

持有神祕知識的傳說人物「三倍無上偉大的赫密士」（參見第134－135頁），據稱擁有幾何學的完整祕密，也受到美生會會員的景仰。而美生會用於致敬其對於幾何學的精確要求的一貫象徵，即是中世紀石匠的工具——矩尺、圓規與工匠圍裙。

傳奇的過往事蹟

美生會會員喜愛構築自己的文化傳統，為其活動賦予莊嚴感受。例如他們聲稱10世紀的盎格魯－撒克遜國王埃瑟斯坦（Athelstan）將摩西和諾亞的聖經教導，還有西元前4世紀「幾何學之父」歐幾里得（Euclid）的教導引入英格蘭；並稱聖殿騎士們（即12世紀的十字軍，參見第118—119頁）是共濟會的支持者。這種以虛構故事及祕密相混的方式，造就出近似神祕的氛圍，而對那些經過入門以達至最高階的會員來說，對宇宙真理進行冥想據稱會產生超驗的不可思議感受。

祕密的兄弟會

美生會的每一會廬及分支都是獨立運作的，沒有更高層級的協調單位。若將其過去的歷史脈絡一併考量，這種彈性應有助於解釋它所擁有的吸引力。美國的首個美生會會廬於1730年創立，主要由講英語的人們構成，而班傑明·富蘭克林（Benjamin Franklin）是其創始成員。

現今美生會遍布歐洲絕大多數地區，特別是法國，還有拉丁美洲的許多地方。英美兩地的美生會的對外焦點放在行善，然而在拉丁美洲的美生會，其觀念明顯偏向「祕術－玄奧」，強調煉金術及其藉由靈性層面——而非物質層面——進行轉化的力量。

美生會一直受到外界的懷疑，特別是那些將它視為某個封閉圈子的批評者，他們認為這個圈子具有見不得光的影響力，其目的係創造新的世界秩序。它與另一個祕密兄弟會——即也同樣在尋求遍在真理之18世紀後期的光明會——有許多共同之處。有些批評者則宣稱，美生會對於兄弟情誼、救濟（慈善）和真理的強調，僅是為了使大眾不去注意其在促進它那幾乎滿是白人男性的會員之利益（幾乎所有會廬都沒有接受女性）。美生會也沒有傳布到伊斯蘭信仰的世界，它在那裡的大多數地區都被視為非法組織。不過，某些據說是古老的傳說以及習俗，藉著美生會而留存至今，因為它仍將神祕主義及隱密儀式視為核心。

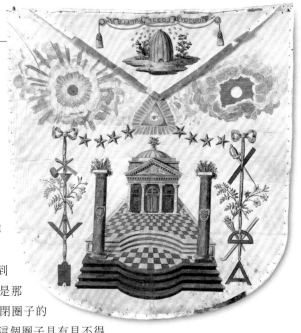

▲ 上有圖畫的白皮圍裙

美生會選用工作圍裙，以對應中世紀共濟會會員用來裝自己的工具之小袋子。如同這裡的畫面，這圍裙常用來表現諸如建築師會用到的矩尺（畫直角的工具，在左下角）及圓規等象徵。

醜聞和憤慨

1826年，記者威廉·摩根（William Morgan）在紐約失蹤，此事在當時被視為美生會具有邪惡勢力的明確證據。摩根本人曾是美生會會員，人們推測他因洩露美生會的祕密而遭其滅口。雖然沒有發現關於他因其而死的證據，然缺乏證據的結果只會增加人們的狂熱猜測。許多人認為美生會有罪，而摩根的失蹤在美國迅速掀起反共濟會的反應，致使該團體逐漸衰落，直到美國內戰期間（1861—1865年），由於人們見證美生會的慈悲行為，使其瞬間復甦過來。

這幅1826年的版畫指稱摩根係遭美生會滅口，因其洩露自己在身為會員時所習得的祕密。

Den kloka Gumman.

▲ 智女
這幅19世紀早期的瑞典版畫描繪某位老邁、彎腰駝背的「智女」，而畫中向其諮詢的時髦年輕女性，強調當時社會的上流人士越來越受到「江湖郎中」的吸引。

科學或法術？
歐洲的民俗魔法

隨著相信理性的啟蒙運動之傳布，以及科學方法的發展，18世紀對於巫術的態度出現明顯的轉變，就其核心而言，民智開化的世界無論什麼魔法顯然都不存在，因此巫者也不存在。這樣的態度跟16、17世紀不斷引發巫者審判之情緒高漲的狂熱及懷疑（參見第178－181頁）形成極端的對比。

例如，根據不列顛在1735年頒布的《巫術法》，任何人若聲稱自己具有超自然力量，不論正邪與否，應已不證自明自己是騙子，所以要對其提起相應的公訴，還有對於罪者的刑罰改以坐牢或罰款，原本的死刑已被廢除。在這項法案頒布之前，最後一名在不列顛因巫術而被處死者係名為珍涅特・霍恩（Janet Horne）的蘇格蘭女人，時值1727年。

民俗療者

這種理性的新態度所造成的結果之一，即是在歐洲許多地方以民俗醫療為業的人們，即所謂的「江湖郎中」，被懷疑行使各種迷信作為而受到調查。然而無論江湖郎中自稱擁有多少古老知識，他們大多算是治療師，而不是黑暗技藝的修習者。

人們相當重視他們身為療者的角色，特別是無法取得其他醫療資源的偏遠地方。在通常都有做的接生業務中，江湖郎中們會混和運用祕法、草藥及實質協助。事實上，官方機構（特別是教會）越去否定江湖郎中、越去起訴他們，他們的名聲就越發高漲，其中有幾位甚至是全國皆知的名人，而社會各階層也流行去找江湖郎中諮詢。

接受與歡慶

江湖郎中持有的古老知識，特別在斯堪地那維亞地區，絕大多數都收錄於「黑書」（black books）及法術合集裡面，而它們到後來被稱為「魔法書」。有些法術書的內容只有對治從牙痛到背痛等各種疾患的簡單藥方，但其他一些法術書則應許令人目眩神迷的力量。例如《黑色小母雞》（La Poule Noire）一書係魔法護身戒指的製作指南。這些魔法據稱會給予偉大的力量，其中最為非比尋常的能力即是創造出能夠產下金蛋的「黑色小母雞」（the Black Pullet），而將這力量實現出來者，據稱其能取用的財富永無止境。

像《黑色小母雞》一類的法術書，其影響到了19世紀越見增長，特別在法國更是如此，其部分原因是學術界對民間傳說與傳奇故事的興趣越趨濃厚。事實上，「擁有能夠獲取大量財富的力量」是許多直到20、21世紀依然流行的童話及魔法故事之主題呢。

◀《黑色小母雞》的護身符
魔法書《黑色小母雞》描述22種絲質護身符和青銅戒指。據說有位土耳其賢者向某個隸屬拿破崙陣營的士兵透露它們的祕密，而這個第10號護身符則「會使其他人都看不見你」。

> ## 「每個社群都有專屬的專家……
> ## 而眾人非常相信他們。」

安妮·瑪麗·朱普達倫（ANNE MARIE DJUPDALEN）談19世紀挪威的民俗療者

薩瑟媽媽（MOR SAETHER，1793－1851年）

奇蹟之女

在所有的江湖郎中當中，無人能比挪威的「奇蹟之女」薩瑟媽媽更加為人所知，其名望幾近崇敬的程度。她對療癒的渴望像是某種天命，而她對於草藥有著直覺且廣泛的了解則強化這份天命。然而她分別在1836、1841及1844年因無照行醫入獄，最後大眾對她的監禁表示強烈抗議，使得挪威最高法院將她釋放。她最著名的病患是愛國詩人亨利克·韋格蘭（Henrik Wergeland），而她的風濕藥膏持續賣到1980年代呢。

▲ 藥草製劑
纈草（Valeriana officinalis），係一種用於治療失眠、令人感到鬆弛的藥草，是江湖郎中的愛用藥草之一。纈草也常被掛在穀倉裡面，因為人們認為它的刺激氣味可以保護動物免受惡靈的侵害。

▲ 巫婆遇見漢賽爾與葛麗特，係取自1909年出版的《格林童話》，是亞瑟・拉古姆為〈漢賽爾與葛麗特〉故事所繪的插圖。

童話故事

　　到了19世紀，對於歐洲的兒童及成人而言，童話故事成為很重要的文化活動。魔法是其主要成分，而某些故事還有黑暗、怪異術法的面向。仙靈、巫婆、會變形的角色、法術、詛咒及魔法藥水到處都是。許多童話是現有魔法民間傳奇故事的傳統之延伸，例如於18世紀廣傳的《福圖納圖斯》（Fortunatus），這是關於裡面的錢會自動填滿的神奇錢袋。

　　路易斯·卡羅（Lewis Carroll）的《愛麗絲夢遊仙境》（Alice's Adventures in Wonderland），裡面有著魔法藥劑與具有生命的牌卡，而像這樣的魔法故事，在充滿浪漫主義的影響及強調對於想像的自由之時代蓬勃發展。它們為人們提供機會以逃避工業革命的殘酷現實，並顯示維多利亞時代對於童話故事藝術的愛，算是為那些以童年純真為主題的小說予以更為廣泛的頌揚。

　　日耳曼的奇幻文學則是一股巨大的影響力，通常取自國家的民俗歷史。格林兄弟（the Brothers Grimm）是蒐集民俗故事的頭號人物，他們重述許多故事，像是提到巫婆的〈糖果屋〉（Hansel and Gretel）及裡面有著把稻草紡成黃金之魔法的〈侏儒妖〉（Rumpelstiltskin）。這些童話的合集最初係於1812年出版，後以《格林童話》（Grimm's Fairy Tales）廣為人知，而亞瑟·拉克姆（Arthur Rackham）於1900年代為其繪製的插圖相當著名。其他在18世紀到20世紀初期流行的魔法故事還包括中東的《一千零一夜》（One Thousand and One Nights），以及美國作家法蘭克·鮑姆（L. Frank Baum）的《綠野仙蹤》（The Wonderful Wizard of Oz），裡面有好女巫與壞女巫、有翼猴子以及魔鞋喔。

「然而那老婆婆是個邪惡的女巫，潛伏在那裡等待孩子上門。」

〈糖果屋〉，取自《格林童話》

隱藏的符咒、借用的象徵

北美洲的民俗魔法

▲ 薩托方陣護身符
這個屬於早期基督信仰的魔法工具稱為薩托方陣（Sator Square），裡面的單字無論順讀逆讀字母順序都能讀得通。約翰‧喬治‧霍曼在其論述波渥的書中指出薩托方陣具有能夠滅火的特質，也能保護乳牛不受巫者的影響。

從17世紀後期開始，隨著人群不斷抵達北美洲，民俗魔法傳遍整個大陸，至於魔法的施行則分成三種形式：江湖郎中為英格蘭移民提供的服務；非裔美國人之間則有所謂的「召喚師」提供類似但不太一樣的服務；以及由所謂的「賓州荷蘭人」（Pennsylvania Dutch）所操作的日耳曼民俗魔法。

在北美洲的江湖郎中一如在英格蘭那樣，通常抱持著良善的意圖——他們在乎的是自身周遭的移民們之身心健康——而為了這個目的，他們會混用法術、草藥製劑以及各種有價值的物品（特別是護身物與書寫的咒語，許多都會被埋在地下以獲得額外的效力），以招來好運及抵擋邪惡。

從江湖郎中到召喚師

即使不是積極的基督徒，江湖郎中也還是會呼喚基督的名以求保護。當時仍流行某種迷信，亦即需要防範邪惡意圖，而這類意圖並不只來自英格蘭自由移民之間而已。非裔美國人當中被認為具有魔法天賦者，他們跟江湖郎中很像，也相信將物品埋在地下會賦予魔法方面的重要性。例如喬治‧華盛頓（George Washington）於維吉尼亞州的童年住屋「渡船農莊」（Ferry Farm）就有儀式方面的擺置，即牡蠣殼被用來嵌入地基以期守護屋舍及居民的安全。

然而，召喚師與江湖郎中之間有個非常關鍵的差別，即前者是奴隸，就跟其他無數的奴隸一樣是被強迫轉運至新世界。召喚師若要協助那些受到奴役的弟兄姐妹，會承擔強烈且迫切的壓力。

▶ 奇蹟與魔法符號
這幅取自18世紀《摩西六書與七書》（*Sixth and Seventh Books of Moses*）的插圖，描繪某位佩劍人士，其中還有神奇的以色列符號。這著作係霍曼撰寫《波渥》時的靈感來源，其內容係由猶太信仰、羅馬及基督信仰等資料來源編造出魔法及宗教各半的成品，裡面提到聖經記載的一些奇蹟，還講述摩西如何將自己的手杖變成蛇及召出火柱。

賓州荷蘭人

從18世紀早期開始，遷徙至賓夕法尼亞地區、操德語的移民則是在新居留下自己的印記，係以用色大膽的明顯星狀圖案為主要形式。這些星狀圖案會重複出現在像是穀倉之類的建築物，而他們的產品，從床罩到奶油碟，也幾乎都有這種圖案。

儘管有些人宣稱星狀圖案是對付邪惡力量的魔法象徵，然其運用的真正解釋不僅比較平凡且放諸四海皆準。當時的賓州荷蘭人是農民，對於季節的來去有著非常敏銳的覺察。而就自然週期的象徵而言，應是沒有比「天上的秩序」還更合適者，因為它證實那使一切人類努力相形見絀的廣闊宇宙的確存在。

波渥（Pow-wows）

日耳曼治療師兼祕術家約翰・喬治・霍曼（Johann George Hohman）在1820年的著作《波渥：或，失蹤已久的朋友》（*Pow-wows; or, Long-Lost Friend*），則引入新種魔法。此書實為他將更早一些文獻用熱情洋溢的語調改寫的版本，而且他對此抄襲作為不以為恥。該書內容一部分是實務建議——風濕的療法、釀啤酒的方法、生病乳牛的醫法——而另一部分則是神祕的姿勢。霍曼斬釘截鐵地宣稱，光是擁有這本書就能保護擁有者。

該書也為這種半魔法的狀態引入「波渥」一詞，而其倡導者則被稱作「波渥士」（pow-wowers）。波渥此字的由來，有可能是把當地原住民納拉干瑟特人（Narragansett）用來指稱靈性集會的名稱（即「帕瓦」Pow wow）加以變造，但也有可能是從「力量」（power）一字更動而得。

▲ **穀倉上面的星狀圖案**
「賓州荷蘭人」在其穀倉上繪有色彩鮮明的星星，這種具有特定風格的圖案也許是用來象徵永恆不變的諸天。

> # 「野火疾，如龍越車；
> # 野火退，如龍遠翔。」

約翰・喬治・霍曼，《波渥：或，失蹤已久的朋友》，1820年
（譯註：這裡的「野火」wild-fire係指當時致死率超過三成的「丹毒」erysipelas。）

萬物皆靈
巫毒與胡督

雖然巫毒（Voodoo）——更精確的說法應是伏都（Voudon，即「靈」的意思）——與胡督（Hoodoo）有所關聯，它們之間卻有著明顯的差異。兩者均起源於非洲，並均在18世紀由橫渡大西洋的奴隸攜至法屬加勒比海殖民地及密西西比河沿岸地區。兩者也受到新環境的影響而有所改變，即伏都係受到天主教的影響，而胡督係受到其他源自美洲原住民及歐洲的信仰體系之影響。然而兩者在現實層面有著關鍵的不同：伏都算是宗教的一種，胡督則是民俗魔法的形式之一。

海地的伏都起源

伏都的根源係西非豐族人（Fon）的信仰，該信仰在加利比海海域聖多明克島（the island of Saint Domingue）（位於現今的海地）進化成伏

都。該地藉由出口奴隸製造的咖啡與糖，而成為法國最富裕的殖民地。奴隸制度是伏都的明確特徵。當時被運至該島的西非人民超過百萬，而他們都受到法國的《黑人法典》（Code Noir）的約束，亦即除天主教以外的所有宗教均為非法，以及所有奴隸都應當成為天主教徒。

神祕世界

而其結果是相當出色的混合物，即諸多信仰、作法及名為綜攝主義的宗教世界觀（syncretic religion）相互交纏，將屬於奴隸的原初靈體、祖先崇拜與天主教融合在一起。雖然伏都信徒信仰名為邦迪爺（Bondye）——這是法語「善神」（Bon Dieu）一詞的變體——的至高神、萬物的創造者，然而祂實在過於遙遠，信徒難以直接崇拜，而且連一個禮拜儀式都沒有。相反地，至高神係藉由名為洛沃（lwa）或洛阿（loa）的無數神靈受到崇拜，這些神靈象徵著人與世界的每個面向，而伏都的深邃神祕本質就在這些神靈裡面真正示現自身。

▶ 腓腓
伏都儀式的開始，是在撒有玉米粉的地面上繪製某個名為「腓腓」的象徵符號，然後是牲祭，這兩個要素對於召喚「洛沃」（神靈）至關重要。「腓腓」的起源已佚失，不過據說它代表星之力量。

▶ 伏都娃娃
身為豐饒世界的諸多象徵，伏都娃娃——這裡示現的是具有動物頭部的女性形象——係向自然獻上熱情慶祝的重心所在，它們是對於現實世界，還有土地的肥沃、人與動植物的多產感到欣喜的表現。

「（將牛糞）混合辣椒與白人的頭髮⋯⋯
（焦烤到可以磨成鼻菸般的細末）⋯⋯
（撒）在我主人的臥室裡，使他停止虐待我。」

《美國奴隸亨利・比布的生平和冒險故事》（*NARRATIVE OF THE LIFE AND ADVENTURES OF HENRY BIBB, AN AMERICAN SLAVE*），1849年

附體與啟示

伏都信徒相信兩個世界的存在，其一為可見的生者領域，另一為不可見的死者領域。死者的靈總是處在生者之間，然而他們只能藉由「洛沃」才得以具現。伏都的儀式會需要在場所有人的主動參與，而由祭司（Ougan）或女祭司（Mambo）主持、用於召喚這些神靈的伏都群體儀式，則會以牲祭及用玉米粉繪出名為腓腓（veve）

的象徵符號之方式進行，直到一個或多個信徒被某個「洛沃」附體。但這不是惡魔那類的附身，而是對於生者與死者之間、物質界與靈界之間的生命連結予以正面的肯定。儘管如此，在伏都的無限多樣世界當中，總會有更加黑暗的面向。除了祭司的人物形象之外，還有妖術師（男為Bokor、女為Caplata）的存在，他們會喚出較為邪惡的靈體並召喚「活死人」（the living dead），也就

▲ 正在進行的伏都儀式
聲響、音樂和舞蹈主導伏都的儀式，且每個人都參與其中。這種放任不羈的慶祝活動使早期的歐洲觀察者感到震驚。

是殭屍，而這類神祕生物形象可被認為是在象徵海地奴隸人民被貶低到幾乎不算是人的情境。

海地革命

海地的奴隸在1791年揭竿起義，而在經過混亂且血腥的鬥爭之後，海地在1804年成為世界上首個黑人共和國，且仍是歷史上唯一成功的奴隸革命運動。乍看之下，世俗的反抗運動似乎與魔法世界沒有明顯關聯，然而伏都是這場革命的核心，是發動和維持革命運動的催化劑。伏都具

有的神祕且脫俗的元素，在當時打造新國家的過程至關重要。無論海地經歷多少苦難，伏都都維持住自己的核心特質，也就是對於神聖事物的渴望，而事實證明這特質在對付那在當時亟欲維護奴隸制度而聯手的國家——法國、英國、西班牙和美國——有著非常驚人的效果。

新奧爾良巫毒

在海地革命之後，大量的前奴隸及其後代移居國外，主要定居在新奧爾良（New Orleans，

▶ **伏都祭壇**
整個祭壇濃縮各式各樣的符號，代表伏都的繁茂靈界。娃娃——顏色越鮮艷越好——長期以來一直受到青睞。圖中纏繞在水之母親（Mama Wati，是水的神靈之一）手臂上的蛇是生育及更新的象徵。

該地自1803年起從屬於美國），獨特的新奧爾良伏都就從此地發展出來，其信仰和實行方式明顯更偏魔法。其於19世紀最著名的實踐者之一為瑪麗·拉芙（Marie Laveau），原是美髮師的她後來成為研究伏都的專家，到辭世時已被大眾稱為「新奧爾良的巫毒女王」（Voodoo Queen of New Orleans）。她為這城市的人們提供治療師、咒術師與算命師的服務，無分貴賤。現在每年仍有成千上萬的遊客帶著獻禮來裝飾她的墓地。

胡督的力量

胡督一直以來都跟伏都不一樣。伏都的起源可以溯至西非，特別是達荷美（Dahomey，位於今日的貝南Benin），而胡督則源自中非，特別是剛果。即便胡督的根基仍然在美國南方腹地（Deep South），且帶有奴役與壓迫的記憶，現今它的實踐者已遍布美國各地。

胡督廣納多種民俗魔法，而這要歸功於本身的非洲源頭，以及類似約翰·霍曼的《波渥》——又稱《失蹤已久的朋友》——之類的著作，還有神祕的《摩西六書與七書》（Sixth and Seventh Books of Moses）（參見第202－203頁）。胡督會運用自然界的藥草和植物的根部——其實踐者常被稱為「根工作者」（rootworker）——還有動物的一些部分以及礦物，尤其是磁石（即具天然磁性的礦物）。它還會用到各種蠟燭、油品、燃香和粉末。胡督為每個人提供愛情、財富及其他事物的希望。它提供治療和詛咒、好運和壞運，其實踐者會預測未來、用動物骨頭進行占卜，也會解夢。胡督仍然有典故、故事，還有古代的傳說和吸收的智慧的豐厚融合作為它的推動力，算是某個更為古老的民俗魔法在歷經世代的精餾、橫跨數洲之後所傳下來的傳統。

▲ 幸運根

征服者約翰之根（John the Conqueror root）特別受到胡督修習者的重視。據稱它既能賦予神奇的性能力，還可確保賭博的好運。

西非的淵源

伏都也許與海地最有明顯的關聯，然而它在西非仍然相當活躍，特別是貝南，那裡的豐族信仰是伏都的根源，且據稱現今該國的伏都信徒有四百萬人（參見第292－293頁）。這裡顯示的護身雕像係名為「波系歐」（bocio）的典型靈物，而其目的在一方面係為整體療法，即它能被用來當成自然療法的能量源頭，另一方面則是保護自己的主人免受外來邪惡力量的影響。雖然人們可直接向「波系歐」求助，無須祭司擔任中介，但它需要特定的血祭——一般是雞或山羊——才能解放力量。「波系歐」的雕刻材質可以是骨頭、石頭或木頭，有的重量輕到可以供人攜行。

這尊豐族的「波系歐」滿載強力的物件以保護其製造者。

有害植物

如同有些植物從過去到現在一直被用於療癒及良善的魔法，有些植物也是長久以來具有較為邪惡的關聯性，而本身有致命毒性者更是如此。特定的一些植物含有致幻成分，用於誘導恍惚狀態和靈視、抵禦邪靈，或者就像毒茄參的根那樣用於黑魔法的儀式。有些植物在過去的名聲糟糕到只要長在住家附近，就被認為會招引邪惡過來，而當它們碰巧在不對的季節開花，更容易使人們往壞處想。

毒茄參的葉子也具有與根一樣的化學成分，只是含量較少

毒茄參的根部含有致幻的化學成分

▲ 毒茄參（Mandrake）應是最多人感到害怕的植物，其惡名源自它的人形根部，據說它被拔出土時會發出致命的尖嘯。 然而，據稱吸食毒茄參的葉片一個月可讓巫師具有變成動物的能力。

▲ 烏頭（Aconite），別名「狼毒」（wolfsbane），能夠引發變身為動物的幻覺。據說諾斯的狂戰士（Berserker）會服食此植物使自己變成狼人以應付戰鬥。

▲ 接骨木（Elder）具有多種療效，然而也有「死樹」（death tree）之稱，因為它似是從枯枝中長出來的。據說每砍掉一棵接骨木就會釋出一個惡靈。

▲ 顛茄（Belladonna），又名劇毒龍葵（deadly nightshade），它除了有毒之外也具有致幻的性質。據稱巫者將這植物擦在自己的大腿上，使他們能騎帚飛行。

▲ 黑刺李（Blackthorn）被認為是具有惡兆的植物。但它在魔法方面會被用來抵禦邪惡、驅退負面事物及毒素，並幫助人們對抗自身心魔。

▲ 艾草（Wormwood）被認為是最先沿著蛇離開《舊約》伊甸園的蹤跡生長的植物，被認為跟「苦」有關。它在魔法方面會被用在復仇的法術。

▲ 莨菪（Henbane）是高度致幻性藥草。古希臘位於德爾菲的神廟之神諭祭司吸嗅其煙來與眾神交流。據稱巫者用它來飛行。

▲ 飛燕草（Larkspur），根據古希臘神話，該植物係從戰士大埃阿斯（Ajax）死後的血液中冒芽生長，因此被認為可以治癒傷口，進而提供一般的保護。

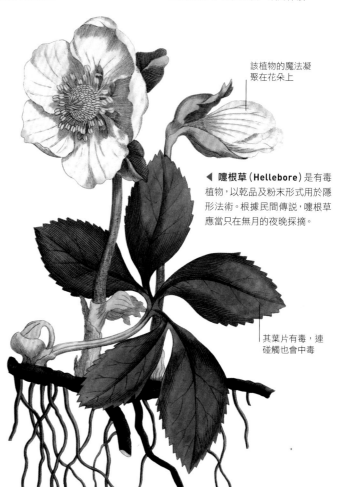

該植物的魔法凝聚在花朵上

◀ 嚏根草（Hellebore）是有毒植物，以乾品及粉末形式用於隱形法術。根據民間傳說，嚏根草應當只在無月的夜晚採摘。

其葉片有毒，連碰觸也會中毒

▲ 曼陀羅（Datura）具有高度致幻性，其毒性可能致命。美洲原住民將它用在那些為靈性旅程準備的儀式已有很久的歷史。

▲ 毒參（Hemlock）含有用於處決古希臘哲學家蘇格拉底的致命毒素，即使少量也會導致癱瘓和呼吸衰竭。

利用生命力
梅斯莫催眠術與催眠

梅斯莫催眠術（mesmerism）一詞源自18世紀的日耳曼醫生法蘭茲‧梅斯莫（Franz Mesmer），而他深信所有生命形式，像是動物與植物，都具有會受到行星影響、表現很像潮汐的磁性能量或流質。他認為這股能量的正常運動若受到阻礙，便會產生疾病，因此具有強勢磁性的個體，例如梅斯莫自己，巧妙運用磁鐵的話，就能治癒疾病。他將這種包括無生命的物體在內的能量轉移稱作「動物磁性」（animal magnetism）。

恍惚狀態與環境氛圍

梅斯莫係於維也納發展自己的理論，然而他到1778年以後才在巴黎予以詳盡構思，並獲得極佳名望。其核心係一種半為神祕、接近恍惚的狀態，而梅斯莫會一邊用穿透的目光注視自己的病人、一邊操縱與擠壓他們身體的一些部位以誘導此種狀態。如果成功的話，會接著出現一連串歇斯底里的抽搐。而這現象就是「緊要關頭」（crisis），是疾病得到治癒、自然平衡得以恢復的時候。

梅斯莫實在是受到歡迎，其客戶幾乎都是較高的社會階級人士，但他沒有因為人太多而拒絕客戶，而是以20人或更多人為一組進行此種戲劇性及治療性兼具的個案。病患會聚集在「巴奎特」（baquet）周圍（參見對頁），房間的照明昏暗，除了可以聽到遠處有著如同天界般的音樂之外，餘皆靜悄無聲。

梅斯莫則經常穿著長長的淡紫色長袍，在病患之間來回走動，專注地觸摸、指壓、指示並凝視。而各個患者會有週期性的僵直（catalepsy），看起來就像被凍住不動那樣，或者

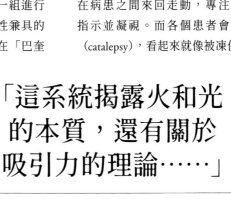

▼ 凝視的交流
這張圖片顯示磁力概念對梅斯莫的影響很大。他認為磁力可以傳遞給願意接受的對象，使他們能得到他那至善力量的護佑。

「這系統揭露火和光的本質，還有關於吸引力的理論……」

法蘭茲‧梅斯莫談動物磁性，1779年

劇烈抽搐和啜泣、放肆大笑，甚至嘔吐。某位當代的英國醫生的評論是，其展示瀰漫「神祕氣氛」，而且「現場充滿驚奇」。

是江湖郎中還是真誠的篤信者？

催眠（hypnosis）的某種有效形式後來被證明其在正規醫療及補充療法中具有巨大的影響力。梅斯莫催眠術也促進招魂術（參見第224—227頁）以及將催眠當成公眾演出的發展。

當時梅斯莫持續催促官方承認他所認為的生命力量之存在，但從來沒有得到認可。梅斯莫的治療看似非常接近祕術而非醫學，畢竟他明顯控制病患的心智。皇家委員會於1785年裁定梅斯莫聲稱的磁力毫無證據，因此他的名譽掃地。

事實小補帖

梅斯莫的魔法水缸

梅斯莫所稱的「巴奎特」是裝滿水的木製容器，那是他提供治療時使用的核心設備，也是其聚會的焦點。「巴奎特」裡面有許多含有一塊磁鐵（用於將水磁化）的圓柱體，而這些圓柱體都插有鐵棒，這些鐵棒會伸到「巴奎特」外面並加以彎曲，梅斯莫會把它們的末端各自放在任一病患的患處。「巴奎特」還附有繩索，以連結坐在它周圍的病患，讓更多力量流動，而病患還會牽手以傳播磁力。

L'Arbre de Buzancy

▶ **磁樹**
皮斯格侯爵所使用的方法是
用繩索將自己的病患與某棵
已被他磁化的榆樹相連。然
後他會用一塊磁鐵在病患們
的頭上掃過，以誘發某種催
眠狀態。

埃利法斯·列維（ÉLIPHAS LÉVI，1810－1875年）

非凡的法國祕術家

埃利法斯·列維的真名是阿爾馮斯·空司棟（Alphonse Constant），他曾接受跟天主教神父同樣的訓練，即使自己不具擔任此職的資格。擁護社會主義的他在受到梅斯莫啟發後成為魔法的愛好者。列維主張建立基於天主教、社會主義和魔法的普世秩序。其著作《超驗魔法：其教義及儀式》（*Transcendental Magic: Its Doctrine and Ritual*）內容有描述巴弗滅（參見左圖）並附繪圖，該偶像最初見於中世紀十字軍的歷史紀錄。列維稱這怪物為他的「安息日山羊」（Sabbatic goat），聲稱它擁有一切知識。身具眾多魔法意義的它，象徵男與女、善與惡、生殖力與生命力。現今的魔法師依然在研究列維的著作。

巴弗滅係長有山羊的頭、女人的身體之有翼怪物，額頭有五芒星，手臂則有煉金術的語錄。

▼ 磁力之夜

這張宣傳單旨在邀請人們參加在1857年5月於瑞士舉辦的磁力展示會，展示者係某位名為依·阿力克斯（E. Allix）的「磁力教授」（Professeur de Magnétisme）。當時有許多資格堪慮的表演者跟搭梅斯莫帶起的風潮。

眠之力

梅斯莫很快被認為是江湖騙子，並在1815年於瑞士流亡中去世。然而，他的想法仍被留存下來，一直到19世紀都有人持續實踐梅斯莫催眠術。其最有影響力的支持者之一是皮斯格侯爵（Marquis de Puységur），是梅斯莫的熱心門生，而他從1780年代開始創造新的催眠誘導形式，稱為「人工夢遊」（artificial somnambulism）。接受此術的對象不僅不曉得自己的狀況，而且容易受到催眠暗示的影響，並且隨後會執行催眠師對他們植入的任何行動建議。

潛意識的揭露

在認知到人類具有跟表意識一樣強大的潛意識，為心理學、祕術及超自然領域的發展帶來巨大的衝擊，也為靈媒（即在靈界和物質界之間溝通傳達的中間人）的出現鋪路。

1841年，身為蘇格蘭醫療體制的重要人物詹姆斯·布雷德（James Braid）醫師在觀看了法國催眠師夏勒斯·拉封丹（Charles Lafontaine）的表演後，突然轉而相信梅斯莫催眠術具有作為合法醫療工具的潛力。而在表演中讓他印象深刻的地方，並不是拉封丹戲劇性的滑稽動作，而是受術者明顯進入恍惚狀態，甚至無法睜開眼睛之事

實。藉由更進一步的調查，他證明這種經過改變的意識狀態事實上的確存在，以及它在醫學上的重要應用，尤其是具有等同麻醉劑的效果，因為受術者不受疼痛影響。布雷德就用希臘睡神修普諾斯（Hypnos）的名字造出新的術語hypnosis（催眠）。

進入祕術

布雷德及其他催眠師，特別是讓－馬丹·夏庫（Jean-Martin Charcot）——其學生之一即精神分析創始人西格蒙德·佛洛伊德（Sigmund Freud）——以及希波利特·伯恩海姆（Hippolyte Bernheim）兩位法國人，繼續發展梅斯莫的事工。雖然他們確立催眠作為人類心靈的科學研究工具之可能性，然而它對於祕術的吸引同樣明顯，就像法國儀式魔術師兼作家埃利法斯·列維（Éliphas Lévi）所記錄的那樣（參見上方圖文框）。

「把魔法的奧祕當消遣來玩⋯⋯會非常危險。」

埃利法斯·列維，《超驗魔法：其教義及儀式》，1854－1856年

La Papesse

L'Impératrice

「每個人都停止玩（自己的 牌）
過來看這張奇妙的牌卡，
而我從其中感知到他們從未見過的事物。」

安托萬‧寇特‧德‧基伯朗，《太古世界》，1781 年

解讀牌卡

塔羅

　　塔羅牌源自15世紀早期的歐洲，到現在已經是廣為人知、用於算命（fortune-telling，係占卜的形式之一）的工具。用於遊戲的普通紙牌被認為是在更早一個世紀之前由埃及的馬木路克人（Mamluk）傳入歐洲，而塔羅牌僅是它的變體之一。早期的塔羅牌純粹用於娛樂，而「塔羅」（tarot）此名係源自某款類似橋牌、在義大利被稱為*tarocchi*（傻瓜或小丑）的遊戲。

　　早期塔羅牌的四個牌組分別為棍（batons，後來改為權杖wands）、幣（coins，後來改為星盤pentacles）、劍（swords）與杯（cups）。而在1440年左右，含有寓意的圖像之特殊卡片被加入塔羅牌，創造出名為「大牌」（*carte da trionfi*; triumph cards）的牌組。這些牌卡在早期係為手繪，數量稀少，然而在印刷機發明之後就被大量生產出來。

源自古埃及的祕術

　　法國學者安托萬·寇特·德·基伯朗（Antoine Court de Gébelin）於1773年開始撰寫一本關於語言起源的重要著作《太古世界》（*Le Monde primitif*）。基伯朗認為，塔羅的符號係基於古埃及的神祕文獻《托特之書》（*Book of Thoth*）。他還暗示天主教會企圖壓制這項知識，然而這是由吉普賽人散播出去的傳言，幾乎沒有什麼可以支持其論點的證據，況且《托特之書》在經過翻譯之後，其內容並沒有跟塔羅相似的部分。不過，基伯朗的工作成果引發人們對於「塔羅牌在祕術方面的可能性」的狂熱。

用於占卜

　　在十年之後，另一名法國人讓-巴提斯特·艾利業（Jean-Baptiste Alliette）撰寫一本關於如何使用塔羅牌進行占卜的書，並發行了一套牌卡。他稱此書為《伊提亞，又稱牌卡解讀技藝》（*Etteilla, ou L'art de lire dans les cartes*）——Etteilla是其姓氏的顛倒拼法。艾利業係首位將塔羅占卜定位在公眾的消遣活動者，他用一副只有32張牌的牌組加上所謂的「象徵者」的牌來占卜，後者係他自己的特殊伊提亞牌，通常用來代表來找塔羅占卜師諮詢的個人。

▲ **一切依牌而定**

在19世紀，讓-巴提斯特·艾利業的伊提亞牌卡是第一套專為占卜設計的塔羅牌。各牌的指定意義會根據牌卡放置方向而變化。

背景小知識

參詳諸星

在解讀塔羅牌卡及其於「牌陣」（spreads）所佔的位置時，占星學顯得相當重要，而這種關聯性係19世紀後期由名為金色黎明赫密士教團（參見第242－243頁）的英國祕術家社群建構而成。該教團在塔羅牌卡、占星的星座及傳統的四元素之間構築關聯。火元素與牡羊座、獅子座及射手座，還有權杖套組有關；地元素與金牛座、處女座及摩羯座，還有星盤套組有關；風元素與雙子座、天秤座及水瓶座，還有寶劍套組有關；水元素與巨蟹座、天蠍座及雙魚座，還有聖杯套組相配。

月亮（關聯到雙魚座），是塔羅牌的原初牌卡之一。此處顯示的牌卡係15世紀義大利人安東尼奧·契科尼亞拉（Antonio Cicognara）所繪版本。

▲ 塔羅牌流傳到美國

北美的第一套以大眾流行風格推出的塔羅牌是法國祕術家勒內‧法爾康尼爾（René Falconnier）及莫里斯‧奧托‧韋格納（Maurice Otto Wegener）在1890年根據讓—巴提斯特‧皮透瓦的概念而設計的埃及牌組。

卡巴拉塔羅

在19世紀，人們對於祕術的狂熱逐漸增長，因此更常將塔羅牌用於占卜而不是遊戲。每張牌都有固定的意思，若某牌在擺出來時呈現倒置，其意思就會改變。

塔羅占卜的重要人物之一即是埃利法斯‧列維（參見第213頁），係法國波西米亞人及社會主義者。他在1860年代撰寫一系列書籍，因此在魔法界相當有名。列維相信魔法是人的神性之科學基礎，而他觀察到塔羅與卡巴拉的神祕傳統（參見第136—139頁）之間有著明顯的連結，還指出塔羅牌的22張大牌匹配希伯來字母表的22個字母。列維找出更進一步的關聯，並認為塔羅可以當成那通向開悟和天堂的卡巴拉生命之樹的路線圖來用。塔羅之所以成為如此受人歡迎的占卜工具，應歸功於列維的事工。

法國祕術家讓—巴提斯特‧皮透瓦（Jean-Baptiste Pitois）在1870年的著作《魔法的歷史與法門》（*The History and Practice of Magic*）則為塔羅的符號提出解釋，稱其源於術士要進入吉薩大金字塔底下的密室之入門測試。值得注意的是，皮透瓦在描述整副塔羅牌時，稱它可分為兩套阿爾克那（arcana）。

阿爾克那

大阿爾克那（Major Arcana，即大祕儀）係由諸如「魔法師」（The Magician）、「星星」（The Star）及「倒吊人」（The Hanged Man）等22張大牌構成，本身具有特定意義的它們並不從屬於任一牌組。小阿爾克那（Minor Arcana，即小祕儀）則有56張牌卡，分為四個各有14張牌的牌組。而最初以皮透瓦系統設計、具有78張牌卡的塔羅牌也被稱為馬賽塔羅牌（Tarot de Marseilles），因為塔羅遊戲雖在義大利早已消亡，但它在法國仍持續很久。

瑞士祕術家奧斯華‧沃斯（Oswald Wirth）於1889年設計一套依據卡巴拉的象徵符號進行占卜、只有22張大牌的塔羅牌。每張大牌各自都有相應的關聯，例如「魔術師」能跨越天地之間的鴻溝，還有「女祭司長」（The High Priestess），原本被稱為「女教皇」（La Papesse），被認為是指那位傳說中的女教宗瓊安（Pope Joan）。從那時起，許多其他塔羅套牌的設計均是用於算命，儘管塔羅牌組本身在法國和義大利仍用於牌卡遊戲。

這裡的**魔法師**款式係取自1910年第一套英國塔羅牌。

這張**魔鬼**是19世紀的法國牌卡，有受到列維的影響。

這裡的**女祭司長**款式取自英國1910年萊德偉特（Rider-Waite）塔羅牌。

這張**塔**係1926年由沃斯（Wirth）設計，具有卡巴拉的象徵符號。

▲ **女皇（The Empress）** 意指生命、概念、藝術、情愛和事業的創造。

▲ **魔鬼（The Devil）** 惡魔代表物質的貪婪、慾望、恐懼及受困的感覺。

▲ **吊人（The Hanged Man）** 較有各自解讀的空間，顛倒的人物同時暗示自我犧牲與新的視野。

▲ **命運之輪（Wheel of Fortune）** 表示命運的變化，例如富人變窮、窮人變富。

▲ **戰車（The Chariot）** 代表力量、專注，以及對於管理、操控的傾向，而拉著戰車的黑白獅身人面像顯示協同運作的二元性。

▲ **女祭司（The High Priestess）或女教皇**，暗示直覺及祕密知識。

▲ **力量（Strength）** 象徵掌控，能夠妥善處理痛苦及危險。

▲ **隱者（The Hermit）** 象徵孤獨、退縮和深思自省。

▲ **審判（Judgement）** 暗示內心的渴望、重生或自我懷疑。

▲ **正義（Justice）** 意謂公平及經過權衡輕重的決定，牌若呈現倒轉則代表不公平的對待。

▲ **太陽（The Sun）** 代表活力、自信和成功，呈現倒轉的話則為相反的意思。

▲ 愚者（The Fool），或小丑（The Joker），這張不在編號裡面的牌卡非常重要。圖中人物無憂無慮地站在懸崖上，準備迎向興奮的新旅程或無所顧忌地踏入未知。

▲ 死神（Death）代表生命某一階段的結束，算是靈性方面的轉變。

▲ 節制（Temperance）象徵平衡、適度、耐心，以及指引。

▲ 教皇（Hierophant）意指靈性智慧、傳統、堅定或順從。

▲ 星星（The Star）代表希望和信心，該牌倒轉則代表絕望和不信任。

▲ 世界（The World）象徵團結、完成或是旅行。

▲ 魔法師（The Magician）代表靈感、天分、遠見──如果牌顛倒放置則意義相反。

▲ 月亮（The Moon）代表潛意識、幻想、壓抑的恐懼，或是焦慮。

▲ 皇帝（The Emperor）象徵權威、父親形象，或是負面的支配。

▲ 戀人（The Lovers）係指關於人際關係的決定、對於伴侶的選擇，或是通常需要做出某種犧牲的內心誘惑。

▲ 塔（The Tower）意謂危機、劇變，或是以下的啟示：建築物也許看來堅固，卻是建在高聳又不穩定的土地上。

大阿爾克那牌組

　　塔羅牌有22張圖卡被稱為大阿爾克那──也就是大祕儀──各自都有特定涵義，而當卡片在抽出來時呈現倒置，其意思就會顛倒。塔羅牌有許多算命的方法，抽三張牌＊算是最為簡易的方式之一：將牌洗好、抽出三張牌並從左到右放置，分別代表過去、現在及未來，然後將它們組合起來以回答某個特定問題。

───────────────

＊譯註：即「命運之箭」牌陣

藝術表現
浪漫與反動

　　18世紀到19世紀初是革命和浪漫主義的時代，而超自然與祕術思想激發出重量級的創作。浪漫主義頌揚個人的情感與表達，經常打破成規、重視直覺和超驗（即超越正常、現實層次的經驗）。藝術家在浪漫主義時代大量湧現，而其動力係由政治革命促成，這些革命推翻那從法國到北美遍布世界各地的舊有秩序，算是對於理性啟蒙運動的反應。

哥雅的神祕巫者

　　西班牙藝術家哥雅（Goya）對於巫者和超自然現象抱持濃厚的興趣。他用黑暗幻想故事的意象來探索社會和政治的現實主義，創作一些不吉利但引人注目的畫作。左頁這幅有趣的〈巫者飛行〉

◀ 玄祕的比喻
這張哥雅的圖裡面的女巫所戴的帽子，也許是在呼應西班牙宗教審判期間被指控的人們所戴的頭飾。位於下方的男人則做出抵擋邪眼的手勢。

（Witche's Flight）（約1798年）顯示三名浮在空中的巫者正帶著一個手腳大張的人，然其意義有所爭議：它有可能是反巫的聲明，或是批評當時掌權的宗教機構。

自然與惡魔的主題

　　文學與音樂也在探索非現實世界的主題。美國詩人哲學家拉爾夫·沃爾多·愛默生（Ralph Waldo Emerson）和亨利·大衛·梭羅（Henry David Thoreau）創立超驗的寫作派別，提倡浪漫主義的直覺概念、在自然當中看到上帝，還有個人的自由。多個英國浪漫主義詩人都以超自然為其主題，並由威廉·華茲華斯（William Wordsworth）及山繆·泰勒·柯立芝（Samuel Taylor Coleridge）領頭，在多個作品——例如他們合著的《抒情歌謠集》（Lyrical Ballads）——當中探究自然的神聖魔法。

　　相反於對自然魔法的讚賞，美國的黑暗浪漫主義者則是創作出結合死靈術（與死者溝通）、祕術、輪迴（metempsychosis，即靈魂的轉生）、儀式魔法和梅斯莫催眠術（參見第210—213頁）的文學作品，特別是埃德加·愛倫·坡。以下是兩篇有包含這些主題的愛倫·坡短篇故事：其一是滿布對死亡的迷戀之短篇故事〈莫瑞拉〉（Morella），係關於婚姻、哥德式恐怖風格及神祕主義的四頁故事；另一為〈麗姬亞〉（Ligeia），裡面有魔法圈及鴉片引發的屍體復活之幻象。

　　而在歌劇界，韋伯（von Weber）的作品《魔彈射手》（Der Freischütz）則以其動盪的超自然主義風格而聞名。它以善惡之間的戰鬥為主調，裡面有奇異的靈體、惡魔契約及魔法子彈。

◀ 宣告無望的超自然訊息
這幅圖係古斯塔夫·多雷（Gustave Doré）為埃德加·愛倫·坡的詩作〈渡鴉〉（The Raven）所繪插圖之一，該詩描述一名渴望在天堂遇見已逝愛人的男士，然而他的所有希望全因一隻會說話的渡鴉使者而落空。

▲ 鬼影風景
這幅版畫顯示德國浪漫派卡爾·馬利亞·馮·韋伯（Carl Maria von Weber）在1821年《魔彈射手》歌劇當中令人不安的狼谷（Wolfsschlucht）之早期布置場景。該布景的風景畫有著栩栩如生的鬼影及奇異生物。

這本1801年的《恐怖故事集》（Tales of Terror）扉頁插圖有著哥德恐怖文學風格的特徵，該書被認為是「修士」路易斯的著作。

哥德魔法

　　歐洲在1790年代開始盛行暗黑驚悚——而且常使人感到震驚——的「哥德」（Gothic）文學作品，頌揚超自然、神祕及死亡相關的事物。此一重要流派係起始於18世紀中期，並結合當時的浪漫主義運動，到19世紀仍持續下去，就像美國黑暗浪漫主義流派那樣。

　　古老的建築物，例如傾頹的中世紀城堡或哥德建築風格的修道院，是這類小說的常見場景，因此就用「哥德」一詞稱之。地下通道、暗門與祕密鑲板是常見的裝置，鬼魂、惡魔和不信神的修士僧侶亦是常見的角色設定。與這些角色的奇怪相遇，有時會使故事主角進入不尋常的心理狀態，並在這狀態中有著不安或敬畏的神祕經歷。

　　哥德文學的奠基文獻之一是霍勒斯・沃波爾（Horace Walpole）的《奧托蘭多城堡》（*Castle of Otranto*），這是以某個古老預言為主題的超自然神祕小說，其場景設定在某座怪異的城堡裡面。30年之後出版的《修士》（*The Monk*），係由「修士」馬修・路易斯（Matthew G.（"Monk"）Lewis）所著，被稱為英國文學的首部恐怖小說，其內容有黑魔法和撒旦崇拜。哥德恐怖文學的其他知名作品則是瑪麗・雪萊（Mary Shelley）的《科學怪人》（*Frankenstein*）——敘述某位科學家用多個屍體的身體部位而使某個人活了過來——還有埃德加・愛倫・坡的《亞夏家的崩塌》（*The Fall Of The House Of Usher*），係為關於鬧鬼、瘋狂及死亡的故事。19世紀的許多作家，從艾蜜莉・勃朗特（Emily Brontë）與納撒尼爾・霍桑（Nathaniel Hawthorne），到帕斯夸爾・佩瑞斯・羅德里給斯（Pascual Pérez Rodríguez），或多或少都用到哥德式風格，而他們的經典小說到今天依然流行。

「我們召出
內在世界的隱密邪靈。」

雷媞夏・伊莉莎白・蘭登（LETITIA ELIZABETH LANDON），《林兜甫的新娘》（*THE BRIDE OF LINDORF*），1836年

與死者說話

招魂術

招魂術從19世紀中期開始在歐美風行。而其關鍵思想係基於主流基督信仰對於彼世的概念，認為死者都居住在某個「靈界」裡面，而生者可以與他們交流，其過程基本上係藉由名為「靈媒」的協調者來進行。招魂術之所以流行的主要原因之一，即是它能為剛喪親的人們提供可與已逝親人交流的安慰機會。

隱多珥女巫

招魂術的興起係由許多想法促成，其中一個是關於隱多珥女巫的聖經故事，即某位女巫為掃羅王召喚先知撒母耳的靈*，而她的名稱成為招喚死者之靈的代名詞。許多具有影響力的啟蒙時代思想家及後來浪漫主義者的想法也納入招魂術。瑞典神祕家兼科學家伊曼紐·史威登堡（Emanuel Swedenborg）在其於1758年的著作《天堂與地獄》（*Heaven and Hell*）一書中，探討死後的人生及與靈界的交流，而日耳曼醫生法蘭茲·梅斯莫（參見第210—213頁）則倡導那與接通及傳導強大力量有關的恍惚狀態。

造成轟動的開始

現代的招魂術通常據說始於1848年紐約州的北部，當時有兩個姐妹——瑪吉和凱特·福克斯（Maggie and Kate Fox）——據說可與死者交流。而在她們簡陋的家中，靈體對於女孩們提出的問題明顯發出毛骨悚然的敲叩聲響。在其姐莉亞（Leah）的幫助下，福克斯姐妹很快獲得身為現代招魂術偉大初始靈媒的巨大名聲，許多人相信她們的真實性，而在美國、英國和法國的中產階級客廳也常出現相關的模仿。然而有些人對福克斯姐妹抱持懷疑的態度，瑪吉也曾表示她們的工作都是騙局（後有撤回此言論）。現在人們普

▲勇敢迎向美麗新世界？
這幅蝕刻版畫展示的是約翰·莫瑞·斯匹爾在1854年的「新動力」機器，算是19世紀中葉的招魂術概念之一。這台帶電器械附有一張桌子和多個磁化的球體，其目的是將人類連結到上帝——該計畫認為這台機器會被某個靈操縱而動起來。

*譯註：參見《舊約聖經》〈撒母耳記上〉28:7-25

安德魯‧傑克遜‧戴維斯（1826－1910年）

波基普西的先知 (The Poughkeepsie Seer)

美國人安德魯‧傑克遜‧戴維斯對於約翰‧莫瑞‧斯匹爾（參見下文）而言具有特別的影響。身為千里眼、通靈者及梅斯莫催眠術治療師的他是招魂術的早期從業人士，其綽號「波基普西的先知」係取自讓他發展出自身真正使命的城鎮名稱。戴維斯大量汲取史威登堡的想法（參見對頁），繼而也許影響許多作家，像是埃德加‧愛倫‧坡。他聲稱，諸如《自然之理、神聖啟示與對人類的建議》（*The Principles of Nature, Her Divine Revelations, and a Voice to Mankind*）等作品，係於恍惚當中口述以傳達特殊的智慧。

◀ 姐妹的降神會
成名之後，福克斯姐妹的降神會據稱還有諸如移動物體及懸浮桌子等奇事。這幅19世紀的版畫描繪她們在1850年於紐約羅徹斯特（Rochester）舉行的降神會。

遍認為她們是把骨關節弄得劈啪響而製造那些敲叩聲，因此她們其實是江湖騙子。

彌賽亞機器

招魂術另一相關事件則發生在1840年代：身為普救派牧師的美國人權運動家約翰‧莫瑞‧斯匹爾（John Murray Spear）經歷奇怪的異象，使他開始探索招魂術。普救主義（universalism）是美國啟蒙運動的產物，聚焦於全人類的救贖，而斯匹爾藉由來自墳墓底下的靈之話語——據稱這裡面也有班傑明‧富蘭克林的聲音——的引導而建造一台機器，據說可以創造烏托邦時代，為所有人帶來永恆的救贖和安逸。1854年，招魂術的報紙《新紀元》（*The New Era*）宣布名為「新動力」（*New Motive Power*）的機器已完成，成本約為兩千美元，就當時而言算是滿巨大的金額。斯匹爾的計畫最終失敗且受到懷疑，然其背後的招魂術思想已在世上造成影響。

與未能得享天命者的連繫

背景小知識

巫術的新面貌

在1940年代，一則戰時醜聞突顯現代招魂術如何激發人們自古以來對於巫術的恐懼。海倫‧鄧肯（Helen Duncan）是蘇格蘭靈媒，聲稱可從自己的嘴或鼻產生靈質（某種代表死者之靈的黏糊物質）。她因騙稱具有超自然力量而被判有罪，而那些以靈質呈現的靈體，據說是由製作乾酪的棉布、紙、化學物質及從雜誌剪下的臉孔製成。她成為最後一個依據英格蘭1735年《巫術法》被監禁的女性。不過，有些人認為該法案並不符其目的，而她的案子可能協助加速該法案於1951年廢除。

海倫‧鄧肯看似連結到自己的指導靈「佩吉」（Peggy）。

美國內戰（1861－1865年）期間，大眾對於連繫已逝親人的興趣急遽上升。孩童死亡在那時代仍很普遍的情況也推動招魂術的風潮逐漸廣傳各地，就像亞伯拉罕‧林肯（Abraham Lincoln）之妻瑪麗‧陶德（Mary Todd），失去兒子的她從招魂術上得到安慰。

到了19世紀後期，招魂術風潮的追隨者人數已至數百萬，但各自動機差異甚大。有些人將招魂術本身視為某種宗教，熱心宣傳它為死後的生命提供嚴肅且具體的證據。而招魂術涉及靈性治療的某個要素也被發展起來，如安德魯‧傑克遜‧戴維斯（Andrew Jackson Davis）對梅斯莫催眠術的興趣即為一例。然而，招魂術也有不同的面向，其實踐方式基本上是組織降神會，並由靈媒監督，而其目的顯然是讓當場觀眾能與死者的靈交流（參見第228－229頁）。

具有名氣的靈媒在歐美的私人及公開展示招魂術的數量迅速增多，像是出生於蘇格蘭的丹尼爾‧登格拉斯‧胡美（Daniel Dunglas Home）深受歐洲上流社會甚至皇室的喜愛，其多項才能當中還包括懸浮——根據報導，有人曾看到他從樓上的某個窗戶飄出來，並進去另一個窗戶。招魂術也受到名人的追捧，例如蘇格蘭作家亞瑟‧柯南‧道爾（Arthur Conan Doyle）即是擁護者之一。一些科學家也是招魂術的支持者，其中包括身為皇家學會主席的英國科學家威廉‧克魯克斯（William Crookes），他表態認可英國靈媒芙蘿倫斯‧庫克（Florence Cook）的事工，據說這位靈媒在降神會把名為「凱蒂‧金」（Katie King）的靈體完全具現出來或是部分具現為一顆底下沒有身體的頭顱。

▲ 機械裡面的鬼魂

攝影師威廉‧穆勒以其拍攝的人物照片背景會有「幽靈」而聞名。而他的許多客戶在看到已逝親人奇蹟般地出現時會感到安慰。

▶ 離奇的轉變

這張1874年的照片使得科學家威廉‧克魯克斯相信芙蘿倫斯‧庫克轉變成自己的另一個自我「凱蒂‧金」。當芙蘿倫斯及凱蒂的外觀被指出有其相似之處時，人們不再相信克魯克斯的想法。

▶ 針對巫者的戰爭

招魂術的詆毀者經常將其視同巫術而論。這幅19世紀的圖像，配上隱多珥女巫及撒旦的形象，將招魂術定義為《聖經》所譴責的巫術形式之一，並稱它為導致「大叛亂」（Great Rebellion，即美國內戰）的原因之一。

詐欺、異端與改革

名利的誘惑導致無數驚人的詐欺，有些招魂師因此吃上官司。1869年，美國「靈體攝影師」威廉·穆勒（William Mumler）接受一場當時相當轟動的詐欺審判，他雖因缺乏證據而被無罪釋放，然其身為招魂師的生涯幾乎全毀。七年之後，美國靈媒亨利·斯萊德（Henry Slade）在英國也因欺詐而受審，且被判有罪，其「靈體訊息」雖然看似出現在石板上，卻被揭穿是他自己用腳趾寫出來的。

1887年賓夕法尼亞大學的賽伯特委員會（Seybert Commission）對現代招魂術的調查發表報告，大致上對招魂術的做法持否定的態度。組織化的基督信仰，即新教和天主教，對此也大多抱持否定的態度。天主教在1898年頒布的諭示譴責招魂術，而教會的許多重要人物將它視為巫術和死靈術。

然而，非英國國教信徒（Nonconformists）及貴格會信徒（Quakers）則強化與招魂術的關聯，而婦女選舉權和廢除奴隸制度的改革運動也是如此，例如身為美國招魂師兼玫瑰十字會成員的帕斯卡爾·貝弗利·倫道夫（Pascal Beverly Randolph）倡言廢除奴隸制度，而另一位美國招魂師艾克莎·斯普瑞格（Achsa W. Sprague）則提倡婦女權利及廢奴。招魂師重視直覺和敏感等在19世紀被認為是屬於女性的特質，但又宣稱通靈會使女性從業者表達出原本可能會被視為不恰當的觀點。雖然如此，從事靈媒工作的女性仍然很多，或許是受到旅行、冒險和成名的機會所吸引。

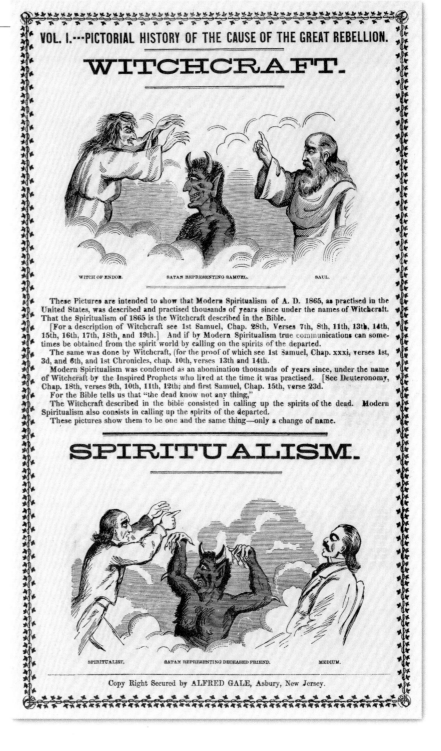

「噢～通往隱－多珥的道路，是最古之道，也是至狂之路！」

魯德亞德·吉卜林（RUDYARD KIPLING）談及招魂術，出自其詩〈隱－多珥〉（EN-DOR），1919年

N° 1. — 10 janvier 1909. — Publication bi-mensuelle paraissant le 10 et le 25. — **PRIX EXCEPTIONNEL** : 10ᶜ

LA VIE MYSTERIEUSE

DIRECTEUR : Professeur DONATO

MAGNÉTISME

SPIRITISME
MAGIE — ASTROLOGIE — CHIROMANCIE — GRAPHOLOGIE

CARTOMANCIE

Les Tables parlantes

Lire, à la page 3, l'article : Comment je devins spirite.

為靈傳話

靈媒與降神會

在19世紀結束跨入20世紀之時，由靈媒帶領的降神會已確立為流行文化的一部分。降神會是一種演示，靈媒應在演示期間通靈，擔任靈體和觀眾之間的中介。這類活動的戲劇感越趨強烈，會以桌子的轉動及飄浮，還有通靈板（參見第230-231頁）為其特色，而靈媒通常會先進入恍惚狀態再代表靈體來說話或書寫。像這樣的表演到最後充滿刺激的戲劇效果，旨在迎合19世紀人們對於舞台魔術的熱愛。

在恍惚狀態中說話

許多靈媒聲稱自己在傳達靈體的話語時是處在某種恍惚狀態。美國招魂師里歐諾拉·派波爾（Leonora Piper）對於自身恍惚狀態的描述是「就好像有什麼東西掠過我的腦部，使它變得麻木」。而她在這狀態的聲音及外貌均會改變，使旁觀者相信她裡面有另一個人格。而這樣的人格通常被認為是靈體管控者（spirit control），它們本身擔任里歐諾拉與其他逝者靈體的中介。而另一位受人矚目的美國靈媒柯拉·斯各特（Cora L.V. Scott），在19世紀後期因其係為談論主題廣泛且激勵人心的美麗演講者而獲得名聲，而且她明顯是在那些靈體感動自己時於恍惚狀態中說話。

具現

法國靈媒伊娃·卡利耶（Eva Carrière）看似能召出幽靈般的人物，並從其赤裸的身體中產生靈質（ectoplasm），算是靈體具現的一種。人們對這種把戲抱持懷疑態度，而後續調查揭穿卡利耶的騙局，即她的那些靈體是用紙板剪成的圖形，而其靈質係為嚼過的紙。

靈訊

轉桌在當時非常風行，人們圍坐在桌旁並將雙手放在桌上，而桌子看似會傾斜、上升或旋轉，而被當成是與死者靈魂交流的方式之一。例如藉由靈媒大聲說出字母表裡面的字母，那些使桌子明顯移動的字母也許可以拼成一段靈訊。而這種動作可用「觀念運動效應」（ideomotor effect）來解釋，該效應係指單純思考某種動作而引發不由自主的身體反應，最終導致該動作的發生，而受試者在這整個過程並沒有對該動作做出有意識的選擇。

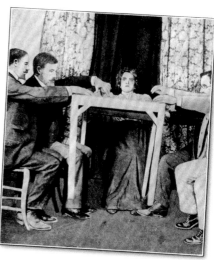

▲ 眾靈升起

義大利著名靈媒耶烏薩皮亞·帕拉迪諾（Eusapia Palladino）的能力之一就是讓桌子懸浮空中。這張照片的年分應為1892年，當時她的行使方式正受嚴謹的調查，而最後的調查結果則是其行使方式係精明的戲法，而非超自然現象。

◀ 談話桌子（talking tables）

當時有很多與巫術相關的出版品，而1909年發行的法國雜誌「神祕生活」（La Vie mystérieuse）其中介紹能使桌子轉動或使書桌揚聲的法術（可以說話的桌子）。

▶ 展望未來

凝視水晶係當時流行的招魂術之主要內容。水晶球在經過仔細潔淨之後，修習此術者會窺視其中以占測未來，或看見已逝親人。

靈應板

1500年前,靈寫或「扶乩」最初係於中國實行,該術會用到一根懸掛的棍子,看似由靈引導在灰燼中書寫中國文字。今日的靈寫主要是透過靈應板(Ouija board,有在美國取得專利)的應用而聞名。招魂術(參見第224−227頁)在美國內戰之後變得非常流行,當時許多喪親者都渴望連繫已逝的心愛之人。為因應此需求,1891年,肯納德精品公司(Kennard Novelty Company)推出靈應板。它係由排列成圈的字母及數字所組成,還有一塊參與者均需接觸的乩板(planchette,用於指示),據稱這使靈體能引導乩板並拼出字彙。

雖然有人相信死者之靈真的會透過靈應板表示意思,其他人則抱持比較懷疑的態度,但也認為這種做法有趣且無害。無論如何,靈應板成為當時流行的家庭娛樂。後來人們的態度在1973年恐怖片《大法師》(The Exorcist)的上映而急劇轉變,因為該片裡面的靈應板使惡魔「佔據」年輕女孩的靈魂。於是靈應板轉瞬之間被認為是魔鬼的可怖工具。

科學家們則有不同的看法──其自1852年以來已能解釋靈寫現象。就他們來看,乩板在移動時呈現的「超自然」行為並不是靈體的作用,而是「觀念運動效應」──即所有參與其中的生者在潛意識層面做出的細微肌肉運動──所導致的結果。

「靈應板、奇妙的說話板,
在(回答)過去、
現在及未來(的問題)
有著驚人準確性。」

玩靈應板在當時是流行的消遣活動，圖中係兩名演員在1936年電影《人形貨物》（*Human Cargo*）片場趁休息時玩靈應板。

解讀掌紋

掌相學

掌相（palmistry）亦稱手相（chiromancy），是一種古老的占卜形式，主要研究手掌上的紋路與隆丘，而其觀察結果則用於確立個人的性格特徵及預測其未來。

掌相的起源

關於掌相的最早紀錄之一可溯至兩千五百年前的印度，據信它是此技藝的起始地，然後傳播到亞洲和歐洲，而中世紀時的神職人員收集許多關於這主題的文獻。幾世紀以來，手相主要由旅行各地的算命師使用，直到1839年隨著法國人卡西米爾·斯坦尼斯拉斯·達彭提尼（Casimir Stanislas D'Arpentigny）所著《手相學》（La Chirognomie）的出版而開始復興，其中包括針對手的外形做出的首次系統性分類。19世紀後期，手相術隨著愛爾蘭占星家「卻羅」（Cheiro）（參見對頁下文）的事工而大受歡迎。神學家威廉·班翰（William Benham）則在1900年於其著作《科學解讀手相的法則》（The Laws of Scientific Hand Reading）試圖為此技藝賦予科學方面的立足點。

寫在手掌上的資訊

通常掌相師會根據四大元素（地、風、火、水）將個案的手歸類到四種性格類型之一，而手掌的形狀和手指的相對長度則決定佔有主導地位的元素，例如方掌短指則代表「地」的性格（即實際且務實）。

手掌的每條凹痕或線條都跟人格的某個面向有關，而且可以從線條的長度、深度及曲度進行解讀。手掌有三條主要紋路：「感情線」（heart line）是最靠近手指的長掌紋，係與親密關係的模式有關；「智慧線」（head line）則是橫跨手掌的長掌紋，係指出智慧或對知識的渴求；「生命線」（life line）則是往下連到手腕的弧狀長掌紋，係表示健康與生命力。

手掌上面的各個隆丘與平坦處，據信與占星的行星象徵有關，而它們的形狀及明顯與否則提供更進一步關於個人性格的資訊。掌相師期望藉由研究手掌紋路及隆丘的模式，而占出個人的未來。

▼ 命運之手
這張顯示左手上面與占星有關的紋路及隆丘的圖，係收錄在埃利法斯·列維1860年的《魔法史》（The History of Magic）裡面。它最初源自1649年法蘭西祕術家讓·貝洛（Jean Belot）關於手相的撰述。

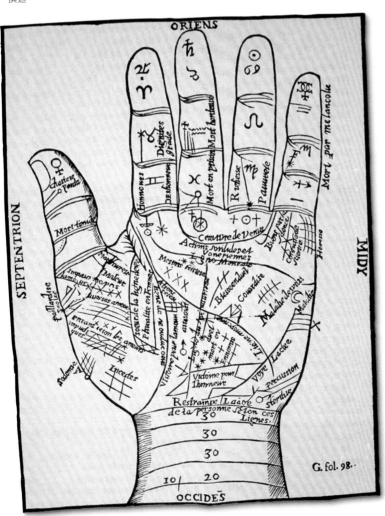

> 「手相向我揭露的自身性格，準確到讓我尷尬不已。」

馬克·吐溫（MARK TWAIN），在某記事本的紀錄，約1896年

路易斯·哈蒙伯爵（COUNT LOUIS HAMON）（「卻羅」，1866－1936年）

為眾名人看手相

本名為威廉·約翰·華納（William John Warner）的愛爾蘭手相師和占星家以「路易斯·哈蒙伯爵」自稱，但通常被稱為「卻羅」（Cheiro）。在印度拜師學習手相（「卻羅」的綽號源自手相cheiromancy一字的替代寫法）之後，他於倫敦執業，其知名客戶包括幽默風趣的作家馬克·吐溫及奧斯卡·王爾德（Oscar Wilde）、政治家威廉·格萊斯頓（William Gladstone）、女演員莎拉·伯恩哈特（Sarah Bernhardt）及當時的威爾斯親王（Prince of Wales）。其中較為著名的故事是，卻羅在看完威廉·皮里（William Pirrie，著名的遇難郵輪「鐵達尼號」係出自他的造船廠）的手相，據稱跟他說：「你會意識到自己處在保住自身性命的戰鬥中。」有人將這句話解釋為對於「鐵達尼號」船難的預測。

▲ 算命

幾百年以來，吉普賽算命師將看手相的技藝持續傳承下去，使19世紀的德國藝術家提奧多·利奧波德·韋勒（Theodor Leopold Weller）有了繪出這幅畫的靈感。

編纂輪迴

通靈術的誕生

通靈術（spiritism）與招魂術（spiritualism）（參見第224—227頁）同樣係以「人的靈魂於死後依然存在且可通過靈媒接觸」為其基礎概念，而兩者之間的主要差別之一，即是通靈術多了關於輪迴的信念。它在今日常被視為招魂術的分支之一。

為靈體進行編纂

19世紀的法國教育家伊波利特·里昂·德尼扎德·里維爾（Hippolyte Léon Denizard Rivail），其筆名亞蘭·卡德克（Allan Kardec）更為人所知，他分析世界各地的招魂術思想，並將它們組織成結合宗教、哲學、科學及自然要素的信仰系統，這系統後被稱為通靈術。他用與靈體對話的形式寫下了他的「通靈術者編集」（Spiritist Codification），係由數本重要著作構成，其中之一即是1857年的《諸靈之書》（The Spirits' Book）。

卡德克引用基督教的道德改善概念，但也

▶ 卡德克的創建事物

卡德克於1858年創立《探討通靈術》（La Revue Spirite），成為法國在通靈術及招魂術研究方面的主要期刊。這本1931年版的季刊封面上印有卡德克的照片。

相信輪迴的存在。他認為靈體係好壞俱存，且所有生物都是不朽的，在前往更高完美境界的過程中經歷反覆的轉世。卡德克的目的是要藉由嚴格的科學探究，即根據觀察和實驗而不是理論，來編纂靈體的現象。對他來說，靈體僅是自然世界的一部分，係依照自然規律行事，所以它們就像自然的其他面向一樣能夠讓人進行研究。

來自加勒比海地區的關聯

通靈術傳遍世界各地，特別在19世紀後期及20世紀於加勒比海區域和拉丁美洲受到歡迎。其變體紛紛湧現，包括聖得利亞教（Santería; La Regla de Ocha）、唯靈教（Espiritismo）及馬昆巴（Macumba）。那些被葡萄牙人奴役的非洲人抵達巴西後，將自己的泛靈論（animism，即相信靈的存在）與通靈術結合而發展出瑪昆巴。位於美洲這些地方的一般（通常為鄉間）民眾的通靈術信仰，會被毀謗者指稱其與巫術和祕術為伍，經常遭受基督教會的譴責。

通靈術的多種思想形式，例如烏班達（Umbanda）和位於城市的昆班達（Quimbanda），在巴西得到發展，而通靈術與傳統民間宗教及天主教的要素融合在一起。巴西靈媒澤利奧·費南迪諾·德·莫萊斯（Zélio Fernandino de Moraes）是通靈術的重要關鍵人物，被視為烏班達的創始人。他在1939年將烏班達轉為正式組織「烏班達通靈術者聯盟」（Spiritist Union of Umbanda），並經營該組織直到於1975年去世為止。

▼ 藝術魔法

這幅插圖取自威廉·布里頓（William Britten）的《藝術魔法，或凡俗、次凡及超凡通靈術》（Art Magic, or, Mundane, Sub-mundane and Super-mundane Spiritism），係1870年代關於招魂術、通靈術及神智學的著作之一，它提及世界各地的靈性修習方式，例如這些旋轉苦行僧（Whirling Dervishes）的旋動儀式（譯註：即「蘇非旋轉」）。

「單一的靈有著接連相繼、永遠進步且
永不退轉的諸多肉身存在⋯⋯」

亞蘭・卡德克，《諸靈之書》，1857年

▲ 神聖之眼
這張圖象徵唯一主神的全見之
眼，是高臺教（Caodaism）的主
要象徵──該宗教源自越南，成
立於1920年代，其融合通靈術及
歐亞兩地的影響。

La Guirlande de Roses.

La Corne d'abondance.

轉移注意力的手法

早期的舞台魔術

19世紀的舞台魔術有兩大發展特點，其一係原本幾世紀以來在市集或街頭市場由巡迴各地的魔術師表演的通俗魔術，先轉變成複雜的室內娛樂表現，然後逐漸轉變為吸引龐大觀眾的奢華戲劇表演；其二，其傳統技法加入大量且嶄新的幻術。這些壯觀、驚奇且不可思議的幻術，雖其展示手法厥功甚偉，但更應歸功於科學。

現代魔術之父

就今日來看，19世紀的法國魔術師讓·尤金·羅貝特－胡登（Jean Eugène Robert-Houdin）算是同一時期的魔術師當中最具影響力者，其表演算是能代表上述的兩種發展，但是請勿與後來名稱相似的哈利·胡迪尼（Harry Houdini）混淆（參見第259頁）。現在被稱為「現代魔術之父」的羅貝特－胡登將技術面的縝密巧思與不做作的戲劇直覺結合在一起，令世界各地的觀眾眼花撩亂，並且常在皇室成員面前表演。過去曾為製錶師的他會製作有著非凡創意的道具，像是會奇妙開花的橙樹以及只有孩童才能舉起來的盒子（這盒子係用當時才剛發現的電磁力予以固定）。而他也善於自我宣傳，許多同期的魔術師也是如此，像是以賽亞·休斯（Isaiah Hughes）、「阿瓦苦行僧」（the Fakir of Ava）、蘇格蘭人約翰·亨利·安德森（John Henry Anderson）、「偉大北地巫師」（the Great Wizard of the North），還有約翰·拿維爾·馬斯克林（John Nevil Maskelyne），他設計世上第

◀ 因克爾曼（Inkerman）的靈媒

法國人亨利·羅賓（Henri Robin）精確掌握科學與魔法的結合效果，其自1850年代開始用電生成的圖像以造出幽靈般的人形，例如這裡顯示的鼓手（譯註：據稱該幽靈來自因克爾曼的戰場）。

Le Voltigeur au trapèze.

Le Coffre de cristal.

一個浮空表演，並在倫敦的埃及展覽廳（Egyptian Hall）持續演出長達31年；另外還有法國人亞歷山大·赫爾曼（Alexander Herrmann），即「赫爾曼大帝」（Herrmann the Great），留著厚重八字捲鬍及山羊鬍的他係以自己的「捕捉子彈」技法版本聞名（該技法迄今害死的魔術師至少已有12位）。

科學與幻術

1862年，英國科學家約翰·亨利·佩珀（John Henry Pepper）在倫敦的皇家理工學院（Royal Polytechnic）做出一個幽靈，使觀眾大感震驚。他在三年之後為自己的普羅提斯櫃（Proteus Cabinet）申請專利，從此成為舞台魔術的基本表演，包括某個人消失在木箱中又以驚人的方式重新出現，此技術係利用鏡子實現幽靈出沒的現象。同年，「人面獅身像的召喚者」（the Summoner of the Sphinx），即斯托達瑞上校（Colonel Stodare）則用同樣技術使活人頭顱出現在小盒中。1866年法國人布阿提爾·德·柯爾達（Buatier de Kolta）的表演同樣令人感到神祕，這個算是世上最初的「消逝女士」表演是在舞台上使用暗門。然而這一切都不是超自然意義上的魔法。即使如此，融合科學、驚人幻術和新式表演技巧的舞台魔術，在在使觀眾欲罷不能。

「魔術師是扮演魔法師角色的演員。」

讓·尤金·羅貝特－胡登，《魔術與魔法的祕密》
（ *SECRETS OF CONJURING AND MAGIC* ），1868年

事實小補帖

魅影幻燈

18世紀中期，江湖騙子約翰·施洛普法（Johann Schröpfer）在降神會中用魔術燈具將靈體圖像投射到煙霧。施洛普法的名聲大到1790年首次在公開表演中使用該技術的保羅·菲利多（Paul Philidor），在一開始將自己的幻象戲法稱為「仿效施洛普法的魅影」（Schröpfer-esque Ghost Appearances），到1792年則將它們命名為「魅影幻燈」（ *phantasmagorie* ）。比利時人依提安－加斯帕德·羅伯特（Etienne-Gaspard Robert）則在幾年後完善這項技藝，魅影幻燈成為19世紀舞台魔術的流行特色之一。

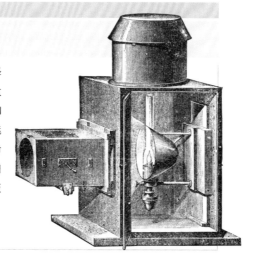

光學的奇蹟展現在這盞1872年的德國魔術燈具。

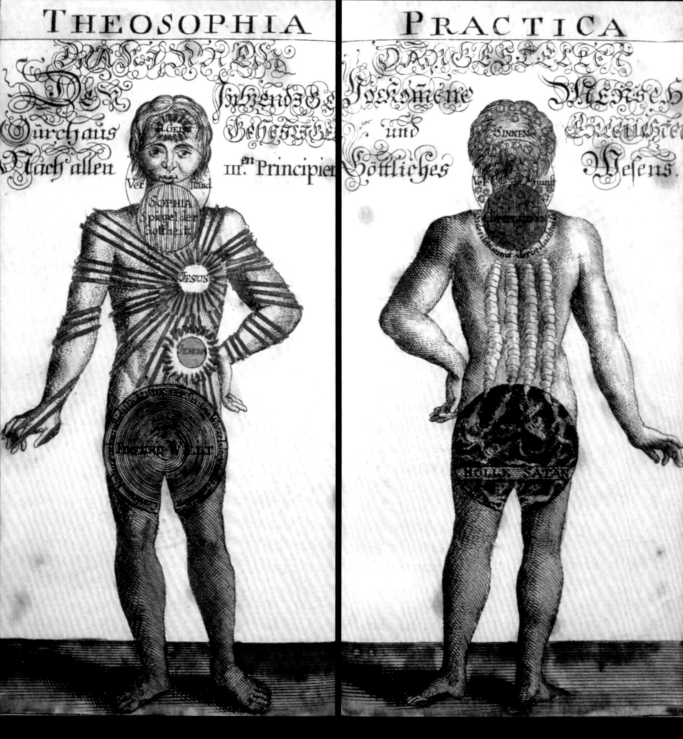

THEOSOPHIA   PRACTICA

▲魔法能量點

布拉瓦茨基的神智學係從更早的文獻汲取靈感，例如1696年的《神智修習》（*Theosophia Practica*）。這幅取自該書的插圖顯示身體的「脈輪」（*chakras*），即佛教與印度教描述的身體能量點。

「遇到傾斜平面時，錯誤必會往下奔馳，
而真理必得費力往上攀爬。」

海倫娜・布拉瓦茨基，《隱密之理》，1888年

神聖智慧

神智學

雖然神智學有著繁複的細節，然其基本原則相對簡單，即世上存在某個單一的靈性實相，唯有透過深入的沉思冥想才能達到那境界，而沉思冥想的力量潛藏在眾人的內在。19世紀後期的神智學與其他對魔法感興趣的當代宗教社群有許多共同之處，不過它也納入佛教信仰。其象徵那年代對於神祕學的狂熱，而具有巨大影響力的它將東方思想引入西方，並催生數百個具有類似想法的運動。

對於「遍在」的核心信仰

1875年，俄羅斯移民海倫娜·布拉瓦茨基在紐約創立神智學會（Theosophical Society），於1879年前往印度，並在三年後將這個快速發展起來的組織之總部遷移到那裡，同時在倫敦設立分會，隨後在歐美開設更多分會。東西方思想的豐富融合則強化神智學在合一（unity）的信念——即世上存在著某種「無處不在」的性質，它將全

◀ **精神像徵**
布拉瓦茨基把姓名縮寫放在自己的胸針上面的六芒星（象徵彼此交纏的靈和物質）裡面，上頭有個卐字（swastika），並被象徵無限的銜尾蛇（ouroboros）包圍。

人類連繫在一起，並注入對於人之本貌與定位的更高理解。當時的神智學是在探索絕對真理，它如此永恆、無限，若用布拉瓦茨基的話來形容，就是「一種歸屬在萬物如一裡面的感覺」。

1885年，倫敦的心靈研究協會（Society for Psychical Research）以聳動的方式指控布拉瓦茨基是騙子，而這項指控終止她與此類運動的關聯。不過，在女權主義者兼印度民族主義擁護者安妮·貝贊特（Annie Besant）指引的新方向之下，神智學繼續蓬勃發展。它到21世紀依然興盛，尤其在歐美，而其核心信念仍無改變——「一切生命均是連續不斷且彼此連結」、「唯有透過深入研究神祕及其儀式實務，才能了解人類的存在，從而達到更高的意識狀態」，以及「那由真理指引的終極目標是一種完整的狀態」。可謂「條條大路通羅馬，但羅馬自始至終都只有那一個」。

▲ **海倫娜·布拉瓦茨基**
在俄羅斯出生的布拉瓦茨基是一個具有超凡魅力的美國神學家，儘管批評者譴責其為江湖騙子，她仍被譽為靈性領袖。她到後來成為一位隱士，最後幾年在倫敦度過單獨靜思的人生。

▼ **位於印度的總部**
海倫娜·布拉瓦茨基約於1882年左右在印度東南部的阿迪亞爾（Adyar）設立神智學會總部，那裡非常適合進行宗教的研究與比較。

▲ 聖誕老人在壁爐旁邊停步，留下頑皮圓胖的身影，係1837年羅伯特・威爾（Robert Weir）的畫作。

聖誕之靈

　　聖誕老人（Father Christmas）是聖誕魔法的擬人化身，是現代商業主義與基督信仰融合的象徵。他起源於中世紀的歐洲，即3世紀的聖尼各老（St. Nicholas，身為主教及愛送禮物的他是孩童的主保聖人），這位聖人後來逐漸成為與聖誕節有關的神話人物。人們相信聖尼各老有神奇的特質，包括飛越天空、將禮物同時分送給各地孩童的能力。

　　而在16世紀的北歐，於新教改革期間出現不那麼神聖的聖尼各老版本，像是英格蘭的聖誕老人及日耳曼的基督小孩（Christkind）。這些人物通常有超自然的助手（精靈是當中最著名者），以及知道孩子好壞的能力。

　　現代聖誕老人誕生於19世紀的美國，而其另一名稱Santa Claus係源自荷蘭語的Sinter Klauss，即荷蘭語Sint Nikolaas的縮寫。在1823年的詩〈在聖誕節的前一夜〉（'Twas The Night Before Christmas）裡面，「聖尼克」（St. Nick）有八隻會飛的馴鹿，能夠神奇地上下煙囪。而商業廣告，特別是20世紀的可口可樂公司所做的廣告，使這個版本的聖誕老人確立於流行文化當中。今日的他在世界各地以不同的樣貌出現，依然讓那些渴望相信他的魔法之孩子們感到高興。

「……他把手指抵在鼻旁，
點頭致意之後
就從壁爐的煙囪往上爬……」

克萊門特・克拉克・摩爾（Clement Clarke Moore），
〈在聖誕節的前一夜〉，1823年

金色黎明赫密士教團
祕術、祕儀與儀式魔法

▲ 正式章程
1888年12月，莫伊娜·馬瑟斯（原姓伯格森）起草這份章程，正式成立金色黎明赫密士教團，並由全部三位創始人——馬瑟斯、威斯特考特及伍德曼——簽署。

任何靈性運動都無法像金色黎明赫密士教團（Hermetic Order of the Golden Dawn）那樣確切含括19世紀晚期西方對於祕術、魔法和儀式的狂熱。它成立於1888年，為人們提供一套關於入門、學習及靈性成長的複雜學術規劃，然而它的早期形式僅維持15年就被極其嚴重的爭執摧毀。

追求靈性

金色黎明赫密士教團係由英國人威廉·伍德曼（William Woodman）、山繆·馬瑟斯（Samuel Mathers）及威廉·威斯特考特（William Westcott）建立。三人均為美生會成員（參見第194－197頁），對西方神祕傳統和古代魔法的每條脈絡幾乎都有鑽研，而教團的目標則是把這些脈絡組成某種連貫的形式，並藉嚴謹的儀式魔法修習以達至靈性感知力的新層次。對其成員而言，那條通往神祕覺醒的道路就像是煉金術的某種淨化形式，即將低賤的物質轉變成為嶄新的靈性黃金。

▶ 儀式華服
這幅馬瑟斯為魔法儀式穿戴全套華服的圖係由其妻莫伊娜所繪。馬瑟斯是金色黎明教團的推動力量，然而他非常古怪，以至於在1900年被教團除名。

> 「無悔。
> (Vestigia Nulla Retrorsum.)」

這是金色黎明教團「無悔姐妹」（SOROR V.N.R.）的法名（motto），「無悔姐妹」係莫伊娜·馬瑟斯（原姓伯格森）的筆名

入門與儀式

教團成員希望藉由對於天使、大天使、男神、女神及元素精靈的祈請，及部分藉由參加頗受埃及文化影響、充滿魔法方面的涵義與配上奇幻服裝、背景與道具的精緻儀式以達至此種靈性覺醒。該團體所具有的戲劇性在入門儀式特別明顯，即入門者在儀式當中會被綁在十字架上，並被要求宣誓效忠教團，而身著長袍的人物會在入門者的周圍進行祕而不宣的儀式。

身為隱密的組織，教團謹慎保護自己的修習細節，而且只有受到邀請才能入門。個別會員往更高靈性層面前進的過程，會需要通過三個意識和成長的領域，而其架構反映卡巴拉生命之樹的架構（參見第136－139頁）。第一領域是名為「金色黎明」的心靈世界，而魔法修習則是從

太陽，即偉大的發光
體，與月亮相對

名為瑪互特的圓球象
徵物質世界

▲ 玫瑰十字會的象徵

莫伊娜·馬瑟斯在1891年設
計的二階大印係以人像呈現
的生命之樹。五芒星裡面的
中心人物有大天使們在旁支
持，而外環代表水、火、
地、風及靈等元素。

第二領域開始，即「紅玫瑰與黃金十字」（Red
Rose and the Cross of Gold），至於第三領域則是神
聖界，即神祕首領（Secret Chiefs）的所在。

具決定性影響力的女性

　　金色黎明赫密士教團吸引某個具有特權的藝
術團體。與當時尋常情勢不同的是，該教團認為
男女平等，而其女性成員的貢獻對於高階魔法的
新領域造成顯著的影響。教團的男性成員當中有
作家布拉姆·斯托克（Bram Stoker）、亞瑟·柯南·
道爾及詩人葉慈（W. B. Yeats），而女性成員則包括
身為英國固定劇目（repertory）運動先驅的劇院老
闆安妮·霍尼曼（Annie Horniman）、愛爾蘭革命
家茉德·岡（Maud Gonne）、女演員弗羅倫斯·法爾
（Florence Farr），以及畫家莫伊娜·伯格森（Moina
Bergson），後者於1890年與教團創始人山謬·馬
瑟斯結婚，後來成為教團的高階女祭司。該教團
憑藉傑出的成員，而一直持續到1970年代。

象徵主義與神祕主義

面臨世紀交替的法國境內魔法發展

▲ 巴黎的決鬥

這幅1875年的版畫描繪一場因個人榮譽被冒犯而進行的決鬥。在記者亨利－安托完・朱爾斯－布瓦（Henri-Antoine Jules-Bois）撰寫譴責「惡名昭彰的撒旦教信徒」斯坦尼斯拉斯・迪瓜依塔的文章之後，兩人進行決鬥，雙方因手槍啞火均未受傷。不過在第二場決鬥時，他們都受到輕微的刀傷。

1880年之後橫掃西歐的祕術復甦係從當時身為世界的藝術首都法國巴黎開始，其為畫家、音樂家、詩人、作家、魔法師及招魂師的文化大熔爐。他們係富有創意但喜好爭辯的人們，其結合的能量使各方交相增長，並在概念的競爭上引發衝突。

巴黎的一些重要人物引領祕術的復甦，他們吸收當時仍存在的信仰，例如玫瑰十字會、卡巴拉及美生會，還有美國近期的神智學運動（參

見第238－239頁）。而法國祕術學者兼作家埃利法斯・列維的影響也很重大。

「玫瑰十字兄弟會王子」

在義大利出生的詩人斯坦尼斯拉斯・迪瓜依塔（Stanislas de Guaita）因其對於祕術學識的廣度和深度而被稱為「玫瑰十字兄弟會王子」（Prince of the Rosicrucians），身為引領眾人之光，他在巴黎的住處即成為志同道合者討論玄奧神祕思想的聚集地。迪瓜依塔於1888年創立祕術團體「玫瑰十字卡巴拉教團」（l'Ordre Kabbalistique de la Rose-Croix），而金色黎明赫密士教團也在同一年於倫敦成立（參見第242－243頁）。

迪瓜依塔的積極行動係由兩個朋友予以支持，其一係身兼醫師及祕術家的吉拉爾・恩考瑟（Gérard Encausse）（參見第257頁），他以「帕普斯」（Papus）之名推展事工並建立「馬丁教派」（Martinism）（係基督信仰神祕主義的形式之一），另一則是馬丁教派擁護者兼作家喬瑟芬恩・費拉丹（Joséphin Péladan），然其逐漸變得自負且具爭議性。相對於受到佛教及印度教等非西

背景小知識

探究撒旦信仰(satanism)

喬利斯・卡爾・余斯曼（J. K. Huysmans）的小說《在那下面》（*Là-bas*，係指地獄）虛構出相似與現實世界的斯坦尼斯拉斯・迪瓜依塔與被免除聖職的牧師約瑟夫・布蘭（Joseph Boullan）之間宿怨的小說情節。現實世界的雙方相互指責對方施展有害魔法來對付自己。而在小說裡面，故事主角對於煉金術的研究將他帶入19世紀法國的陰暗邪惡部分。謠稱布蘭在某次黑彌撒犧牲自己的孩子，而小說對這情節述作出血腥的描述。《在那下面》裡面的某個角色這麼說：「崇高的神祕主義到極端的撒旦信仰僅有一步之遙。」

余斯曼在1891年的**爭議小說**《在那下面》探討撒旦信仰。

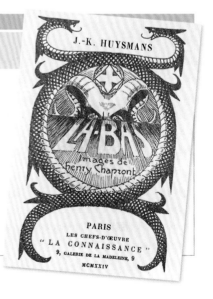

方信仰吸引的神智學會會員，迪瓜依塔的組織則專注在藉由對於基督信仰諸信念的新理解來進行靈性開悟。

象徵主義與魔法

　　就像金色黎明因強烈不滿而分裂那樣，迪瓜依塔的教團也沒有維持很久，僅過兩年就一分為二。1890年，身為虔誠天主教徒的費拉丹不僅離開迪瓜依塔，也與馬丁教派的信徒劃清界線。他建立一個與之相對的組織，即玫瑰十字聖殿騎士團（Ordre du Temple de la Rose + Croix），以復興失傳的魔法技藝。費拉丹的古怪使許多人與其疏遠，然而他具有將象徵主義運動的重要人物團結起來的天分，這些人將靈性與對於現世的絕望混雜在自己的作品裡面，與費拉丹所持觀點相符。

　　費拉丹既被諷刺為虛假不實的表演者，也被讚譽為19世紀晚期法國神祕主義的真正靈魂人物。自稱是「超級魔法師」（Super Magician）與「最高統帥」（the Imperator）的他在某次演講的開場白是這樣的：「尼姆（Nimes）人啊，我只要說出某個特定公式，大地就會裂開將你們全吞下去。」其名氣於1892年因舉辦一系列象徵主義作品展覽而達至巔峰。象徵主義詩人斯蒂凡·馬拉美（Stéphane Mallarmé）與保羅·魏爾倫（Paul Verlaine）、作曲家克勞岱·德布西（Claude Debussy）與艾瑞克·薩堤（Erik Satie），以及費爾南·諾普夫（Fernand Khnopff）和阿諾德·勃克林（Arnold Böcklin）等藝術家都由費拉丹予以宣傳。

▶ 玫瑰十字藝術展覽會（Salon de la Rose + Croix），1892年
這是喬瑟芬恩·費拉丹規劃的六場年度藝術展覽當中的第一場之海報，圖中人物迎向新的曙光。這些藝術展覽係在頌揚自己的玫瑰十字聖殿騎士團以及象徵主義運動相關人士的創意作品。

現代魔法
MODERN
MAGIC
西元1990年至今

導言

20世紀與21世紀的魔法具有多種形式。隨著主流宗教組織的權威性在許多地方都已衰退，小眾信仰能夠影響新種魔法修習和信念之發展。人們仍著迷於科學與魔法的關係，且後者已成為社會學、人類學和心理學的研究主題。隨著使用網路獲取資訊及連結志趣相投者越趨容易，今日的實修魔法已可用個人或眾人協作的方式輕鬆進行。

20世紀早期的魔法係以兩類發展作為象徵，其一始於19世紀後期，係儀式魔法在德英法的傳播。其得益於古老的傳說，並結合精緻複雜的儀式，應算是最為玄奧及靈性的西方魔法。其修習者的目標是透過對於神聖合一原則的了解而達到開悟，然其手段並不一定符合傳統。最為惡名昭彰的魔法師阿萊斯特·克勞利（Aleister Crowley），則把墮落和邪惡當成樂趣來享受。

第二類發展是大眾媒體造成的影響越來越大。甚至在第一次世界大戰之前，哈利·「手銬」·胡迪尼（Harry "Handcuff" Houdini）──無疑是20世紀最著名的魔術表演者──即吸引大量觀眾，那是大量媒體報導及自身表演技巧相輔相成的結果。各種形式的魔術成為電影的主要內容，後來電視節目也是如此，因此為這些媒體吸引大量的新觀眾。電影中對於魔法的描繪擴大它在大眾娛樂方面的吸引力，無論那是虛構的故事情節，還是幻術、幽默或耐力的大師級表演都是如此。

現代魔法看向遙遠的過去，也望向未來。對於異教魔法諸形式的再度發現與頌揚稱為新異教信仰（Neopaganism）。其中最著名的形式是威卡（Wicca）──即有點肖似前基督信仰時代巫術的現代巫術。它從1950年代開始發展，激發人們對古代信仰和習俗的興趣，由此催生出新薩滿信仰（Neoshamanism）及史崔格里亞（Stregheria）等運動。新異教的所有組織均重視與自然界的合一，除了少數幾個倡議極右派政治議題的團體以外，絕大多數都是非暴力的社群。

納尼亞的世界，參見第262-263頁

威卡信仰的五芒星圓，參見第265頁

藥人的手鼓，參見第281頁

然而現代的一些魔法派別據說係以追求個人利益為主，尤其是撒旦教（Satanism）和混沌魔法（Chaos Magic），兩者均專注在個人的滿足。

至於展望未來的魔法運動，大致上會被稱為新時代（New Age）或身心靈（Mind, Body, and Spirit）思想，即透過瑜伽、冥想、水晶療法及色彩療法等具整體觀點的方法尋求身心和諧。這種以整體為依歸的做法係是經過更新的民俗魔法形式，旨在為實行者眼中那些屬於21世紀之非自然的過量事物提供療癒。 新時代思想在崇尚自然的千禧巫者有個對應的新類型，即由社交媒體賦予力量、自認是激進組織的科技異教徒姊妹會（sisterhood of technopagans）。

「在一開始，文字和魔法是同一件事，
即使到了今日，
文字仍留有絕大部分的魔法力量。」

西格蒙德・佛洛伊德，《精神分析引論》（*INTRODUCTORY LECTURES ON PSYCHO-ANALYSIS*），1922年

祕魯治療師的靈視，參見第283頁

惡魔巴弗滅雕像，參見第288頁

非洲巫毒舞者，參見第293頁

▶ 異端魔法師

克勞利渴求惡名，甚至1923
年還有某家英國報紙稱他為
「世上至邪之人」。這張圖
顯示他戴著自己的「荷魯斯
頭飾」，係以古埃及神祇荷
魯斯為原型。

獸之魔法
克勞利與泰勒瑪信仰

20世紀初期，備受爭議的英國祕術家阿萊斯特·克勞利徹底棄絕基督信仰，發展出自己的信仰系統泰勒瑪（Thelema，即希臘文的「意志」一詞）。泰勒瑪汲取許多靈性及玄術的傳統，例如卡巴拉（參見第136－139頁）、玫瑰十字會（參見第154－157頁）及召魔術（參見第142頁）。克勞利在放蕩與自我放縱相當有名，他鼓勵泰勒瑪的會員親身參與儀式，有時也要實行情慾魔法（magick）——他的魔法會用這種不同的拼寫方法以跟一般魔法區分。

通往樂園的途徑

克勞利於1898年加入金色黎明赫密士教團（參見第242－243頁）。他希望該教團的儀式和玄奧魔法能揭示惡魔般的存在及天仙般的存在——也就是某項宇宙真理的眾多具現——所居住的世界，但這個希望落空。然而克勞利尋求的啟示不久出現，他在1904年於開羅聲稱某位古埃及靈體，即神聖守護天使艾瓦茲（Aiwass），曾經來拜訪他，而天使的口述成為《律法之書》（The Book of the Law）的內容，該書成為他當時成立的新宗教「泰勒瑪」的基石。克勞利自認是泰勒瑪的先知，而這個角色是要引導人類進入荷魯斯紀元（Aeon of Horus）——即泰勒瑪的歷史版本當中的第三紀元，人類在那時將能掌握自己的命運。

▶ **儀式魔法**
本圖顯示正在進行儀式的克勞利。他知道複雜的儀式對於魔法靈性發展的影響，例如靈知彌撒（參見第253頁）至少會有五名身著禮儀服飾的參與者。

克勞利創立銀星會（A∴A∴，即Astrum Argenteum），用來當成金色黎明赫密士教團的後繼者，並藉該組織推廣泰勒瑪。他在1910年還成為東方聖殿騎士會（Ordo Templi Orientis）（參見第253頁）的一員，該會採納泰勒瑪為其中心宗教，並以克勞利的泰勒瑪靈知彌撒（Thelemic Gnostic Mass）為其核心儀式。

泰勒瑪的未來

克勞利在1920年於西西里擁有總部——泰勒瑪修道院（Abbey of Thelema），並在那裡建立靈性社群，專注於性、儀式魔法及個人意志的重要性。他認為性能量可以當成魔法力量的來源而用在泰勒瑪儀式，而該儀式的目的是使參與者對準自己的真實意志。長期以來，克勞利欣喜於自己的高亢性慾在虔誠的維多利亞世界所挑起的流言蜚語，但這使他於1923年被逐出西西里島。然而這個事件以及他在1947年的死亡都沒有使泰勒瑪結束，它到今日仍是人們修習實踐的宗教之一。

▲ **銀星會之印**
七芒星是克勞利的銀星會團體之印記，同時象徵男性與女性。該靈性團體係於1907年由克勞利創立。

「行汝意志，應為律法全貌。而那律法就是愛，就是在底下支持意志的那股愛。」

阿萊斯特·克勞利，《律法之書》，1904年

▲ 異教徒之門

對於古伊多・馮・立斯特
而言，位於現代奧地利卡
農圖（Carnuntum）、名為
「異教徒之門」（Pagans'
Gate; Heidentor）的羅馬凱
旋門（triumphal arch）象徵
羅馬的統治，所以他在1875
年於其拱門底下埋入排成卐
字形的八個酒瓶，以紀念古
羅馬人在該地方的某次失敗
戰役。立斯特用卐字當成雅
利安人的象徵符號，為後來
納粹對於該符號的運用開了
先例。

人神合一

德國的祕術復甦運動

在19世紀，整個歐洲幾乎瀰漫種族主義
（nationalism）的情緒化觀點，而其重大發展則與
政治有關，即德國於1871年統一為正式的帝國，而
義大利在1870年左右成為一個王國。至於較為次
要的發展則發生在使用德語的地方，種族主義引
發那裡的人們對日耳曼文化當中原認佚失的面向
重新感到興趣，該面向即是在基督信仰崛起之前
的神祕異教信仰，而擁護者認為日耳曼的真正美
德表現在這項傳統當中得到頌揚。在此同時，強

調學習古代靈性和魔法的祕術復興運動，也在日
耳曼地區的諸國及其他歐洲地區有了追隨者。

異教與祕法

推動日耳曼異教傳承的核心人物是奧地利
詩人兼祕術家古伊多・馮・立斯特（Guido von
List）。擁護北歐神話的他成為戰爭與智慧之神、
雷神之父沃坦（Wotan，即奧丁）的信徒，並提
倡沃坦信仰（Wotanism），因為他認為這項宗

背景小知識

浪漫的背景

音樂天才理察‧華格納（Richard Wagner）以四部歌劇構成的《尼貝龍根的指環》史詩系列，將日耳曼神話與歌劇融合在一起而創造最為持久的藝術表現形式。而巴伐利亞國王路德維希二世（Ludwig II）也是華格納的崇拜者，他在坐落於浪漫森林山坡上、採取中世紀童話風格的城堡中重現華格納的神話歌劇世界。除此之外，立斯特的作品也激發眾人對於日耳曼神話的興趣，不是只有納粹而已。

巴伐利亞的新天鵝堡（Neuschwanstein Castle）係由路德維希二世下令建造，並於1886年完工，其靈感來自理察‧華格納的《尼貝龍根的指環》。

教復甦運動能夠重振日耳曼人民在基督信仰崛起之前的價值觀。立斯特的動機係出自其對純為雅利安人（Aryans）的日耳曼社群之種族主義（*völkisch*）信仰，聲稱這些雅利安人受到基督信仰教義的扼制，然而這些就歷史而言遠非正確的理論為後來的納粹採用。

自1902年起，立斯特的日耳曼種族主義逐漸染上祕術的色彩，特別是神智學的宗教（參見第238－239頁）。他堅定擁護符文的力量（參見第68－69頁），並聲稱自己對於符文的直覺解讀，可以獲得關於日耳曼異教信仰的隱藏知識，而他還相信第一次世界大戰係預示雅利安日耳曼新帝國的出現。

靈性兄弟會

相反於立斯特對於日耳曼異教信仰的關注，東方聖殿騎士會的目標是融合所有高階魔法知識並創立兄弟會以傳播精神和哲學知識。其係由卡爾‧凱勒（Carl Keller）和提歐多‧洛伊斯（Theodor Reuss）等兩位德國人於1902年創建，含括從美生會、卡巴拉到玫瑰十字會等各式祕術教導，旨在使人獲得對於存在、宇宙和靈性的終極領會。阿萊斯特‧克勞利（參見第250－251頁）從1910年開始主導這個教團，將其與自己的泰勒瑪宗教合併，並結合泰勒瑪儀式與一些天主教彌撒的結構，為其撰寫靈知彌撒。該儀式的主持牧師係屬東方聖殿騎士會裡面以教會形式運作的分支——靈知天主教會（Ecclesia Gnostica Catholica）。不同於幾乎同期發展的金色黎明赫密士教團（參見第242－243頁），東方聖殿騎士會至今依然存在。

▼ 奧祕藝術

人們認為瑞士畫家保羅‧克利（Paul Klee）於1920年創作的水彩畫〈黑魔法〉（Black Magic），是將藝術家本人描繪成魔法師。德國的祕術復甦運動為許多藝術家激發靈感，而一些評論家聲稱克利的作品係受到招魂術的影響（參見第224－227頁）。

「我們的教團擁有開啟
美生會及赫密士思想
一切祕密的鑰匙……」

提歐多‧洛伊斯，《金焰》（*The Oriflamme*），1912年

用於占卜的符文

符文是維京人及其他日耳曼民族曾經使用的象徵符號。它們是一種字母表，通常有24個字母，均有各自不同的發音及與北歐神話相關的象徵意義。符文可能在過去是用於溝通的一般工具，但人們也會用它來算命、施法和提供庇佑。專家會製作刻有符文的石頭用於占卜，但占卜只是起步而已，其魔法用途不只如此。有位維京人是這麼說的：「任何人在學會順利解讀符文之前，都不得刻畫符文來施展法術。」

▲ 若是一般性的解讀或是回答特定問題，可從袋子裡隨機抽出一顆符石來解讀，也可以在布上鋪出全部符石並隨機挑選其中一顆來解讀。

▲ 菲胡（Fehu; F）意謂牛隻，還有努力掙得的財富和成功。顛倒的話，代表失敗的計畫。

▲ 烏魯茲（Uruz; U）則是野牛，即現已滅絕的巨牛。它意謂蠻力、意志力和家的安全。

▲ 瑟瑞沙茲（Thurisaz; TH）代表諾斯神話的巨人，意謂看見未來或發現真相。

▲ 安蘇茲（Ansuz; A）代表奧丁，通常代表傾聽自己的內在聲音或聽取他人的建議。

▲ 萊多（Raidho; R）意謂一段漫長旅程——無論那是現實世界的旅行，或是比喻靈魂或療癒的歷程。

▲ 哈格拉茲（Hagalaz; H）表示冰雹或戰鬥中降下的箭雨，以及人類無法操控的大自然破壞力量。

▲ 瑙提茲（Nauthiz; N）係為需要或必要性，代表謹慎，或是對於事情嚴重程度的覺知。

▲ 伊撒（Isa; I）代表冰，意謂及時的凍結，或將所有事情擱置一段時間以進行反思。

▲ 耶拉（Jera; J）係為收穫，或是一整年的循環週期，意謂終究會在對的時間收割勞心勞力的獎勵。

▲ 艾瓦茲（Eihwaz; EI）是紫杉，係用於製作魔杖的聖樹，代表行正確之事，或保持耐心。

▲ 提瓦茲（Tiewaz; T）係代表戰神提爾的符文，以前會被刻在武器上。它意味著動機與超越。

▲ 貝卡納（Berkana; B）代表白樺，以及掌管生育的春之女神伊登（Idun）。它意謂做好準備（prepare the ground）。

▲ 伊瓦茲（Ehwaz; E）是神聖之馬，意謂使諸事達到平衡，或專注在那些為了進步而需要的工具。

▲ 瑪納茲（Mannaz; M）代表人類，代表個人在眾人當中的位置，以及反思的心態。

▲ 拉古茲（Laguz; L）是水或水體，象徵女性能量，或是靈的淨化。

▲ 符石擺陣不是只用書本查找符號而已，符石的放置方向及落定時布成的圖案會對解讀產生很大的影響。

▲ **開納茲（Kenaz; K）**係為火把或燈塔。它象徵黑暗中的希望，是事情受阻時的活路。

▲ **給勃（Gebo; G）**是獻給眾神的祭品，意謂放下自我堅持以與周遭環境和諧共處。

▲ **溫究（Wunjo; W或V）**係為舒適、喜樂或榮耀，意謂自己的幸福和寧靜不需假手他人。

▲ **佩索（Perthro; P）**與鳳凰有關，具有「未知」之意。它象徵放下、死亡和重生。

▲ **奧吉茲（Algiz; Z）**係為防禦或保護，意謂在釐清自己的想法之後，打造正確的人際關係。

▲ **索維洛（Sowelo; S）**代表太陽，意謂完整、圓圈的完成，或是對個人陰暗面的認識。

▲ **殷瓦茲（Inguz; NG）**也許是指神祇「因格」（Ing），也可以指丹麥人。它意謂人與人的連結所具有的祝福。

▲ **達嘎茲（Dagaz; D）**係為白天或晝光，意謂開始新的篇章、頓悟（see the light）或嘗試新的想法。

▲ **歐瑟拉（Othila; O）**是傳承，即傳遞知識、財富或鄉土。它意謂自由與獨立。

解讀符文

　　若要做範圍更加廣泛的解讀或是深入探究特定課題，可排出三、四、五顆或更多符文的組合以提供更多的細節。解讀符文的方式有很多種，且解讀順序也有可能不同。

1	3	2

三符文陣

1. **過去**：某個行動或是問題；2. **現在**：其挑戰及最佳行動方案；3. **未來**：採取行動之後的結果。

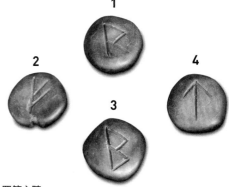

四符文陣

1. **過去**：課題、欲望或影響；2. **現在**：面對的情況或問題；3. **可能性**：好與壞的選項；4. **未來**：期望的結果。

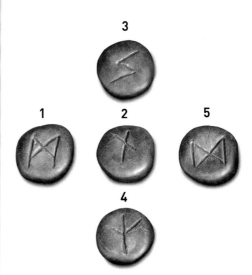

五符文陣

1. **過去**：引發當前情況的原因；2. **現在**：好或壞的課題；3. **解決方案**：預期可從他人得到的指導和幫助；4. **問題**：解決方案當中的障礙；5. **未來**：預期的結果。

靈性神祕家

20世紀早期的魔法社群

▲ 格拉斯頓伯里之丘
（Glastonbury Tor）

英格蘭西南部的格拉斯頓伯里逐漸成為荻恩·佛瓊研究神祕主義的重要地方。她於1924年在那裡開設名為「聖杯果園」（Chalice Orchard）的靈性靜修中心。

在第一次世界大戰期間，年輕女子薇爾蕾特·瑪麗·伏爾斯（Violet Mary Firth）經歷驚人的轉變。當時的她是住在倫敦並接受傳統教育的英國人，然而在接受心理學家的訓練過程發現神祕的心靈世界，這使她對其人生永遠改觀，並支持那些從19世紀後期在西歐開始興起的祕術信仰及玄奧思想。她的信心是全然的，篤信自己連結到諸多時代的智慧，有一部分是基督信仰、另一部分是心靈力量，並且也已歷經多次轉世。

荻恩·佛瓊

薇爾蕾特·伏爾斯於1919年改名，以荻恩·佛瓊（Dion Fortune，係Deo Non Fortuna的簡稱，其字面意思是「由天，不由機會」）之名重新出道，同年成為神智學會（參見第239頁）的成員。她和該會其他成員一樣，確信自己接觸到揚升大師（即轉世的開悟存在個體），甚至在某次異象看見其中一位，即「慈悲之主耶穌師父」（Master Jesus, Lord of Compassion），而這位大師引導她走向自身靈性的更高層次。佛瓊著作多書，包括實修魔法的指南、卡巴拉的解釋（參

見第136－139頁）和祕術小說。然而她留給世人的最大遺產，應是她在1927年於倫敦創立的「內明社」（Society of the Inner Light）。

魔法與神祕主義

荻恩·佛瓊並不孤單，除了身為神智學會的會員之外，她也曾受到金色黎明赫密士教團的啟發（參見第242－243頁）。而後者在19世紀末決裂之後，山繆·馬瑟斯創立始終玫瑰十字會（Rosicrucian Order of Alpha et Omega），其妻為藝術家兼祕術師莫伊娜·馬瑟斯（Moina Mathers）則於1918年接手主持該會，佛瓊係於1919年加入該組織。始終玫瑰十字會與1926年由艾根·格羅薛（Eugen Grosche）於德國發起的土星兄弟會（Fraternitas Saturni）的成員一樣，都認為魔法及對於神聖事物的領會是通向靈性的途徑。

重要的玄學運動還有兩項，即1889年在法國成立的馬丁教派（參見第244－245頁）及1915年在英國成立的玫瑰十字會（Fellowship of the Rosy Cross），也對追尋神聖源頭及力量同樣有興趣，不過他們比較重視祕法而不是魔法。兩者都具有明確的基督信仰，相信靈性沉思是進入上帝內心的方式，而它們到今日都還繼續存在。

葛雷戈里·拉斯普亭（GRIGORI RASPUTIN，1869－1916年）

神祕療者還是江湖騙子？

在歐洲於19世紀發展靈性的同時，祕術以及諸如神智學等各種替代俄羅斯東正教的宗教激發位於聖彼得堡的權貴人士之想像力。1903年，出生於西伯利亞農民家庭、自稱為基督再世的葛雷戈里·拉斯普亭進入俄羅斯首都的上流社會，並於1905年開始獲得沙皇皇后的信任。對她來說，自稱擁有神祕療癒力量的拉斯普亭似是她那患有血友病的兒子阿列克西（Alexei）的唯一希望。拉斯普亭是個怪誕的人物，係被自身神聖性的信念驅使的性罪犯。至於他被殺害的過程——歷經毒殺、槍殺，最終溺斃——就跟他的人生一樣充滿爭議。

8ᵉ volume. Nᵒ 410. — 10 c. Un an : 6 fr.

LES HOMMES D'AUJOURD'HUI

DESSIN DE DELFOSSE

TEXTE DE M. HAVEN

Bureaux : **Librairie Vanier, 19, quai Saint-Michel, Paris.**

PAPUS

▶ **馬丁教派信奉者的會議室**
19世紀晚期歐洲祕術復甦運動的主要推動者之一是取名為「帕普斯」（即「醫生」之意）的法國醫生吉拉爾·恩考瑟。他創立馬丁教派，此圖則將他的身影放在該組織的會議室裡面。

▶眼見為信
這是凱拉最著名的幻術表演之一「卡納克公主的懸浮」,會用到一台液壓升降機,隱藏在「懸浮」的女人底下,而凱拉身為表演者的架勢則是幻術成功實現——使觀眾不得不信——的關鍵。

戲法
大出風頭的魔術表演

讓‧尤金‧羅貝特－胡登（參見第236－237頁）在19世紀中期大力推動魔術表演，而它繼續蓬勃發展到下一個世紀。這是魔術的黃金時代、是一宗大生意，它使劇院擠滿了人，而主演者得到讚揚。魔術得要成為讓人驚奇的事物，用更加戲劇的方式具現出無法解釋的事物。就魔術表演而言，精心製作的連貫幻術固然重要，但魔術師完美無瑕地扮演具現不可能事物的魔法師也同樣重要。

掌聲與讚譽

重要核心人物之一是美國魔術師哈利‧凱拉（Harry Kellar），他的觀眾會認為他看似連結到靈界，而其於19世紀後期成為首位獲得國際名聲的舞台魔術師。中國幻術師金林福（Ching Ling Foo）也獲得極大的讚譽。其在表演當中似乎能使被斬首者起死回生、將刀片推過自己的鼻子而沒有受傷，還會從黑色斗篷底下產生各式各樣的動物，甚至還有孩童。

至尊胡迪尼

許多魔術表演的內容逐漸變得越來越刺激，不僅在於魔術師的技藝，還在於他能夠奇蹟般地避免死亡，而世上沒有哪位魔術師還比在匈牙利出生的哈利‧胡迪尼更能體現此點。胡迪尼可稱得上是表演技藝的擬人化身，是喜愛挑戰不可能的優秀脫逃專家和技術員。其最著名的表演都需要驚人的體能表現，但這些表現仍是技術。他的態度逐漸傾向堅決反對那些試圖偽裝自己是真貨的虛假靈媒。

魔術手法

兩位大師在20世紀初出道時係使用最古老的表演魔術形式之一，即魔術手法（*legerdemain*; sleight of hand）。在威爾斯出生、藝名為「卡迪尼」（Cardini）的理查‧皮奇弗德（Richard Pitchford）可以無中生有般地產生超級大量的撲克牌，並將其排成完美的扇形。過了不久，美國魔術師錢寧‧波洛克（Channing Pollock）是首位使鴿子從絲綢手帕中撲飛出來的表演者。沒有人認為這類技藝是真正的魔法，但它們很少不會令人目瞪口呆的呢。

▲ 最初的中國魔術師
北京出生的金林福所表演的諸多幻術都是中國魔法的變化形式，其產生的神祕氣氛風靡歐美。

▲ 以命相搏
對於自己的那些具有致命風險且看似不可能的挑戰，胡迪尼總是感到相當興奮，例如在這場於紐約進行的著名特技表演當中，被拘束衣綑住並倒掛在起重機的他正試圖逃脫。

「他所做的事情似乎都是不可能的。他真的只是個幻術師而已嗎？」

露絲‧布蘭登（RUTH BRANDON），《哈利‧胡迪尼九死一生的人生》
（*THE LIFE AND MANY DEATHS OF HARRY HOUDINI*），1993年

▲打破界限
馬林諾夫斯基藉由與特羅布里恩群島人民的合作，奠定現代社會人類學的基礎。他在 1920 年代發表自己的研究。

在迷信的背後
殖民時期的人類學家

對於19世紀後期的人類學家來說，部落社會在「儀式魔法」的運用表示他們的發展程度不像西方社會那麼好——然這觀點現已被認為不合時宜且帶有種族偏見。人類學（Anthropology，即對於人類社會的研究）當時是相對較新且還在進化當中的學問，而關於部落儀式的觀念在20世紀期間發生根本的變化。

田野調查

在波蘭出生的人類學家布羅尼斯瓦夫・馬林諾夫斯基（Bronislaw Malinowski）於1915年開始進行自己的田野調查，而其成果大幅改變人類學家對於魔法實踐方式的觀點。他在大洋洲的美拉尼西亞（Melanesia）與特羅布里恩群島島民

（Trobriand islanders）一起生活數年，用他們的語言講話並觀察他們的習俗。島民廣泛使用魔法，而且無論是建造獨木舟、種植薯類或進行療癒，其過程都會唸誦魔法方程式，有時還會結合儀式。而馬林諾夫斯基所得出的結論是這種魔法並非根植於迷信，而是具有邏輯的基礎（能為日常的現實事務提供協助）以及至關緊要的社會角色（為人們創造出相同的身分認知）。他還指出魔法在該社會的角色，跟宗教與科學在技術先進之社會的角色有著

▶ 祖先的連結
阿贊德人非常重視上有五弦的昆迪（*kundi*）豎琴。琴頸上面的雕刻頭部係表示此琴所產生的音樂均來自他們的祖先。

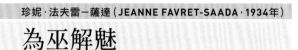

珍妮·法夫雷－薩達（JEANNE FAVRET-SAADA，1934年）

為巫解魅

法國人類學家法夫雷－薩達在為自己的學術著作《致命文字》（*Deadly Words*，1977）進行研究時將田野調查提升至新的水準。此書嘗試使用人類學的方法，探討位於法國西北部馬耶訥（Mayenne）的巫術主題。對於法夫雷－薩達來說，關於施展魅惑（bewitchment）與「解除魅惑」（unwitching，即抵消施展魅惑的影響）之概念，只有圈內人士才能完全理解，因此她親身參與巫術，以寫下自己的體驗並予以解釋。

相似之處。馬林諾夫斯基的事工後由英國人類學家伊凡斯－普里查（E. E. Evans-Pritchard）繼續進行，而後者在1920年代後期研究尼羅河上游區域的阿贊德人（Azande people），重點則放在巫術——阿贊德人認為所有的不幸都是巫術造成的。

魔法與結構主義

早期的人類學工作出現一個問題，即人類學對於魔法沒有大家都同意的定義。魔法是否具有一切社會常見的通用元素呢？而在1930年代出現一個可能的答案，即法國人克勞岱·列維－史綽斯（Claude Lévi-Strauss）將魔法概念發展為一項人類常數（human constant），而其觀點是魔法的基本共同特徵就是對它的信仰——不論現代醫學或薩滿信仰都能適用此一論點。在1950年代，英國人類學家維克多與伊迪絲·透納夫婦（Victor and Edith Turner）提出魔法的另一特徵。他們與北羅德西亞（Northern Rhodesia，即現在的尚比亞）的恩丹布人（Ndembu people）合作，將魔法儀式確立為凝聚社會的方法之一，特別會用在和平解決紛爭。

> ### 「魔法的作用係將人的樂觀化為儀式。」

布羅尼斯瓦夫·馬林諾夫斯基，《魔法、科學和宗教及其他論文》（*MAGIC, SCIENCE AND RELIGION AND OTHER ESSAYS*），1948年

▶ 尼科巴的守護者

「狠它可以」（*hentakoi*，即嚇人的惡魔）是背有龜殼的木雕人像，代表神話中的存在。「狠它可以」在印度洋的尼科巴群島（Nicobar Islands）被用來驅除屋內惡魔。19世紀後期，有幾位人類學家研究尼科巴人的生活。

魔法與幻想小說

儘管19世紀才有人寫出第一部現代奇幻小說，然此一流派在20世紀中期已臻至成熟，目前一些眾人皆知的奇幻小說均是在該時期推出的作品，而它們的裡面都有著魔法。其中最著名者是托爾金（J. R. R. Tolkien）的《魔戒》（*The Lord of The Rings*）。就像他的早期著作《哈比人》（*The Hobbit*）一樣，該系列讓人想像一個人類與精靈、矮人與哈比人、巫師與亡靈同時存在的世界。

路易斯（C.S. Lewis）以七部作品構成的《納尼亞傳奇》（*The Chronicles of Narnia*）系列也是以奇幻之地作為設定，該系列敘述納尼亞這塊有著人羊（faun）及邪惡白女巫的土地裡面的魔幻危險與奇景，而在其第一部作品當中，前去那地方的入口是某個魔法衣櫥。然而，《納尼亞傳奇》系列作品與托爾金的作品的差異，在於前者只有部分設定在奇幻世界，而羅琳（J. K. Rowling）的著名《哈利波特》（*Harry Potter*）系列作品也是如此。路易斯選擇曾為托爾金的一些書籍繪圖的波琳·拜恩斯（Pauline Baynes）為整個系列繪製插圖。

而奇幻小說裡面常見之超脫現實的環境、魔法及奇妙動物通常可以追溯至更早的神話、傳說或童話故事，例如懷特（T. H. White）的《永恆之王》（*The Once and Future King*）是1958年一套四部書同時出版的作品，係以亞瑟王及其名為卡美洛（Camelot）的宮廷之神話為基礎，而這個關於魔法、愛情、背叛和覆滅的生動傳說最早出於中世紀時期的記載（參見第110頁）。

> 不用引述那奧祕魔法給我聽，女巫。它被寫下來的時候，我就在當場。」

C·S·路易斯，《獅子·女巫·魔衣櫥》
（*THE LION, THE WITCH AND THE WARDROBE*），1950年

▲ 露西與人羊，起行走在白雪紛飛的世界。這是 C. S. 路易斯《獅子、女巫、魔衣櫥》的場景，侖卡遜於，拜因斯繪製

威卡信仰與巫術

現代的巫者

威卡信仰（Wicca）係以盎格魯—撒克遜語的「巫者、女巫」（witch）命名，也被稱為「巫術」（witchcraft）或只稱為「技」（the Craft），係為新異教信仰的一個分支（參見第272—275頁），是將舊信仰轉成適用於現代的運動。

威卡所借鑑的傳說與魔法修習幾乎遍及所有時代，然其身為宗教的歷史還不到一百年。它於1940年代由古怪的前英格蘭殖民地公務員傑拉德·加德納（Gerald Gardner）於英格蘭創立（參見下文），他宣稱威卡係為基督信仰崛起前的異教信仰之直接後裔，但它的許多儀式和教義事實上都是由加德納本人所創。威卡沒有既定的宗教修習核心，因此它在全球各地散布的過程中採用多種形式。而這些形式均統一在某個共享信念之下，即相信整個自然界、魔法的概念及「無有傷害」（即只做善事之意）的中心信念裡面都存在著良善神性。不過，有時實際操作會與理論相差甚遠，例如在2016年美國總統大選期間，威卡信徒在網際網路上施放對付唐納·川普（Donald Trump）的一些詛咒（參見第300—301頁）。

自然界裡面的良善魔法

威卡信仰一般來說為二元論（相信兩位相等的神）。其男性神祇通常係由角神（Horned God）為代表，太陽是其最明顯的具現，是生命和行動的象徵。女性神祇通常以母親女神（Mother Goddess）或希臘大地女神蓋亞（Gaia）為代表，並以代表情感和直覺的月亮為象徵。由此推之，四季的輪轉、春分與秋分、夏至與冬至，還有象徵女性每月週期的月亮盈虧就會定出特別的崇拜時間。威卡的信仰者認同自然界，係根據我們全都是自然界的某個神聖面向之信念。那由自然界的奇蹟明確表現出來的神性，它在我們每個人的裡面，也在每一河流、山脈、樹木

▲ 四季交替

這個年輪含括相互交替的四季之象徵，像是春季的花朵、夏季的太陽，還有豐盛的收成，反映出死亡與重生周而復始的交替。

> ## 「我生命中最神奇的時刻，
> ## 就是首次自稱『女巫』的時候。」

威卡信仰女祭司**瑪格特·阿德勒**，《邀月》（*Drawing Down the Moon*），1979年

傑拉德·加德納（1884－1964年）

威卡信仰之父

現代巫術的創始人加德納生平多在英屬馬來亞（Malaya）生活，當地對魔法修習的崇敬態度令他印象深刻。他在1930年代後期聲稱加入英國多塞特郡（Dorset）當地的巫者團體，隨後將餘生奉獻在巫術的推展。在宣傳方面具有天分的加德納撰寫一系列頗受大眾歡迎的書籍，並在1960年代早期實現看似不可能的目標——即人們開始因著巫術具有心理、社交及社群層面的好處，而認為該信仰頗具吸引力。

和動物裡面。用這個世界及宇宙本質即具有魔法來解釋魔法，仍然是威卡的基本信念之一。原初的加德納威卡信仰已知具有入門儀式的規矩，然而後續版本則在對於魔法的理解方面更加柔軟，正如21世紀某位威卡信徒所言：「每天早上，太陽必會昇起，而我們都會在這裡看到日出，這整個事實真真是奇妙。」除了「無有傷害」的信條以及對自然界的魔法歡慶之外，威卡信仰的分支開始一個個地斷離加德納的原初願景。在1950年代

最先挑戰加納德的人是他的門徒朵琳・瓦里恩帖（Doreen Valiente），然其目的並不是質疑加納德的願景，而是予以淨化。其他與加納德對立的團體也跟著這樣做。

隨著威卡信仰的進化，人們不再遵循加德納的大部分指示（例如「要施展魔法，就得赤身裸體」），但一些做法仍然存在。首先是創造一個圓圈，可以用驅魔的水、法刃（匕首）或蠟燭來畫。信徒們相信自己可藉由這個圓圈與物質世

▲ **神祕的五芒星圓（pentacle）**

圓裡面的五芒星──或稱五角星（pentagram）──的五個點代表地、水、風、火及靈。其圓圈則象徵個體與自然世界形成的整體性和一致性。

界分開。而在吟誦法術及咒語（有許多係由朵琳・瓦里恩帖引入）、製作魔藥，還有跳舞的過程中，施法者會使用多樣物品來強化儀式，像是水晶、蠟燭、藥草（特別有強效）、燃香、油品與塔羅牌。

這些儀式與美生會（參見第194－197頁）的高階魔法有關，但也與江湖郎中及民俗魔法的實踐形式有關。到了今日，只要施術者的意圖良善，就可以為儀式賦予自己所選擇的意思。

魔法的吸引力一直增加

威卡信仰在全球的吸引力非比尋常，它克服人們認為巫術是黑暗及險惡的常見偏見，而且看似是專為女性保留的宗教。威卡信仰吸引1960年代的反主流文化，之後則呼應21世紀千禧年世代的「無論斷」價值觀，當人們對其進行永

▲ 威卡婚禮
自1960年代後期以來，繫手禮（handfasting，即威卡信仰的婚禮）越來越普遍。這對夫婦於2008年結為連理，而負責儀式的祭司則戴上公羊角以象徵角神（the Horned God）。

無止境的重新闡釋，它也沒有問題。威卡信仰在北美先由英國出生的雷蒙德・巴克蘭（Raymond Buckland）倡導，他在1964年宣稱自己是美國的首位巫術師，同時強調盎格魯撒克遜對巫術的影響所具有的重要性。在1970年代，美國記者瑪格

▼ 螺旋舞（spiral dance）
靈性主義者蜜莉恩・西莫斯（Miriam Simos），以「星鷹」（Starhawk）之名廣為人知。首次螺旋舞表演係於1979年舉行，其靈感來源自於她，而這種歡樂活動是對於異教信仰女權主義的肯定，每年——特別是在美國——都會在「重生節」（Samhain）舉行。

儀式和慶典

現代威卡信仰儀式，幾乎能夠根據任何特定聚會的個別喜好與紀念對象採取任何形式。最常見的儀式是異教節慶（the Sabbats）儀式：夏至與冬至、春分與秋分，還有介於四者之間的「跨季日」。信奉者會用當季植物的枝葉及鮮花製作華麗的展示物品，也許會唸誦跟療癒有關的祈禱及詩歌，或是單純深思該季節所帶來的祝福。參與節慶的人們都會祈請男神與女神，以及四元素，有時還加上第五種元素阿卡莎（Akasha，即「靈」的意思），也有可能向四個基本方位提出請求。

這位婦女設立祭壇以進行「威卡歡迎儀式」（Wiccaning），為出生在威卡信仰家庭的新生兒賜予祝福。

特·阿德勒（Margot Adler）在宣揚巫術教義方面也有同樣的影響力。約在同一時間、同樣是在美國，匈牙利出生的祖薩娜·布達佩斯（Zsuzsanna Budapest）將威卡信仰視為女權主義的支柱，而且她只崇拜女性神祇。從那時起，諾斯威卡（Norse Wicca）、凱爾特威卡（Celtic Wicca）、德魯伊威卡（Druidic Wicca）、獨修威卡（Solitary Wicca）、兼容威卡（Eclectic Wicca）等信仰亦相繼出現，而在那些最為勇於發言的威卡信徒當中，則會看到環保人士的身影。

　　根據估計，現今光是美國一地就有多達150萬個巫者，無論威卡信仰在1940年代傑拉德·加德納所想像的神祕世界之後經歷何種演變，現代巫術在在證明人類對於魔法仍有持續的需求——以及信仰。

> 「女神是活著的。
> 魔法正發生著。」

祖薩娜·布達佩斯，威卡信仰的作家，2010年

威卡信仰的工具

魔法的專用工具最早係由英國威卡信徒傑拉德·加德納指明，而今日的威卡信仰分支則選擇那些能在自己手上發揮效果的工具，這些工具通常用於那些在魔法圈裡面舉行的祭壇儀式，以增強靈性（或「心靈」）能量並協助人們達至能與神聖界直接連結的境界。此類連結則為這些工具賦予能在魔法儀式中分享給使用者的神聖力量。

五芒星圓是威卡信仰的象徵之一

這裡的握把做成像是鹿角的形狀

這個握把是鹿蹄

▲ **儀鞭**（ritual scourge）僅在某些威卡信仰派系中使用，象徵入門者為更加了解巫術而必須經歷的犧牲和苦難。

日與月都是威卡信仰的崇拜對象

▲ **巫刃**（athame）關聯到火之靈或風之靈。它們被用來劃出魔法圈並在裡面引導能量，完全不是用來取血或造成傷害的工具。

▲ **聖杯**（chalice）在威卡信仰中代表女神的子宮，裡面會裝滿水、紅酒、麥酒，或是對應儀式的藥草浸液。

▲ **搖鈴**（bell），威卡信徒大多用它來集中注意力或吸引能量。根據加德納的説法，每個儀式都會需要特定數量的搖鈴。

鹿角對威卡信徒而言是神聖的

▲ **角杖**（stang）的頂端安上鹿角以象徵威卡信仰的角神。在旅行的時候，可將角杖當成臨時權宜的祭壇來用以協助靈體旅行。

杖柄是用樹枝製成

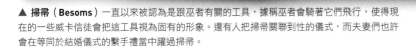

▲ **掃帚**（Besoms）一直以來被認為是跟巫者有關的工具，據稱巫者會騎著它們飛行，使得現在的一些威卡信徒會把這工具視為固有的形象。還有人把掃帚關聯到性的儀式，而夫妻們也許會在等同於結婚儀式的繫手禮當中躍過掃帚。

這些孔將燃香的香氣釋放出來

▲ **釜**（cauldron）一直以來是巫術文化密不可分的部分，是用於製煮藥水的工具。而現今的一些威卡信徒認為它們比較像是滿足想像的物品而不是工具。

▲ **燭架**（candelabra）與蠟燭據說象徵男神與女神。它們通常會被放在五芒星圓（參見右圖）的兩側，或靠近祭壇中心的地方。

▲ **魔杖**（wand）用於引導能量及畫出魔法圈，但其形式比巫刃更加溫和。魔杖經常用於儀式中以祈請男神與女神。

▲ **五芒星圓**象徵大地。威卡信徒會把五芒星圓的象徵或印記——通常是一個畫在圓裡面的五角星——當成用於祝福祭壇並在其中聚集魔法能量的工具。

▲ **香爐**是相當有用的工具，因為燃香是威卡信仰的關鍵部分，這一點在許多宗教信仰也是如此。威卡信徒運用藥草、香料、油品、樹脂及樹皮的香氛以創造出準備好與靈界交流的心態。

▲ **西西里的狄蜜特女神**
這尊出自西西里、為公元前6世紀的半身像所要表現的是狄蜜特女神，即波瑟芬妮女神的母親。她掌管無盡的生死循環，並被認為是「史崔格里亞」的眾神之一。

「老宗教」
史崔格里亞

義大利裔美國人的巫術運動「史崔格里亞」（Stregheria）宣稱其可以溯至某項料想應當存在的義大利民俗傳統，而其根源是西元前一千年、在羅馬人及基督信仰時代之前，生活在義大利中部的伊特魯里亞人（Etruscans）。根據史崔格里亞的說法，伊特魯里亞人的信仰系統由於被認為是某種根深蒂固的農民傳統，所以逃過羅馬人的鎮壓與同化，直到19世紀末才被曝光。史崔格里亞由於源自這些傳說中的古老根源，因此也被稱為 *La Vecchia Religione*，也就是「老宗教」（the Old Religion）。

靈性傳承

史崔格里亞係基於1899年出版的《阿菈迪雅，或稱巫者福音》（*Aradia, or the Gospel of the Witches*）（參見下文），據稱內含某個義大利巫者異教信仰的神聖文獻。其所描述的崇拜形式——

▶ 伊特魯里亞的黛安娜

身為神聖女獵人及月亮女神的黛安娜（Diana），是史崔格里亞崇拜的古代神祇之一。而這尊年代為西元前4世紀、雕有黛安娜女神形象的青銅雕像，其發現地點是在義大利中部的內米（Nemi），那裡是獻給這位女神的聖地。

對於男女神祇、自然界及其諸季節的敬拜，還有對於春分及秋分、夏至與冬至的慶祝——與威卡信仰的崇拜相似（見第264-267頁）。而史崔格里亞的現代運動始於1970年代義大利裔美國人里歐·路易斯·馬爾泰羅（Leo Louis Martello）的著作。他描述自己由親戚引介入門的信仰類似於阿菈迪雅的故事所載的信仰，不過他家族的巫術也受到了西西里對於豐收女神狄蜜特（Demeter）及其女兒波瑟芬妮（Persephone）之信仰的影響，因此他們把聖母瑪莉亞視為女神狄蜜特的變體。而美國作家瑞文·格里馬西（Raven Grimassi）於1995年汲取威卡信仰的修習方式，接受義大利魔法的某個祕密傳統之入門，並出版《史崔格里亞之道》（*Ways of the Strega*）。這兩位作者對於史崔格里亞的鞏固和傳布協助甚大，特別是在具有大量義裔國民的澳大利亞。

背景小知識
荷光者（bearer of light）

美國民俗學家查理斯·李蘭（Charles Leland）撰寫《阿菈迪雅，或稱巫者福音》，而此著作引發「史崔格里亞」的運動。該書係基於李蘭與名為「瑪達萊娜」（Maddalena）的佛羅倫薩算命師之間的互動，而後者告訴他義大利的某項古老巫術傳統。這傳統依然存在，其巫者崇拜女神黛安娜、其兄弟（兼愛侶）「荷光者」路西法（Lucifer），還有祂們的女兒阿菈迪雅，而後者則來到人間教導魔法。該書描述該項傳統的儀式、法術與信仰，並在1960年代開始流行，儘管其真實性仍有待商榷。

根據《阿菈迪雅》作者所言，該書係為「史崔格里亞」的神聖文獻。

> 「這個『史崔格里亞』、『老宗教』已超出單純術法的範圍，但還沒有到宗教信仰的程度。」

查理斯·李蘭，《阿菈迪雅，或稱巫者福音》，1899年

向過去取經

新異教信仰

新異教信仰（Neopaganism）此詞係指的是現代重拾的那些在猶太教、基督教、伊斯蘭之前的信仰，前述的威卡信仰（參見第264—67頁）算是新異教信仰之一。新異教信仰始於1960年代西方反主流文化的發展，當時許多人拒絕既定的權威，而在不同於物質世界的另一領域尋找既新又自由的靈性及意義。它在1990年代大受歡迎，並於21世紀繼續流行下去。新異教信仰很少有信條或教條，然在其眾多不同形式當中還是會有特定的共同特徵：信奉者通常是多神論者（信仰眾神）或泛神論者（萬物有神）、對於男性和女性均予以尊重，以及崇敬包括人類及祖靈在內的大自然並視之為本然神聖。最為重要的是，新異教信仰將魔法升格，將其視為這世界的生命力量之一。

德魯伊、威卡、自然及過往年代

與眺望未來的新時代思想信奉者（參見第284—287頁）不同的是，新異教信仰者係從古代世界汲取靈感。德魯伊信仰（即凱爾特文化的導師、祭司或賢者之修行道途）係在18世紀於英格蘭復興，德魯伊古教團（the Ancient Order of Druids）則於1781年成立。後續興起的現代考古

◢ 夏至

夏至與冬至是季節週期的極端之處，對德魯伊來說至關重要。而這裡顯示的是德魯伊們在英格蘭西南部的巨石陣（Stonehenge）古代遺址慶祝夏至——即一年當中日照時間最長的日子。

▲ 傳導能量

探測（dowsing）是一種占卜形式，而一些新異教信仰者則用此方式傳導內在能量並定出神聖力量的源頭位置。此圖顯示人們在愛爾蘭科克郡阿德格魯姆（Ardgroom）的石圈（Stone Circle）使用水晶靈擺進行探測。

學也發掘屬於凱爾特信仰體系的新證據，而於1960年代發展的德魯伊教（druidry），也被稱為新德魯伊教（Neodruidry）。

新異教信仰者也從早期祕術團體汲取靈性的要素及儀式，特別是1887年於倫敦建立的金色黎明赫密士教團（見第242－243頁），而另一靈感來源則是19世紀早期的歐洲浪漫主義運動。浪漫主義畫家和詩人以嶄新的眼光看待自然並敬畏自然的美。以自然為基礎的宗教發展於1970年代，係與人們對於環境的日益關注有關。現在的新異教信仰者認同生態理念的人數頗多，而擁護女權主義的人數更多。

威卡像德魯伊一樣也是新異教信仰的重要分支，但其許多團體的規模較小。而其下的團體種類，包括重建那些在基督教崛起之前的諸宗教並套用在現代生活的重建主義者（reconstructionist），以及古埃及、古希臘和古羅馬眾神祇的追隨者。凱爾特人重新設想屬於一般凱爾特人的靈性修習道途，而非德魯伊的道路，還有受到古代諾斯人及日耳曼神話啟發的異端主義者（heathenist）。許多新異教信仰者會連結到另類右翼政黨（alt-right）、新納粹（Neo-Nazi）與白人至上主義（white supremacist）的運動，而將想像中的純粹凱爾特人或維京人之過去，美化成種族主義且通常是反女權主義的意識形態。

除了上述這些把多元文化主義視為威脅的極右翼新異教信仰者之外，所有新異教信仰的其他分支都重視寬容、多樣性、包容性、靈性主義，還有對於魔法的歡樂，並且具有「不得傷害他人」的共識。現在世界各大洲都可找到個別的新異教信仰者或是諸如巫圈（circles）、巫會（covens）或巫堂（groves）的小團體。

約翰・麥克・格里爾（**JOHN MICHAEL GREER**，生於1962年）

引領之光

出生於美國的格里爾是一位博學的多產作家，其著作主題範圍甚廣，從靈性到生態都含括在內，世界各地的德魯伊信徒均認為他是相當重要的人物。他在傳布德魯伊的知識、教導與魔法方面具有很大的影響力，其大部分作品源自19世紀的金色黎明赫密士教團，因此他在2013年創建直接延續該教團的思想派別：金色黎明德魯伊教團（the Druidical Order of the Golden Dawn）。而格里爾於2003－2015年之間擔任位於美國的古代德魯伊教團（the Ancient Order of Druids）的德魯伊大祭司長（Grand Archdruid）。

「新異教……是在崇拜這世界的諸多力量，這些既美麗又可怕的力量在不斷轉動的天空之下一起形成迴圈。」

科第‧亞瑟‧伯蘭德（C. A. BURLAND），《魔法的迴響》（ECHOES OF MAGIC），1972年

▲ 財富的象徵

這個羅馬尼亞的祭壇應用「共同特徵」的原則——既然美元符號是綠色，那麼祭壇周圍使用綠色的裝飾，會被視為可以增加用於獲得更多財富的法術之成功率。

使魔法發揮功效

新異教信仰者將魔法視為可以控制的真實現象。對某些人來說，運用魔法是為了改變自己的意識，到最後能接觸神祇、靈體或他們視之為神聖的任何存在。還有人藉由意志運用魔法，試圖調整世界上的自然力量以帶來改變——這類做法被稱為「奇術」（thaumaturgy）。不過，無論目標為何，仍有一條神聖不可侵犯的規矩：絕不用魔法傷害人、動物、植物或地球。此外，根據三倍律法（threefold law）——亦稱三之法則（Rule of Three）——無論施法者產出多少魔法力量，同樣的魔法不論正負都將三倍奉還施法者，所以這股力量在處理時得注意道德方面的考量。而實行奇術的魔法師則相信自己若遵循自然法則，自己所希求的改變最有可能實現，就像向豐饒之神請求幫忙使花園滿綻花朵的儀式，若在春季舉行的話最有可能成功。魔法可以用於達成指定的目標，例如搬至指定的房屋或公寓，不過據說如果把目標範圍訂得比較寬廣的話——例如尋找房屋時，只要滿足指定條件即可——更有可能發揮作用。

典型的儀式

新異教信仰者大多慶祝八個異教節慶（威卡節日）：冬至及夏至、秋分及春分，還有在分至之間的四個跨季日（crossquarter days，這些日

▼ 火的魔法

立陶宛的主要異教信仰是洛姆瓦（Romuva），非常強調火是神聖的象徵，這裡顯示信徒在立陶宛首都維爾紐斯（Vilnius）慶祝夏至。

子對古凱爾特人而言是代表某一季節的開始），除此之外還有其他吉日，例如每月的滿月。儀式可以在家裡或花園中單獨進行，也可在公眾場所以團體形式進行，且無論在場有多少人，全部都參與其中。集體儀式通常圍成圓圈進行，該圓可以視為將參與者包攏在內並使之精神集中的神聖之圈，圓圈的中心有時會有火坑，或是放置一座供眾人注視的祭壇。

場地的擺設要求會比日常生活標準更加嚴謹，以激發靈性情感，而合宜的服裝、燈光和裝飾品都有助於營造氣氛。參與者會經常向東南西北四個羅盤方向及元素說話，並祈請靈性存在──例如在滿月時祈請羅馬的月亮女神黛安娜。儀式若有特定目標的話，會由參與者大聲表達出來，而根據不同的信仰，人們也許會演出源自異教信仰或神話世界的戲劇。

與會者會常舉起手臂、將護符高舉在空中，並圍繞著圓圈吟誦、唱歌與跳舞，以運用他們所相信的集體力量和能量。人與人的握手被認為可以傳遞能量，而有些人認為手的觸碰具有療癒力量。符號很重要，而且根據類似順勢療法的原則（即相似之物能治療相似之病），類似物品可以用來替代真正的事物。例如在新異教信仰的關鍵角色、主掌魔法的希臘女神黑卡蒂（Hecate）之相關儀式裡面，可以用狗的圖像或小飾品代表真正的狗，那是因為她有時以狗的形象出現，而且在古代，狗是獻給她的牲禮。顏色和數字也同樣適用替代的原則，例如數字3可以用來代表黑卡蒂，因為黑卡蒂是可以同時看三個方向的三面神。

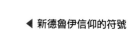

▲ 五朔節

這些慶祝五朔節（通常為5月1日）的人們裝扮成威卡信仰的角神。五朔節是異教節慶之一，是春分和夏至之間的跨季日。其節慶通常會有篝火、五月柱（Maypole）的舞蹈及關於生育、豐饒的魔法，用來慶祝大自然於此時顯現的生長。

◄ 新德魯伊信仰的符號

它被稱為阿紋（Awen），是新德魯伊信仰使用最廣泛的符號之一，然其確切涵義並沒有一致的共識──有人認為它代表太陽的光束，另有人認為是某位具有三重面向的神祇。

▲ 蘇西‧蘇斯（Siouxsie Sioux）是英國搖滾樂團「蘇西與冥妖」（Siouxsie And The Banshees）的主唱，其音樂和巫術意象為流行文化帶進哥德龐克（Gothic punk）的面向。

魔法與音樂

　　音樂和魔法天生是相輔相成、彼此啟發的藝術形式。就歷史的角度來看,儀式形態的魔法無論大小都會使用傳統民俗音樂,為參與者灌輸適當的心態或心情,並營造跳舞及吟唱的氛圍。

　　這樣的連結到今日依然相當牢固,我們可從當代流行音樂看到有許多對於魔法的暗示。此種關聯始於20世紀中期,當時的一些歌曲,例如1942年法蘭克·辛納屈(Frank Sinatra)的〈那個古老的黑魔法〉(*The Old Black Magic*),係用魔法來比喻愛情。1960年代的一些流行音樂則可明顯看到由毒品誘發出的神祕及狂喜的世界,例如1968年吉米·韓德里克斯(Jimi Hendrix)的〈伏都孩童〉(Voodoo Chile)*就很明顯。新時代的靈性思維也在這時候出現,創造出專屬的音樂流派,其合輯有助於冥想、放鬆與做瑜伽。

　　這股潮流到1970年代及80年代依然持續下去,當時許多藝術家會談論自己的音樂所受到的魔法影響。大衛·鮑伊(David Bowie)在1971年的〈流沙〉(*Quicksand*)以及奧茲·奧斯朋(Ozzy Osbourne)於1980年的〈克勞利先生〉(*Mr. Crowley*),均有提及祕術家阿萊斯特·克勞利(參見第250-251頁)。 蘇西與冥妖樂團(Siouxsie and the Banshees,參見左圖)則使用巫術、伏都及祕術的意象,激勵女性加入1980年代的哥德搖滾運動。而祕術的影響持續到21世紀,例如2016年美國饒舌歌手阿茲莉亞·班克斯Azealia Banks宣稱自己是在實修的女巫,還有2017年加拿大藝術家安妮茉(ANIIML)**。

> ## 「音樂也許是唯一真正
> ## 的魔法……」

湯姆·佩蒂(**TOM PETTY**),《電訊報》
(*THE TELEGRAPH*),2012年

---

*譯註:這裡的Chile係以近似音指稱歌詞裡面的Child,不是指智利
**譯註:本名為麗拉·羅斯Lila Rose)則將自己的音樂稱為「女巫流行樂」
(witch-pop

療癒力量
靈性與薩滿信仰的諸多面向

「薩滿信仰」（shamanism）一詞原指中亞和西伯利亞草原上的人們所採用的靈性修習方式，該信仰應是世上至今仍在實行之最為古老的招魂術、占卜和魔法之形式，其年代可溯至四萬年前左右。

但薩滿信仰有時也被用來當成總稱世界各地的部落或是非屬歐洲的文化之靈性、魔法傳統的龐大集合體之詞彙。有些學者宣稱這類傳統互有關聯，而將它們統括定義為薩滿信仰。然而另有許多學者的建議則是，儘管由局外人的觀點來看也許頗為相似，然這些不同的傳統不應統括為同類：不同社群之間的靈性修習方式差異很大，而且許多修習者不會自稱薩滿。

連結靈界的橋樑

被學者定義為薩滿信仰的那些信仰及其修習法門，也許有共同的基本特徵，例如自然界裡面的一切事物均為神聖，且含有自己的靈性生命；或是一切自然的事物均是某個更為廣大的神聖整體之一部分。這種合一的想法也能延伸到時間，例如某些文化認為過去、現在和未來同時存在，因此守護靈或祖靈有可能會因其對於未來的洞見或來自過去的智慧而受到尊崇。

薩滿、長老或靈性顧問提供物質世界和精神世界之間的連結：向諸靈祈禱、傳達靈之意思，或是跨入靈界。與靈的接觸也許會賦予預言能力或是免受大自然的破壞力量及敵人所傷的保護力量，以確保收成，或是將死者的靈魂引導到靈界。許多地方都有「靈性層面的惡意干預會導致疾病」的看法，而薩滿、治療師或藥人也許會祈請善靈來反制惡靈，或是運用具有治療效果的植物。

現在，即使分屬各種文化，人們在做重大決定之前仍會諮詢他們的靈性領袖或薩滿。在某些群體中，這些領導者在一出生就

◀ **儀式沙鈴**
在儀式進行當中，沙鈴（rattles）與鼓所產生的節奏可協助人們進入恍惚狀態。這個18世紀晚期的儀式沙鈴，具有誇張的臉部特徵及喙狀鼻部，係來自美國的西北海岸區域。

「大靈在萬物之中、
在我們呼吸的空氣中。
大靈是我們的父親，
而大地是我們的母親。」

大雷（BIG THUNDER，另名貝達吉BEDAGI）以瓦班納基人的阿岡昆語
（WABANAKI ALGONQUIN）所說的話

是要接任該角色，之後會從某位親戚那裡繼承。而更常看到的是，人們會認為這是自己的靈所擇定的道路，而其標誌也許是不尋常的身體特徵或是出現一段心智痛苦的時期，然後被選定的人們會終其一生研究這份屬於自己的使命。

誘發恍惚狀態的儀式

為了與靈界交流，薩滿或其他專家經常會藉由儀式而刻意進入恍惚狀態。而儀式本身的確切性質各有不同：例如蒙古的薩滿可能會戴上羽冠或角冠，有時則是戴上毛皮，而成為鳥、馴鹿或熊，以強化自己的靈性轉變。在蒙古和其他一些文化當中，這些宗教儀式是團體活動，其成員也許會加入吟誦、歌唱、擊鼓或奏樂，而火也可以用來強化氣氛並將參與者聚攏在一起。在南北美洲的部分地區，人們則會攝入具有致幻性質的植物來幫助進入恍惚狀態或看見異象。

雖然這些被標示為薩滿信仰的修習方法在不同地區採取不同形式，然其普遍具有的基本信念即是人類的命運係由更高的靈性智慧所決定，

▲ 現代薩滿

這位身著儀式服裝的蒙古薩滿，會在火祭中敲鼓、彈奏口簧琴以表示夏至的來臨。蒙古約有一萬名薩滿，男薩滿被稱為「博額」(böö)，女薩滿被稱為「烏得干」(udgan)。

城市的靈性生活

在佛教於公元4世紀傳入朝鮮半島之前，名為「巫俗」（Muism）的民間宗教是該區域的主要宗教活動。「巫俗」於21世紀以半神祕、半商業的形式捲土重來，特別是在韓國首都首爾。在這個充滿活力的工業都市以及全國各地，「巫俗」的靈性專家所舉行的是半為隱密、半為公開的儀式。「巫俗」從業人士的名稱為「萬神」（Manshin），幾乎均為女性，他們會收取費用，為現代的生意往來提供建議，例如購買哪輛車或哪棟房子，或是申請什麼工作。為了請求眾神與祖先的介入，「萬神」會進行名為「巫祭」（Gut）的儀式，幫助他們跨到靈界尋找答案。穿上華麗服裝的他們會跳舞、唱歌、祈禱，並在經過火與水淨化的祭壇上向眾靈獻上祭品與牲禮。

這位「萬神」正用白紙進行淨化的儀式。

例如非洲南部的桑族人（San）──其直到1950年代之前是世上最後的狩獵採集者──相信涵蓋一切的靈界的確存在。而在地球的另一端，像是加拿大奧吉布瓦族（Ojibwe）裡面的薩滿，以及北極因紐特人的安格科克（angakok），都被尊為持有偉大知識的靈性顧問，能與指引人們命運的力量保持連結。

　　就個體而言，許多人在生病時仍會諮詢薩滿、治療師或藥人、藥女，因為這些病患相信這些人具有治療他們的能力，例如在拉丁美洲的大部分地區有名為庫蘭多（curanderos）的傳統治療師（參見第283頁），其治療方法可能會運用恍惚狀態、祈禱、靈性淨化、草藥及油品，或是烏羽玉仙人掌之類的致幻劑。靈物治療師在西非很常見，而多哥共和國（Togo）首都洛美（Lomé）的靈物（護身符）市場在整個地區都很有名，人們會去那裡治療從氣喘到勃起功能障礙、從傷寒到肺結核等各種疾病。與此同時，來自不同的美洲原住民部落，擔任醫生、草藥師、治療師、診斷師或藥人、藥女的人們則以個人的治療力量及靈性領袖的身分而聞名。

　　而薩滿信仰重新出現在其原初的西伯利亞家鄉。它原本受到蘇聯統治的壓制，但自1990年代早期以來就緩慢地重新浮上檯面。同樣的狀況還有在共產黨統治下被禁止70年的蒙古薩滿信仰，其古老習俗自1992年以來出現復甦，當時還受到該國憲法保護。該信仰稱

▶ 靈物療法
多哥共和國首都洛美的某位傳統治療師正在唸誦咒語以協助治療病患，後者正在頭骨、小雕像和羽毛等一堆靈物面前鞠躬行禮。

為騰格里（Tengrism），被視為是蒙古的國家宗教及其身分認同的一部分。

大地之聲

　　隨著新異教信仰和新時代修習法門的發展，新薩滿信仰（Neoshamanism）自1990年代以來已在西方立穩基礎。由於新時代信仰者堅信人類正面臨自己造成的生態危機，因此他們在與自然界保持連結的新薩滿信仰當中找到其信念的對應──即唯有回歸到原初的純真狀態才能使人們不會掠奪地球。新薩滿信仰者也尋求自我認識，而許多人採取兼容並蓄的道途，無論是與圖騰或靈體動物共事、夢境旅行、尋求靈視，進行星光體投射、冥想或進入恍惚狀態都可以做。然而一些堅持傳統教導的人們對這種態度感到不滿，特別是有些新薩滿信仰者會要求付費以換取服務時更是如此。

▲ **手鼓**

這張鹿皮鼓上面飾以生活在北美大平原區域的阿夕尼波因人（Assiniboine）所崇敬的大靈形象。由藥人帶領的儀式擊鼓是其慶典不可或缺的部分，而這些慶典當中最重要者當為春季舉行的太陽舞（sun dance）。

▲ 〈眾靈的新鮮之愛〉（*Llullon Llaki Supai*）是祕魯藝術家巴伯羅・阿瑪林勾（1938－2009）於2006年創作的畫，其靈感係來自那已受到生存威脅的熱帶雨林所行的奇蹟。

身處叢林的靈視

　　祕魯藝術家巴伯羅‧阿瑪林勾（Pablo Amaringo）在亞馬遜盆地接受藥人（*curandero*，即medicine man）的培訓。藥人會用當地植物做成的藥方或療法來治療身體、精神及心理方面的疾病，有時還會借助當初由西班牙殖民者帶到拉丁美洲的天主教祈禱和儀式。阿瑪林勾是死藤水執行師（ayahuasquero），是藥人裡面使用名為「死藤水」（ayahuasca）致幻植物飲料的專家，該飲料在傳統上係作為靈性藥物使用。他在1977年退休而成為畫家，後來還創辦藝術學校，致力於記錄和保護原住民的生活方式和熱帶雨林的動植物。

　　阿瑪林勾用複雜細膩的畫作描繪自己在死藤水的影響下看到的景象。他在繪畫的同時，會吟唱那在死藤水儀式期間誘發恍惚狀態的魔法咒語「伊卡洛斯」（*ícaros*）。他相信自己把伊卡洛斯的魔法注入畫作當中，使其能將自身力量及知識傳遞給願意接受的旁觀者。左圖係象徵植物王國所行使的奇蹟，創造人類生存所需的食物和氧氣。水中的森蚺（anacondas）則是警告破壞河流、湖泊和森林會有的危險。森林之母的大眼則在圖畫的最高處向下往，而左邊排成植物模樣的亞馬遜河豚（bufeos），則指出所有生命形式構成的相互連結會有多麼緊密。

> ## 「『藥人』在其思想
> ## 與內心都有著
> ## 保護自然的態度……」

。
巴伯羅‧阿瑪林勾，《聖環》（*SACRED HOOP*）雜誌，2006年

身、心、靈
新時代思想的修習方法

新時代思想運動源於1960年代拒絕既定信仰和宗教的反主流文化,其熱心的追隨者改採多源於非西方的許多修習方式以尋求開悟及靈性層面的滿足。1960年代的新時代思想信奉者認為新的和諧時代即將到來,所以該運動有此名稱。在進入21世紀時,幾乎只有西方在實踐此種思想,然而它越來越受到歡迎,2015年的追隨者估計多達六千萬。只要個人認為有其必要,魔法就能發揮相應的重要作用。

核心信條

新時代思想的信仰和其跟隨者一樣多,但也有一些核心論點,其中最強烈者為對於西方唯物主義的拒絕,而與之替代的是採用非基督信仰之宗教的諸多面向,包括印度教對於個人成長的關注,及佛教以冥想達到的寧靜。新時代思想的信仰者是泛神論者——即到處都能看見神的存在——並接受一切宗教都有屬於自己的真理及方向可供人們追求。該運動還與環境議題和女權主義活動交疊,其追隨者認為當前父權世界將在新時代被推翻、嶄新的伊甸園將被創造出來,而工業化和資本主義將就此結束。未來會更簡樸,即回歸到更為純真的世界。

提升自己

新時代思想的信仰者認為每個人都可以、且應當努力藉由三項主張來成就更高、更好的自己。他們的第一項主張是,有某種神聖關係包攏全人類,即全部人類是一個整體——這是主要源自神智學的信條(參見第238−239頁)——而未來將只有一個社會和一個宗教,使人類團結成單一的整體。第二項主張是人類與自然結合,而眾人必得生活在和諧中。第三項主張則是,每個人都應尋求實現屬於自己的神聖良善,並能確定自己的相對價值——也就是說,道德不應外加,每個人都必須自己決定到底什麼是重要、正確及真實的事物。

▼ 能量在劈啪作響

美國亞利桑那的大教堂岩(Cathedral Rock)是新時代思想在美國的重要地點,人們認為它完全就是靈性能量及宇宙頻率的焦點。

弗里喬夫・卡普拉(FRITJOF CAPRA,於1939年)

神祕主義與物理學的相遇

新時代思想的信仰聲稱,整個世界係由某個根本的靈性合一性質維繫在一起,不僅如此,這種整體性還會進而必定反映在科學上。美國的奧地利裔物理學家弗里喬夫・卡普拉一直是倡言此一觀點的強勢支持者之一。他在1975年的著作《物理學之道》(*The Tao of Physics*)表示,形上學(研究存在本質的學問)與物理學終究會相互融匯——亦即如果這兩門學問都是真實不虛,它們必是完全相同的事物。許多學人士認為卡普拉的著作已經過時且不科學,然而它仍吸引抱持新時代思想的讀者予以熱心支持。卡普拉後來成為環境議題的擁護者,致力於建立及培育那些模仿自然生態系統的永續社區(sustainable communities)。

◀ **水瓶座時代**

1960年代絕大多數新時代思想信奉者從眾星中解讀出一個更為美好的未來──通常稱為水瓶座時代（Age of Aquarius）──即將到來。在這張圖裡面，水瓶座將智慧之水帶來並傾瀉之，以滋養更為靈性及和諧的時代，使之成長。

▶ **練習瑜伽**
這裡展示的體位（*asana*，即姿勢之意）在瑜伽中既可以助長體適能與靈活度，也可當成達到靈性明晰及開悟的途徑。瑜伽係源自古印度。

「Om Shanti shanti shanti （一切平安～平安～平安）。」

瑜伽的梵咒（YOGIC MANTRA）

▶ 陰陽符號

許多新時代思想信奉者採用中國傳說裡面用於總括一切、且永遠處在完美平衡的陰陽符號——陰（黑色部分）代表被動、陽（白色部分）代表主動。

帶出整體感

新時代思想採用整體論的觀點，認為心智、身體和靈係為一體，因此若要療癒身體，就得先療癒心智。有些人甚至更喜歡稱此運動為靈性運動，或身心靈運動。瑜伽和冥想是認識自己的方式之二，也是最廣泛實踐的靈性解脫途徑，而它們有多種形式，包括艾揚格（Iyengar）、阿斯坦加（Ashtanga）及希瓦難陀（Sivananda）等瑜伽派別，以及禪（Zen）、超覺（Transcendental）和佛教內觀（Vipassana）等冥想法門。瑜伽和冥想都能培養自尊和正向思考，它們均為新時代思想追隨者高度重視的品質。而許多人覺得吸引力法則——即把正向想法作為肯定語句經常大聲說出來以反轉根深蒂固的負面自我信念並取代之——很有幫助。

對於未來的洞察

許多新時代思想的實踐者認為，通靈者——即一些天賦異稟、能與天使及大師們交流的新時代思想信奉者——可以當成連繫死者的靈媒，將死者的知識和智慧傳達給生者。某些通靈者宣稱曾與埃及、南美或傳說中的亞特蘭提斯（Atlantis）或穆大陸（Mu）等古文明的人民接觸，並轉達他們的靈性訊息。

星光體投射——個人的星光體在投射期間能從星光層面觀察自己及周遭世界——跟通靈一樣也被認為可以讓其操作者與更高層次的靈性世界接觸。據說使這種出體經驗能夠實現的心智狀態能憑個人意願達到，通常是藉由深沉且單獨的放鬆而達到的。

許多新時代思想的信奉者相信輪迴轉世，個人前世藉此機制就能為此世提供教育及指引，甚至有些人斷言未來將證明全人類的救贖即是外星生命。至於爭議較少的做法，許多新時代思想的追隨者單純運用觀想來想像神聖生物或甚至僅是動物，作為通往開悟的道途。還有一些人可能會以心靈感應方式解讀易經、占星術、水晶球或塔羅牌（參見第52－53、158－161及214－219頁）以預測未來。

這些做法及信仰總會招致批評，而許多批評者甚至還曾是新時代思想的擁護者。有些人擔心，這些新時代思想的從業者對於靈性願景的興趣，並不如跟隨流行風潮賺錢那樣熱烈，而最糟的情況則是危害性命，亦即罹患嚴重疾病的病患不去選擇對治疾病的常規醫療，而是購買從業者的商品以期得到治療。還有些人則抱怨新時代思想的目標模糊不清，缺乏一致的信念。不過，對大多數人來說，新時代運動的力量就在於無數的信仰，以及應許一個經過淨化、回歸純真的未來。

▲ 納斯卡線（Nazca lines）

新時代思想信奉者重視那些跟古文明有關的連繫，例如這些在祕魯沙地上做出來的巨型線條。有些信奉者甚至試圖連繫製作它們的古納斯卡人。

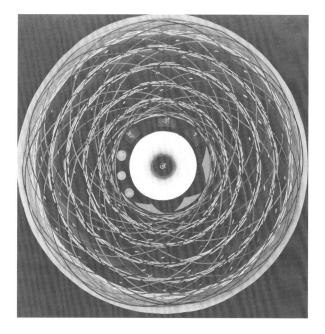

◀ 曼荼羅（Mandala）

用於當成神祇背景的曼荼羅常見於印度教及佛教。而現今有許多曼荼羅已像這幅尼泊爾的曼荼羅一樣係用抽象的形式呈現。該圖旨在傳達宇宙的完整、一體及更新。

▲巴弗滅的雕像
以安息日山羊形象呈現
的11世紀神祇巴弗滅，
被撒旦教徒採納為該信
仰的正式象徵。「撒旦
神殿」教派於2015年建
造一座巨大的巴弗滅雕
像，當成是對於傳統基
督徒的挑戰。

崇拜自我
撒旦教

▲ **撒旦教的代表人物**
安東·拉維沉迷於發揮自己的使壞本領，採用明顯的撒旦形象並進行裸體儀式。他於1969年撰寫《撒旦聖經》（*The Satanic Bible*），這是拉維撒旦教（LaVeyan Satanism）的核心文獻。

撒旦教（Satanism）此詞讓人聯想到惡魔崇拜和血祭的形象，但現實卻大不相同。雖然現代撒旦教以其無神論的觀點倡言個人的自由，但它基本上係鼓勵個人耽迷於大多數人所認為的罪惡（例如貪婪和色慾），並把自己的需要放在首位，然而尊重他人的權利也是其核心價值之一。

撒旦教會

現代撒旦教始於1966年4月30日的舊金山——當時宣布該年為「撒旦時代的第一年」（*Anno Satanas*）——係由美國祕術家安東·拉維（Anton LaVey）創立，而其宣揚的信念則有：神或更高層次的生命並不存在；人類具有很高的自我提升能力，但他們都是具有肉慾的存在；來世與彼岸並不存在；人類本身事實上就是神，能夠透過自我意志的行使來決定自己的命運。為了使人們震驚，拉維以撒旦的名字作為這場運動的名稱，並以具有山羊頭的邪神巴弗滅為其象徵。然而，身為無神論者的撒旦教信徒並不相信魔鬼——因為撒旦是源自基督教的概念，沒有上帝，就不會有撒旦。而拉維的宗教理念包含感官的滿足，然其核心信條強調應把自我發現及成長當成個體提升的主要手段。

大小儀式

撒旦魔法的基本構成係為心理過程，而不是對於超自然力量的信仰。其有兩種基本形式：「大法」會有創造心智空間以處理情感或現實事件的儀式操作，而「小法」則是運用個人的身體屬性或狡詐心理來操縱當下情況，以達至想要的成果。

撒旦信仰的儀式很重要，但它沒有規則：任何宗教禮儀形式均可使用，只要能符合「個人意志能強烈專注於儀式上」之目的即可。有些撒旦教信徒會使用具有象徵意義的物品，例如鈴、杯、劍及萬應藥（elixir），甚至可能會以裸女（經過當事人知情同意）作為祭壇。對撒旦教而言，最為要緊的信念應是「自我」係為任何魔法或儀式的關鍵力量來源。

變體和競爭對手

1975年，第一個從拉維的撒旦教中分離出來的團體以「賽特神殿」（Temple of Set）為名崛起，宣揚對於古埃及的火與混亂之神賽特的信仰。現在已有許多從撒旦教分出的派系，包括2013年分離出來的「撒旦神殿」（Satanic Temple）。後者自稱是撒旦教的進化更新形式，並提倡高度政治化（左傾）的想法。

▲ **巴弗滅的印記**
「撒旦教會」（Church of Satan）教派的正式象徵，係為一個封閉的圓，其內是顯示巴弗滅頭部的倒五芒星。它周圍的希伯來字母若從底下取逆時針方向的排列順序，就能拼出「利維坦」（Leviathan）一字（譯註：有興趣的讀者朋友不妨了解一下該詞在基督信仰的多種涵義）。

◀ **撒旦祭壇**
據拉維的《撒旦聖經》所載，祭壇是撒旦儀式的關鍵部分。它可能用到多種物品，且通常會有巴弗滅象徵。

▼ 巴布亞紐幾內亞的椰子護符（Lakakare）是用椰子雕刻成豬或海洋生物的形象，裡面裝有可以阻擋邪靈的魔法物品。這個護符還用劍魚下巴作為裝飾。

◀瓜地馬拉與墨西哥的人們會帶著**分憂娃娃（worry dolls）**。這些娃娃被認為能將擁有者的擔憂分給太陽神的女兒，即馬雅公主伊克絲慕坎（Ixmucane）。按照傳說，太陽神賜予她為人們減少憂苦的能力。

以植物纖維織成的袋子使該護符便於攜帶

椰殼被雕刻成具有特定風格的臉型

▲ **大衛之星（Star of David）**是古猶太魔法符號，係由兩個交疊的正三角形組成。即便像這樣的星形胸墜，也會被當成護符來用。

▲**聖克里斯多福（St Christopher）**的圓形飾品是旅行者的護身符，因為據稱這位聖人曾趁當時還是嬰兒的耶穌騎在自己的肩上以安全渡河。

▲ **招財貓（Maneki neko）**是以招來幸運的貓咪作為形式的日本護符。這裡的牠舉起一爪，為擁有者招來好運。

▲ **中國的璧（bi）**是上天的象徵，通常被雕刻成圓盤的形狀。人們相信璧能帶來財富、長壽及源自神聖力量的好運。

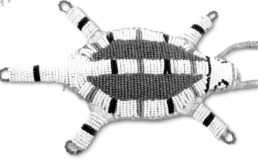

▲ 這隻用珠子串成的龜是**美洲原住民的出生靈物（birth fetish）**，其裡面會有分別來自父親與母親的一束頭髮以及嬰兒的臍帶，其目的是為孩子帶來好運與健康。

現代護符

人們認為護符能給予持有者額外的力量或好運，而具有此種功能的物品相當多樣，從亞瑟王的傳奇寶劍「湖中劍」（Excalibur）到體育俱樂部的幸運吉祥物都能算是護符。護符最早係為個人量身訂做，並藉由魔法儀式使其本身產生力量，然而現在的護符多為大量生產，而人們相信它們的力量係來自其所象徵的事物。

位於中間的全見之
眼會保護擁有者

▲ 巫球（**witch balls**）是19
世紀發明的護符，但人們認為
它們應有更為古老的根源。據
稱巫球的閃亮表面會利用反光
來困住巫者。

▶ **凱爾特十字**（**celtic
cross**）是圓與十字的古老
組合象徵，被認為能帶來力
量、智慧、保護和靈感。

▲ 佛教的**佛牌**（**votive tablets**）及類似的木雕護符在泰國非常流行。
為了使它們的神聖力量盡量發揮出來，僧侶們得為它們祈禱，通常需
要連續進行幾天才算完成。

▲ **伊斯蘭信仰的法蒂瑪**（**Fatima**）**之手**——法蒂
瑪是先知穆罕默德的女兒——係由女人佩戴以抵禦
邪眼。幾個世紀以來，它們在整個中東都很常見，
近期則為新時代思想的追隨者採用。

具有特定風格的手
型代表伊斯蘭信仰
的五功

▲ 在兩次世界大戰期間，許多士兵
都會攜帶**個人軍事護符**，以期避免
受傷或死亡。

▲ 「**歐迪**」（**Ody**）是裝有魔藥
的護符，馬達加斯加人會佩戴這
類護符以求保護與好運。

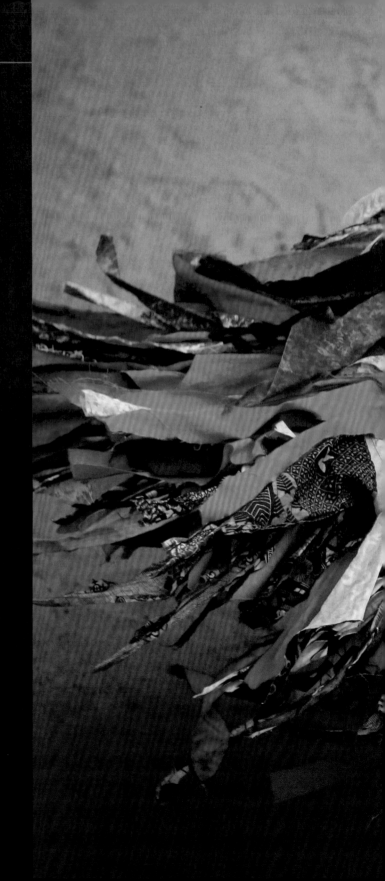

與死者共舞

多哥（Togo）、迦納（Ghana）、奈及利亞（Nigeria）與貝南（Benin）等西非國家是伏都信仰（又稱巫毒，參見第204－207頁）的中心地帶。伏都信仰是貝南的官方宗教，並無西方為巫毒賦予的負面意味。每年一月，人們從貝南、多哥及奈及利亞各地前來維達鎮（Ouidah），參加貝南的年度敬拜慶典，信徒們藉由恍惚狀態與死者交流而使整個慶典達到高潮。

伏都信仰具有龐大的神祇譜系，而眾神均為至高存在、宇宙的創造者納納·布盧庫（Nana Buluku）的後代，而祂的孩子，即月亮女神瑪烏（Mawu）和太陽男神立沙（Lisa），則掌管一群神靈。其中最重要的神祇是阿伊達－韋多（Ayida-Weddo），即彩虹蛇，是靈界與生者世界之間的中介，還有雷格巴（Legba），同時具有年老且睿智、年輕且浮躁這兩種形象。每個宗族或部落都有自己的女祭司，主持動物牲祭以安撫這些神靈。至於靈物——即包括猴、犬、眼鏡蛇在內的動物全身或頭部雕像——據說可以治療疾病和不幸。

在伏都信仰的系統中，人們能藉由神靈接觸到祖先，而每個新生兒都是某位祖先的轉世。恍惚狀態被認為可以使人們與祖先及神靈所在的世界交流，而它們來訪現世並用附身的方式引導生者。右圖這位人士係屬奈及利亞的約路巴族（Yoruba），他進入恍惚狀態，透過吟唱、擊鼓及舞蹈來接受祖靈的力量。

「伏都在其起源國家貝南
是一種生活方式。」

阿妮夏·沙阿（ANISHA SHAH），旅行作家，2017年

這位裹住全身、用貝殼遮上面容的舞者在且南為期一週的代都節慶之高潮時，於狂熱的恍惚當中旋舞。

人們對於驚奇表演的喜好

身為現代娛樂的魔法

在1921年的倫敦,發明家塞爾比特(P. T. Selbit)成為首位表演人體切割——即將自己的女助理鋸成兩半——的魔術師,而這項在當時造成轟動的表演迅速成為人們最喜愛的舞台魔術項目之一,該領域從此也變得越發驚奇瘋狂。

經過40年之後,出生於德國的齊格菲與洛伊(Siegfried and Roy)雙人組合則以最為華麗的魔術表演席捲拉斯維加斯。其招牌特徵是巨大的布景、閃閃發亮的服裝,以及看似溫馴的野生動物。人們爭相前來觀賞,使魔術成為很大的生意。

▲ 表演與魔術相遇

齊格菲與洛伊在美國的娛樂重地拉斯維加斯演出將近40年。溫馴的白獅及老虎是魔術表演的一部分。

▲ 魔術圈的標誌

1905年,「魔術圈」(The Magic Circle)在倫敦成立。其拉丁格言的意思是「不向人洩露祕密」,任何這樣做的魔術師成員都有可能被除名。

螢幕上的幻術

美國魔術師大衛‧考柏菲(David Copperfield)則延續這種為人們帶來驚奇感受的表演趨勢。在向數百萬觀眾播放的一系列吸睛節目中,他看似飄浮在美國大峽谷上空、穿過萬里長城、用雷射將自己切成兩半,並且還使自由女神像消失。考柏菲成為有史以來最為富有的魔術師,其在工藝技術的精通使看似不可能的事情變為可能。

對於考柏菲及追隨其腳步的魔術師來說,電視提供巨量的觀眾。而保羅‧丹尼爾斯(Paul Daniels),還有特立獨行的湯米‧庫珀(Tommy Cooper),也在英國善加利用這個小小螢幕,而後者的滑稽表現演得好像幾乎無法控制自己的魔術。美國的潘恩與泰勒(Penn and Teller)雙人組,也將喜劇與嚴格要求的舞台藝術結合在一起,這類以電視螢幕呈現的魔術表演一直在提高自己的標準。

身體耐力與心靈魔術(mentalism)

美國人大衛‧布萊恩(David Blaine)則開發不同種類的魔術,即不可思議的身體耐力技藝,其中包括撐過冰棺的考驗、甘冒淹死的風險,以及待在沒有食物的塑膠玻璃箱中於倫敦泰晤士河畔度過44天。他2008年達到屏住呼吸超過17分鐘的成就。布萊恩在展現心靈魔術師(mentalist)的魔術表演也相當著名,據說他展示非凡的心靈力量。就他的例子而言,他個人並不是運用讀心術,而是結合敏銳的心理洞察力與魔術手法。

在英國,諸如達倫‧布朗(Derren Brown)及戴納摩(Dynamo)之類的藝人則設法運用觀眾對心靈魔術的興趣。布朗在其電視影集《事件》(The Events)中則以創造性的方式運用媒體,包括運用一段其宣稱可以阻止觀眾離開座位的短片。而網際網路時代的魔術師戴納摩則利用YouTube將魔術帶到網路上,宣傳自身品牌的心靈魔術及專業牌卡戲法,並迅速獲得世界各地的追蹤訂閱。

背景小知識

脫逃專家(Escapologist)

自從胡迪尼(參見第259頁)以來,脫逃術一直是很有分量的魔術表演。1959年,英國人艾倫‧艾倫(Alan Alan)為胡迪尼所傳的緊身衣逃生表演引入變化,亦即他在被正在燃燒中的繩子懸吊的時候掙脫束縛——這也是美國人桃樂絲‧迪特里希(Dorothy Dietrich,參見右圖)完成的壯舉之一,而她還是第一位表演「嘴接子彈」的女性。另一位美國人羅伯特‧蓋洛普(Robert Gallup)則更加誇張——被關在籠子裡面、身著緊身衣的他從飛在高空的飛機上掉下來,而降落傘還綁在籠外。這類特技具有相當現實的風險,例如1990年美國魔術師「驚奇的喬」(Amazing Joe)就被埋在水泥漿底下而死。

◀ **水下忍耐功夫**

這是大衛·布萊恩2017年北美巡演的節目之一。他得盡量長時間屏住呼吸——確切時間長度因每次表演而異——並同時懸浮在水箱裡面。他在舞台表演中使用電視屏幕，使他的眾多觀眾能對表演更加感同身受。

▶ **奧斯丁·奧斯曼·斯佩爾**
這位英國藝術家兼祕術家在
1909年以魔法師的形象繪出
這幅自畫像。斯佩爾棄絕傳
統魔法，改而探索自己的潛
意識，並以此當成通向自我
認識的途徑。

無規則的魔法

混沌魔法

混沌魔法（chaos magic）係在1970年代後期於英國發展，其目的在於剝除圍繞在儀式魔法周圍的祕術儀式和神祕主義。它沒有規矩、教條或階級制度，但有個人發展、個人實現及與宇宙連結等目標。這裡的魔法會以「混沌」一詞來描述，係因修習此道者認為，整體存在的面貌完全依照個人對其的感知而定——個體只要改變感知，周遭世界就會隨之改變。

無念狀態

要使混沌魔法發揮作用，個人必須先學會釋出自己的潛意識，因為它儲藏龐大的力量、知識與了解。該想法係由英國畫家兼祕術家奧斯丁·奧斯曼·斯佩爾（Austin Osman Spare）提出，其1913年的作品《愉悅之書》（The Book of Pleasure）成為核心文獻。他宣稱，藉由靈知（gnosis）狀態——亦即將意識心智放在懸而未決的狀態（limbo）——接觸潛意識，就能將它釋出。斯佩爾建議及使用多種不同技巧來達到這種近似恍惚的狀態，包括像是瑜伽及專注於一點上的冥想，與諸如吟唱、舞蹈和性高潮（這是一直以來最受青睞的做法）等利用享樂而使活躍心智整個被快樂佔據的活動。

印記——魔法力量的象徵

斯佩爾還提倡使用印記，而印記係將具有意義的短句裡面的字彙及字母簡化為具有魔法力量的花押（monogram）或符號（glyph）。其他的魔法師也使用印記來協助召喚外界的靈體，但斯佩爾及其他混沌法師係在靈知狀態下將印記往內傳送至潛意識裡面。

混沌魔法的關鍵重點，在於達成目標之後摒棄信念及做法的能力。所以當某個印記完成其目的時，斯佩爾建議要故意忘記它，然而這是需要非常自律的意志才能做到的行為。就他看來，方法僅在當下有用——如果變成習慣，那麼它再也不是混沌魔法。

▲ 混沌的象徵

這是由英國科幻作家麥可·摩考克（Michael Moorcock）於1961年設計的符號。他說這符號「代表所有的可能性」，因它的八個箭頭朝所有方向指去。

> ## 「我愈趨向混沌，就愈加完整。」

奧斯丁·奧斯曼·斯佩爾，《愉悅之書》，1913年

背景小知識

混沌之靈

彼得·卡羅（Peter Carroll）與其同伴英國祕術家雷·舍溫（Ray Sherwin）均因受到奧斯丁·奧斯曼·斯佩爾的影響而成為1970年代混沌魔法的推動者。卡羅與他人共同創立一個實修魔法的國際組織兼最具影響力的混沌魔法組織——桑納特洛斯光明會（the Illuminates of Thanateros）。他的許多魔法及類科學思想都含有以下的理論：時間具有三個維度，因此跨越宇宙的星際飛船是有存在的可能。

彼得·卡羅的《零之書及意識探索者》（Liber Null and Psychonaut）係於1987年以單本形式出版，是混沌魔法的理論及實踐指南。

▲ 邪惡的女巫

1939年的電影《綠野仙蹤》藉由銀幕向
大眾提供女巫的象徵樣貌，而裡面的西
方壞女巫角色為流行文化豎立女巫的刻
板印象，並持續幾十年。

從巫婆變成英雄

電影及電視節目的女巫

自20世紀初期以來，為了代表女性的賦權，流行文化對於女巫的描述形象已從原先的長疣老婦化身做出現代化的改變——這樣的娛樂效果有時是為了表現良善或是惡作劇，但在某些時候則是表達恐懼不安的感受或毫不遮掩的邪惡。

改變女巫的面貌

1922年的電影《女巫》（*Häxan*）最先在銀幕上展示女巫的形象，它讓人悚然想起中世紀的女巫，而迪士尼於1937年上映的《白雪公主》（*Snow White and the Seven Dwarfs*）則描繪出女巫的卡通版本，因此「女巫係為迫害無辜者的惡人」之趨勢開始出現，並一直流傳到後面諸如《睡美人》（*Sleeping Beauty*）和《小美人魚》（*The Little Mermaid*）等由童話故事改編的電影。然而1939年的電影《綠野仙蹤》（*The Wizard of Oz*）裡面出現經典的綠臉女巫卻被善良的女巫葛琳達（Glinda）反制的情節，藉此提出強大的女巫有可能是好人或壞人的觀點。

20世紀後半則宣告新型女巫——看似平凡卻擁有超凡力量的女人——的出現。例如在1964年的美國情景喜劇影集《神仙家庭》（*Bewitched*）裡面，一名家庭主婦運用魔法溫和地暗中影響自己的丈夫；1971年的《飛天萬能床》（*Bedknobs and Broomsticks*）則以一名見習女巫為主角，她用自己的法術阻止納粹入侵。雖然調性輕鬆，但這些女巫角色代表暗中打擊父權制度的強大女性，而暗中打擊父權制度也是現代巫術的信條之一。

女性賦權的訊息傳遞一直持續到80年代及90年代：例如在電影《紫屋魔戀》（*The Witches of Eastwick*）裡面，三個女巫趕走男性的壓迫者；電影《超異能快感》（*Practical Magic*）及電視影集《聖女魔咒》（*Charmed*）則是頌揚姐妹情誼。90年代後期開始出現處在青少年階段的女巫角色。《魔法少女莎賓娜》（*Sabrina the Teenage Witch*）及《魔法奇兵》（*Buffy the Vampire Slayer*）將女權主義的訊息帶給年輕觀眾，後者甚至以相當開創性的方式藉由螢幕描述女同性戀關係。

陰暗的一面

自90年代後期以來，女巫的角色定位在某些案例中會被修改而變得更加暗沉。在超自然恐怖電影《魔女遊戲》（*The Craft*）當中，四名被排斥在外的青春女學生是決意復仇的女巫，而《厄夜叢林》（*The Blair Witch Project*）則以真實故事改編、搖晃的運鏡及出沒在樹林的隱形邪惡女巫嚇壞觀眾。近期的2015年電影《女巫》（*The Witch*），則以17世紀的新英格蘭為背景來呈現當時的凶險地貌，以及居住在那裡的某個同樣凶險但態度曖昧不明的強大女巫。

以年輕觀眾為訴求的連續劇《莎賓娜的顫慄冒險》（*The Chilling Adventures of Sabrina*），則以可怖的觀點將其在90年代的前身重新改寫，而《美國恐怖故事》（*American Horror Story*）則將女巫描繪成陰暗性感、冷酷無情但不一定邪惡的強大人物。女巫持續在大小銀幕上扮演許多角色——警世故事、反抗象徵、代表女權主義的神話人物、邪惡力量，然其最重要者，則是著眼現代的女性英雄。

▲ **現代的黑暗恐怖故事**
黑暗的成人故事《莎賓娜的顫慄冒險》融合驚悚、巫術及祕術，並搭上當前將女巫描繪成強大女權主義人物的電影潮流。

「誰能想到像你這樣善良的小女孩，居然可以毀掉我那美麗的邪惡？」

西方壞女巫，《綠野仙蹤》，1939年

來自他人的能量

網際網路時代的巫術

網際網路的興起在巫術於21世紀的擴張發揮重要的作用。專屬網站、部落格及社交媒體網站的數量急劇增加，使得修習巫術的人們能藉由虛擬的巫會接觸志同道合的靈魂，從而襄助巫術的蓬勃發展，而且網路世界已被證明其在推動個人賦權感受方面（這也是現代巫術的核心目標之一）非常有用。

帶來轉變的能量

網際網路的運用，加深「科技異教徒」（technopagans）與較為年長、備受尊敬的威卡信仰修習者（參見第264－267頁）之間的明顯差異。這個新世代的天命並不總是憑著信仰決定，而是根據個人喜好而選擇具有相應特色的男神與

◀ **過去和未來**
社交媒體與民間傳說的相遇，就像這裡正在自拍的羅馬尼亞女巫——當時是2019年4月份，身著傳統服飾的她稍後要進行儀式並開始用臉書直播。

女神。現代巫術的重點通常放在靈性解脫和療癒力量上，還有尋找能將這些帶來轉變的能量連結自然界的方法。

以網際網路相連的巫術社群還會出現另一種趨勢，那就是接受政治運動（political activism）為巫術的正當目標之一。有些社群強調巫術是創造更為平等公正世界的重要方式，而它們彼此之間的網路連繫已使魔法與激進主義（activism）連結在一起。

21世紀巫術所含括的範圍因網際網路而擴大，其商業前景也隨之擴大。水晶、魔藥（以及配方）、塔羅牌和靈應板等物品的網路銷售，則將巫術用來彰顯個人時尚及生活方式。在羅馬尼亞，女巫（*vrajitoare*）會提供付費的網路諮詢，而其費用係包含算命及增加談戀愛的機會。

社運戰士

在政治方面，許多現代巫者都是女權主義的倡導者，直面反抗由男性主導的社會。雖然女權

事實小補帖

表情符號的法術

如同表情符號法術的增長所表現的情況那樣，並非所有21世紀的巫術都那麼認真看待自己。實踐此道者會把自己的手機當成魔杖來進行召喚，並向自己或他人發送非言語形式的法術。表情符號法術的創造者汲取民間傳統，例如先創造出一個魔法圈以提供保護（事後還要將其捨棄）並深呼吸以產生寧靜的感受，之後就能提出願望，像從拿到一杯更好的咖啡到減少等待機場安檢的時間，幾乎什麼願望都可以提。

水晶球放在這道財富咒語的兩側，中間夾著象徵「自己動手做」及美元的符號。

> 「我看到異教徒，特別是巫者，正在進化成我所謂的『網路人』（People of the Web）。」

瑪恰・奈特昧爾（M. MACHA NIGHTMARE），女祭司及女巫，2009年

主義並非修習巫術的必備條件，然而這兩者具有共同的價值觀。自我認同為非二性的跨性別巫者達珂塔‧韓德里克斯（Dakota Hendrix）是這麼說的：「我們正在挑戰父權制度（以及）順從的行為規範。」現代巫術提倡團結，並積極為社會中更受排斥的人們建立強大的支持網絡，例如從屬LGBTQ+社群的個人及有色人種。它現在的發展已遠遠超出西方世界之外，並在非洲和拉丁美洲的國家蓬勃興盛，那是因為現代巫術與當地民俗魔法及祕術宗教習俗（brujería）的強大傳統非常相應。此外，為了對抗那些被認為是極端保守和壓制的政治力量，一些巫者還發起「魔法抵抗運動」，例如美國歌手拉娜‧德芮（Lana Del Rey）於2017年試圖「使用法術來束縛唐納‧川普和所有慫恿他的人們」。

▲ **維權女巫**

這張相片裡的人物是參加2017年8月在波士頓舉辦的言論自由集會之女巫。她們正在聲援對集會組織者可疑的右派政治目的表示反對的數千名群眾。

字彙表
GLOSSARY

字彙表

Afterlife（彼世）：係指有人相信個體在死亡時會開始的另一段生命歷程，例如在天堂過活，或以另一個人或動物的身分生活。

Alchemy（煉金術）：這是化學在中世紀時期的前驅學問，專注在物質的轉換，特別會去嘗試把賤金屬轉換成黃金，或是尋找使人長生不老的靈藥。

Almanac（曆書）：這是含有重要日期與占星計算資訊的年曆。16、17世紀的曆書會列出教會慶典、節日與市集的日期，然後是包括日出日沒時間在內的明確占星資訊，以及占星對於氣候、穀物與政治的預測。

Amulet（護身物）：係指那些被認為具有魔力、可以穿戴在身上的物品，通常是「現成物」（found object），例如河狸的牙齒，而不是工藝品。另請參考Talisman。（譯註：amulet與talisman的慣譯詞均為「護符」，然根據本書的解釋更動amulet的譯名以方便區別。）

Animism（泛靈論）：係指認為一切自然事物，像是植物、動物、岩石、水或雷電，都具有能夠影響人類事務的靈。

Apotropaic（辟邪魔法）：可以避免、轉移邪惡的影響或壞運之魔法。

Astral projection（星光體投射）：係指個人將自身靈魂或意識（即所謂的星光體）脫離肉身，使其能在神聖層面與人類層面之間的星光領域四處移動的方式。

Astrology（占星術）：操作與解釋行星與星球運行的學問，其相信天體運行能帶給人們與萬事萬物之影響。

Augury（占兆）：解讀出現在自然現象——像是天氣模式、鳥群飛行或獻祭動物的內臟——當中的徵兆。

Book of Shadows（影書）：威卡信仰的修習者用來記錄法術與儀式的簿冊，算是擁有者的個人私密物。另請參考Grimoire。

Celestial bodies（天體）：在天上移動的物體，像是行星、星辰，還有太陽與月亮。就歷史而言，它們有時會被認為與特定的天使或靈體有所關聯。

Ceremonial magic（儀式魔法）：具有運用儀式、典禮及特化的工具或衣物之特徵的高階或博學魔法。

Cleromancy（占筮）：古中國占術之一，係為特定問題運用蓍草（yarrow）莖幹反覆演算以得出六條或實或虛的線條，再根據這六條線解讀答案的占卜做法。占筮是卜書《易經》的根基。

Conjuring（召出、變出）：召喚靈體或魔術師的幻術表演。

Crystallomancy（晶占）：係藉由凝視某塊水晶深處以期看見異象的做法，通常用於占卜，又名水晶透視占卜（crystal gazing）。

Cunning folk（江湖郎中）：即指在基督信仰時期的歐洲，依循當地傳統從事醫藥、魔法與占卜的療者、執行師，其提供的服務包含助產、魔法保護、治療與撮合姻緣。

Curse（詛咒）：意圖召喚超自然的力量以對某人或某物造成傷害或懲罰的嚴肅表達。

Curse tablet（詛咒板）：係上面寫有詛咒的板子，通常源自希臘－羅馬世界（the Greco-Roman world）。詛咒板係用來要求諸神、眾靈或某位死者對某個人或物件做出某個動作，或以其他方式逼迫詛咒所指定的對象。

Deity（神）：係指多神論宗教（例如印度教Hinduism）裡面的某位神祇或女神（中譯用「神祇」）；係指一神論宗教（例如基督教）的造物主、無上存在；此詞也代表神聖的狀態、品質或本性。

Demon（惡魔）：能夠使用玄祕力的邪惡靈體；研究惡魔的學問則稱為惡魔學（demonology）。就猶太教、基督信仰與伊斯蘭信仰而言，最為強勢的惡魔就是魔鬼（the Devil）。

Demonic magic（惡魔魔法）：此詞源自中世紀時期，用於指稱其效用被認為是藉惡魔之力達成的魔法。就此定義而言，該類魔法在本質上已為邪惡。

Divination（占卜）：發現或陳述未來將會發生何事的技術或法門。

Doctrine of signatures（特徵論）：此信仰認為某自然物的外觀若與身體某部位相似的話，該物體就能治療從那部位發展的疾病。中世紀時期的基督信仰與伊斯蘭信仰民俗療者，聲稱那是上帝，或是阿拉，刻意使植物的外觀長得跟它們能治療的身體部位相似。例如被用於治療眼疾的小米草（eyebright），它的花朵看起來就像是亮麗的藍眼。另請參考Sympathetic magic。

Ectoplasm（靈質）：人們相信此物質環繞在幽靈或那些與靈性活動有關聯的生物周圍。

Effigy（人像）：係用於代表某特定人物的象徵物，形式可為雕像或其他立體媒介。

Enochian magic（以諾魔法）：算是一種儀式魔法，係由約翰·迪伊（John Dee）及愛德華·凱利（Edward Kelley）發展而成，其目的是要召喚各式各樣的靈並控制之。

Equinox（分點）：一年當中會有兩個時間點（即春分與秋分），太陽的中心會在地球赤道的正上方，此時晝夜等長，而新異教信徒將其當成兩個異教節慶來慶祝。

Esoteric(ism)（奧祕（主義））：係只由少數具資格且與祕術有關人員保有特化的神祕知識之西方傳統，例如赫密士思想、靈知思想、玫瑰十字會及卡巴拉。

Evil eye（邪眼）：據信是以帶著惡意的凝視施展的詛咒，通常是趁對方不注意時將目光停留其上。

Exorcism（驅魔術）：係運用祈禱或魔術將邪靈從某地或某人身上驅離的程序。

Extispicy（臟卜）：係於古美索不達米亞及希臘以檢視羊隻內臟進行占卜的方式。

Familiar（靈寵）：係為就近陪伴巫者並為巫者提供魔法力量的靈體，通常會以貓、鳥或其他小型馴養動物的形狀呈現。

Fetish（靈物）：係指受到某些社群崇拜的某物品，因為他們認為該物品具有靈或特別的魔法力量。

Folk healing（民俗療法）：係通常在鄉間社群使用的傳統醫療技藝，基本上會運用那些被認為具有療癒力量的草藥製劑、水果及蔬菜。民俗療者並不會有類似醫師或神職人員的專業認證。另請參考Cunning folk。

Folk magic（民俗魔法）：係指屬於平民的魔法修習法門，相對於由學識豐富的菁英分子所操作的儀式魔法。民俗魔法大致上較為實際，係用於處理社群當中一般會關心的事情，像是療癒病人、吸引情愛或好運、驅逐邪惡力量、尋找失物、帶來好收成、恢復生育能力，還有解讀徵象以預判未來。

Geomancy（地占術）：係對地上的痕跡，或就一些土壤、石頭或沙子從手上丟擲出去之後呈現的形狀進行解讀的占卜方式。

Gnosticism（靈知思想）：係於2世紀的宗教運動之一，其擁護者相信知識與純淨的生活，可以使人們從這個由次級神祇「造世者」（demiurge）所造的物質世界當中解脫出來。

Goetia（惡魔召喚）：此類儀式魔法係用於召喚惡魔。

Grimoire（法術書）：這是自18世紀開始使用的術語，通常是指那些從中世紀開始流傳的魔法指南，而威卡信徒則以此詞指稱修習者用來記錄自己的法術與儀式的簿冊。另請參考Book of Shadows。

Hallucinogen（致幻物）：這類事物能影響心智、導致幻覺，並在服用者的視覺、思想、感覺及意識造成明顯的主觀變化。

Handfasting（繫手禮）：這是鄉村民間習俗之一，新異教信仰也採行此類儀式。它最初出現在西歐國家，伴侶藉此儀式相互承諾。

Haruspicy（臟卜）：古羅馬的人們會透過檢視動物的內臟（特別是羊和家禽的肝臟）來解讀徵象。而進行此事的宗教官員則被稱為臟卜師（haruspex）。

Hepatomancy（肝占）：為古希臘占卜方式之一，其過程需檢視牲祭動物的肝臟。

Heresy（異端、異端思想）：係天主教（Catholic Church）用來指稱牴觸其教義的各種信仰、信念之名詞。

Hermeticism（赫密士思想）：另稱Hermetism，係主要基於「三倍無上偉大的赫密士」（Hermes Trismegistus，即Thrice Greatest Hermes的拉丁文）的著作之宗教、哲學與奧祕傳統。

Hoodoo（胡督）：這種民俗交感魔法的起源，部分源自中非，另一部分則源自美國南方腹地，不過目前該魔法的修習者多為美國南部非裔美國人。

Horoscope（占星盤）：係指出天上諸星在特定時間與地點所處位置及相應關係的示意圖，用來預測性格、命運、世間、自然現象或最佳行事時機。

Humours (four)（體液、四體液學說）：這是由希波克拉底提出的醫學理論，從古希臘時代起即成為醫學主流觀點長達兩千年。該理論認為身體係由四種體液（成分）構成，即血液、痰液、黃膽汁和黑膽汁，而體液比例的不平衡則會引發疾病，只要恢復體液的平衡就能治癒疾病。

Incantation（咒語、誦咒）：係指那些被認為唸出來或唱出來就有魔法效果的文字（及相應的執行動作）。

Initiate（入門者、入門）：係指透過某種儀式（入門）而進入特定團體或組織（例如巫者社群或美生會會廬）的人。

Kabbalah（卡巴拉）：以神祕方式解讀《塔納赫》（即《希伯來聖經》）的古猶太法門，該經最初係為口耳相傳，後來則以文字密碼顯示。到文藝復興時期，卡巴拉的一些解讀方法為基督卡巴拉及赫密士卡巴拉的信徒採用。

Lecanomancy（盤占）：從一盤水當中尋找模式，或是觀察石頭掉進那盤水時產生的漣漪以預測未來。

Macrocosm（大宇宙）：係指稱某個巨大複雜的結構體（特別是指世界或宇宙的時候），它與自己的一小部分或具有代表性的部分（即小宇宙，例如人類或個人）形成對比。

Magick（魔法）：這是magic（魔術）一字的不同拼法，有些修習魔法的人們會用此字以區別魔法與魔術，特別是20世紀早期的阿萊斯特‧克勞利。

Mandrake（毒茄參）：長於地中海周邊區域的茄科植物，其厚實的分岔根部肖似人形，過去用於藥草醫療與魔法。據說它在被拔出土時會大聲尖叫。

Medium（靈媒）：聲稱自己能為生者和死者之靈提供中介服務之人。

Microcosm（小宇宙）：係指某個具有較大的對應物（大宇宙）之特徵的較小區域或事物。赫密士思想所提到的小宇宙係指人類，後者被視為宇宙的縮影。

Mystery cults（祕儀團體）：係指那些在古羅馬時代出現、未經官方認可的宗教，以隱密與儀式為其主軸，入會都需經過揀選。

Mysticism（神祕主義）：相信生命具有隱藏的意義，或相信每個人都可藉由對人智無從理解的靈性知識深入冥想而與某位神祇或絕對真理合而為一。若就更為普遍的意義而言，此詞也意指在宗教、靈性或祕術方面的信仰。

Natural magic（自然魔法）：係中世紀對於某類魔法的分類，人們認為該類魔法係透過大自然的玄祕（隱密）力量來實現效應。

Necromancy（死靈術）：即死者行使的魔法。該詞源自希臘文*nekros*與*manteia*，即「屍體」與「占卜」之意，起初係為從死者獲取知識的方式之一。在中世紀晚期，它開始意謂召喚惡魔的儀式，用於洞察未來或完成其他需要惡魔協助的任務。

Neopaganism（新異教信仰）：係現代為了恢復信奉者所認為的古代異教信仰做法之眾多嘗試的統稱。

Neoplatonism（新柏拉圖主義）：係根據古希臘柏拉圖主義的某些原則而發展出來的希臘－羅馬哲學思想學派。其追隨者相信所有存在都來自某個單一神聖源頭，並且人類靈魂會尋求與這個源頭合而為一。

Neoshamanism（新薩滿信仰）：係指「新」形式的薩滿信仰，或是尋求異象、靈視或療癒的「新」方法。新薩滿信仰含括許多不同的信仰和實踐方法，包括嘗試與靈界交流，還有透過誘發恍惚狀態的儀式達到意識改變的狀態。另請參考Shamanism。

Netherworld（冥界）：死者的世界，是「地府」的替代詞。

New Age（新時代思想）：係指一系列用來替代資本主義、期待未來生活更為和諧及接近自然的靈性信仰和修習方式。該運動於1970年代在西方國家興起，目前全球各地都有其信奉者。

Nigromancy（黑魔法）：死靈術的替代詞，主要用於歐洲的中世紀時期。

Numerology（數字學）：即運用數字的魔法。人們認為數字跟宇宙有著緊密的關聯，因此可以使用它們來了解過去的事件並預測未來的發展。

Occult（玄祕、祕術）：神祕、超自然或魔法的祕密力量、現象或做法。

Omen（徵兆）：即人們認為具有良善或邪惡之可能性的事件。

Oneiromancy（解夢）：解讀夢境。

Oracle（神諭）：人們相信這類占卜者能藉由傳達某位神祇的建議來回答問題，但通常語帶玄機。

Ornithomancy（鳥占）：藉由觀察鳥類的飛行來進行的古希臘占卜術。

Palmistry（掌相）：係為古老的占術之一，據稱研究個人手掌上面的紋路與隆丘，就能解讀此人的性格或一生。該術也稱為手相（ch(e)iromancy）或手相解讀（palm reading）。

Pantheism（泛神論）：相信神為多位，或是相信一切神祇，又或是相信上帝存在於宇宙當中的一切事物、動物和人類之中，且祂完全就是這一切。

Pentagram（五角星）：係為具有五個角的星形圖案，其用途為魔法召喚過程的護身符。此詞可與五芒星（pentacle）互換使用，但後者也用於指稱畫在一個圓圈裡面的五角星（即五芒星圓）。

Performance magic（表演魔術）：係指幻術戲法或是看似不可能達成的技藝表現，例如為了娛樂觀眾而進行的忍耐功夫。

Philtre（愛情藥）：這種魔藥在給人飲下後，會使飲用者愛上給予者。

Polytheism（多神論）：信仰許多不同的神。

Poppet（魔偶）：其原文名稱還有poppit、moppet、mommet及pippy，係指在民俗魔法及巫術中會製作用於代表某人的娃娃，其用途為向此人施展法術，或是藉由魔法為此人提供援助。

Quack（騙徒）：聲稱具有醫療能力，但其實對醫藥一無所知的詐欺者或假冒者——即在專業或公開場合宣稱自己擁有其實並不具備的技能、知識或資格的人們。又稱「江湖騙子」（charlatan）。

Ritual（儀式）：係指一整組固定的動作，有時則是反覆表達的文字，尤其是用於指稱典禮（ceremony）當中的特定部分之時候。（譯註：文章中沒有一併提及ritual的ceremony仍多譯為儀式。）

Rosicrucianism（玫瑰十字會）：係為17世紀的祕密兄弟會之一，宣稱已經發現古老奧祕智慧與宗教法則。

Rune（符文）：北歐人民在過去依古代字母表而刻於石頭或木頭上面的任何字母，或任何具有隱密或魔法意義的類似記號。

Sabbat（異教節慶、巫者聚會）：係指許多新異教信仰信徒會去慶祝的八個季節性節日，其中包括春分與秋分、夏至與冬至。Sabbat也可能指巫者聚會——也就是巫者們預定相聚的集會活動。

Scry（窺、觀、見）：觀看未來將會發生什麼事情，特別是透過能夠反射的物體（例如鏡子或玻璃球）進行的窺見。

Seal of Solomon（所羅門印記）：據說這是上帝賜予聖經提到的所羅門王、並以印記形式的象徵，使他可以控制和驅逐眾惡魔。

Séance（降神會）：是指靈媒在通靈的過程中，其以身為諸靈及與會人士之間的中介角色所進行的展示活動。

Seer（先知）：自稱能夠預測未來之事的人們。

Shamanism（薩滿信仰）：係為居於中亞及西伯利亞草地的人民之靈性修習法門，其歷史可溯至約四萬年以前，有時該詞則用於泛指各式各樣的部落靈性及魔法傳統（不過有人認為這是錯誤的用法）。薩滿（Shaman）被認為具有與善惡靈體交流並予以影響的特殊能力，藉此洞察過去及未來的事件。

Shapeshifter（變形者）：可以明顯從某一形體變成另一形體的人或物，例如狼人。

Sigil（印記）：係於魔法當中使用的符號，通常是天使或靈性存在的圖形簽名。在現代的用法當中，尤其在運用混沌魔法的情況下，印記係指魔法師用來表達欲求結果的象徵。

Solomonic magic（所羅門魔法）：運用與聖經提到的所羅門王有關的物品——特別是所羅門印記——之儀式魔法，其目的在於透過召喚天使或聖人來控制惡魔。

Solstice（夏至與冬至）：係指一年當中太陽直射在距離赤道最北之處及最南之處的時候。這兩個時候是一年當中白晝或夜晚時間最長的日子。

Soothsayer（預言師）：能夠預見未來的人。

Sorcery（妖術、法術）：係指運用靈體——特別是邪靈——使事情發生的法術。

Spell（法術）：係指那些被認為具有魔法力量之話語或文字的形式。

Spiritism（通靈術）：類似於招魂術，相信人的靈在死後依然存在並且可通過靈媒接觸。通靈者也相信輪迴的概念。

Spiritualism（招魂術、唯靈論）：自19世紀以來，人們普遍認為死者可以與生者交流，通常是要透過靈媒促成。此字另指稱某種宗教信仰，其認為一切實相皆為靈性，而非物質。另參見Séance。

Spirit world（靈界）：有人相信死者的靈魂——無論是好是壞——都會居住其中的世界或領域。

Sympathetic magic（交感魔法）：係基於模仿的魔法，例如若有個玩偶，其外觀被做成跟某位特定人物相似的話，那麼就能藉由對這玩偶施展法術來協助該人物或予以傷害。這也是傳統療法的魔法形式之一，亦即療者會找與疾病本質相似的自然事物來驅除疾病，例如使用自然材質調製的黃色藥水來治療黃疸。另請參見Doctrine of signatures。

Syncretism（融合、綜攝、混合）：即不同宗教、文化或思想的結合，像萬聖節即是一例，因其具有異教信仰和基督信仰的根源。

Talisman（護符）：係經魔法儀式灌入正向力量之工藝品。另請參考Amulet。（譯註：amulet與talisman的慣譯詞均為「護符」，然根據本書的解釋更動amulet的譯名以方便區別。）

Tarot（塔羅）：係使用一套由78張特別設計的卡片構成的占卜系統。其中有22張各具特殊意義的大阿卡納，以及分成四種牌組——權杖、星盤、寶劍、聖杯——的56張小阿卡納。

Theosophy（神智學）：該哲學所依據的理念是，透過靈性的狂喜、直接的直覺，以及對於祕術的深入研究，就能對上帝更加了解。其主要係與海倫娜・布拉瓦茨基（Helena Blavatsky）及亨利・斯蒂爾・奧爾科特（Henry Steel Olcott）於1875年創立的神智學會（Theosophical Society）有關。

Theurgy（通神術）：係指向某位神祇或善靈（特別是天使）尋求協助以行使魔法或奇蹟的儀式系統。

Totem（圖騰）：係指某個受到眾人崇敬——特別是出於宗教及象徵方面的理由——之物品。

Transference（轉移）：係指在民俗療法當中此種與交感魔法有關的想法——「個人可以透過將疾病轉移給另一個人、動物或植物而擺脫該疾病」。該字也指生命力、能量或對於未來的知識從靈界傳遞到靈媒的過程，通常會用到占卜工具，例如塔羅牌。

Tree of life（生命之樹）：係指在基督信仰及赫密士思想當中，某個由10個節點或圓球組成的圖案，用來代表上帝、神性、存在或人類心靈的眾多面向，而這些節點之間有著連繫彼此的線條。在其起源的猶太卡巴拉當中，生命之樹被稱為「樹」（ilan），而那些代表神聖面向的節點則被稱為「輝耀」（sephiroth）。

True will（真意）：在阿萊斯特・克勞利於20世紀早期創立的靈性哲學「泰勒瑪」（Thelema）當中，真意係指個人的命運或完美人生路徑。由於真意同時對準個人的真實願望及其本性，因此人們認為它係源自個人最深層的自我與神聖宇宙之間的連繫。

Underworld（地府）：係指死者所在的世界，人們透過神話想像這地方是在地下。

Voodoo（巫毒）：也稱為「伏都」（Voudon; Vodun），係一種以祖先崇拜及靈體附體為特徵的宗教。它在其起源地西非至今依然盛行，並且在加勒比海地區及美國南部也有人修習，然後者的修習形式則是結合羅馬天主教儀式與傳統非洲魔法及宗教儀式雙方的要素。

Wand（魔杖、權杖）：用於施展魔法法術或表演魔術戲法的棒、棍、杖、桿。

Wicca（威卡信仰）：為新異教信仰的主要分支之一。係一種基於自然的巫術傳統，起源於20世紀中葉的英國，並且受到了前基督信仰時代的一些宗教之影響。其信徒相信魔法的力量、男女神祇，以及那些標誌季節及生命週期的威卡儀式和節日。

Witch（巫者、女巫）：通常會是女性，他們被認為具有魔法力量，並且會使用這些力量來傷害或幫助他人，或者用於改換事物的形體。（譯註：witch在用於泛稱時會譯為「巫者」，在專指女性巫者時則譯為「女巫」。）

Zoroastrianism（祆教）：為前伊斯蘭信仰時代的古波斯一神論宗教，由先知瑣羅亞斯德（Zoroaster）於公元前6世紀創立。它係為二元論的宗教，以善惡力量之間的鬥爭為其特徵。

致謝

多林金德斯利出版社（DK）在此謹向以下人士與機構表示感謝：感謝Anna Cheifetz、Aya Khalil與Joanna Micklem在編輯工作的協助；感謝Phil Gamble、Stephen Bere與Sampda Mago在設計方面的幫忙；感謝Steve Crozier的高解析度色彩應用專業；感謝Helen Peters製作索引；感謝DTP設計師Rakesh Kumar；感謝編輯統籌Priyanka Sharma；感謝處理編輯Saloni Singh；感謝資深圖像研究員Surya Sankash Sarangi；感謝圖像研究助理Nimesh Agrawal；還有設立www.aztecs.org的Mexiclore團隊，感謝你們提供本書第133頁的阿茲特克儀式誦文。

多林金德斯利出版社也要向以下人士與機構表示謝意，感謝他們同意敝社翻印他們的攝影作品：

of Angel Magic. Lake Worth, FL: Ibis Press, 2009, based on British Library manuscript Sloane 3851, fol. 10r-29v. Used with permission: (br). 125 Getty Images: Culture Club / Hulton Archive. 126 Alamy Stock Photo: Ian Dagnall (b). The Metropolitan Museum of Art: Rogers Fund, 1908 (tc). 127 Cambridge Archaeological Unit: Dave Webb (crb). The Metropolitan Museum of Art: Gift of John D. Rockefeller Jr.,
1937 (tc). 128-129 Alamy Stock Photo: Art Collection 3. 130 Alamy Stock Photo: World History Archive (tl). 130-131 Alamy Stock Photo: World History Archive (b). 132 Alamy
Stock Photo: Science History Images (bc). Dreamstime.com: Jakub Zajic (t). 133 Alamy Stock Photo: Science History Images (b). 134 Alamy Stock Photo: culliganphoto (br); History and Art Collection (cla). 135 Getty Images: De Agostini Picture Library. 136 Alamy Stock Photo: Pictorial Press Ltd (cl). 136-137 Alamy Stock Photo: Science History Images (c). 137 Alamy Stock Photo: Niday Picture Library (br). 138 Alamy Stock Photo: INTERFOTO. 139 Alamy Stock Photo: Lebrecht Music & Arts (tc). Wellcome Collection: (br). 140 Bridgeman Images: Francis I (1494-1547) Touching for the King's Evil at Bologna (fresco), Cignani,
Carlo (1628-1719) / Palazzo Comunale, Bologna, Italy (t). 141 History of Science Museum, University of Oxford: Holy Table: Inv. 15449 (br). Science & Society Picture Library: Science Museum (tc). 142 Alamy Stock Photo: Topham Partners LLP (tc). 143 Alamy Stock Photo: Topham Partners LLP (bc). Bridgeman Images: Giancarlo Costa (t). 144 Bridgeman Images: Photo © AF Fotografie (clb). 144-145 Getty Images: Historical Picture Archive / CORBIS (c). 145 Polygraphie, et vniuerselle escriture cabalistique: Johannes Trithemius (crb). 146 Alamy Stock Photo: The Print Collector (t). 147 Alamy Stock Photo: IanDagnall Computing (bl). Bridgeman Images: © British Library Board. All Rights Reserved (tr). 148 Alamy Stock Photo: Science History Images. 149 Bridgeman Images: © British Library Board. All Rights Reserved (br). Getty Images: Apic (cra). 150 Alamy Stock Photo: Historic Images (bc). Wellcome Collection: (tr). 151 Alamy Stock Photo: Topham Partners LLP (t). 152-153 Alamy Stock Photo: INTERFOTO (c). 152 Alamy Stock Photo: INTERFOTO (tl, tc, cl); Realy Easy Star (bl). 153 akg-images: (tl). Alamy Stock Photo: INTERFOTO (bl). 154 Alamy Stock Photo: Granger Historical Picture Archive (c). Bridgeman Images: (bl). 155 Alamy Stock Photo: AF Fotografie. 156 University of Wisconsin Libraries: Geheime Figuren der Rosenkreuzer, aus dem 16ten und 17ten Jahrhundert: aus einem alten Mscpt. Zum erstenmal ans Licht gestellt: zweites Heft. 157 akg-images: (tc). Alamy Stock Photo: The Picture Art Collection (br). 158 Bridgeman Images: Index Fototeca (cla). The Metropolitan Museum of Art: Gift of Herbert N. Straus, 1925 (bc). 159 Getty Images: DEA / A. Dagli Orti. 160 Alamy Stock Photo: Danny Smythe (bl); Nikki Zalewski (tc). Dreamstime.com: Anna Denisova (tr); Notwishinganymore (cra). Steve 'Stormwatch' Jeal: (tl). 161 123RF.com: Andrea Crisante (cl). Adobe Systems Incorporated: kkgas / Stocksy (cr). Dreamstime.com: Katrintimoff (tc); Sorsillo (tl); Russiangal (tr). Xeonix Divination: (crb). 162 Bridgeman Images: (cl). 162-163 Bridgeman Images: © British Library Board. All Rights Reserved (c). 163 Patrice Guinard: Corpus Nostradamus, i.e. Patrice Guinard, Corpus Nostradamus, http://cura.free.fr/mndamus.html
or Patrice Guinard, Corpus Nostradamus #42, http://cura.free.fr/dico-a/701A-57bib.html
(br). University of Pennsylvania: Lawrence J. Schoenberg Manuscripts (cra). 164-165 Sächsische Landesbibliothek - Staats und Universitätsbibliothek Dresden (SLUB). 166 Wellcome Collection: (clb). 167 Bridgeman Images: (tl); Photo © Heini Schneebeli (r).
168 Bridgeman Images. 169 Getty Images: The Print Collector (tc). Newberry Digital Collections: Book of magical charms. The Newberry Library, Chicago (br). 170 Bridgeman Images: Chomon / De Agostini Picture Library (br); The Stapleton Collection (cla). 171 Bridgeman Images. 172-173 Bridgeman Images: Photo © Christie's Images. 174 Bridgeman Images: Granger. 175 Alamy Stock Photo: The History Collection (bl). Bridgeman Images: (cra). 176 Alamy Stock Photo: The Granger Collection (br). The Metropolitan Museum of Art: Bequest of Ida Kammerer, in memory of her husband, Frederic Kammerer, M.D., 1933 (cla). 177 Bridgeman Images: The Stapleton Collection. 178 Alamy Stock Photo: The Granger Collection (tc). Bridgeman Images: (bc). 179 Bridgeman Images: The Stapleton Collection. 180 Alamy Stock Photo: Lanmas. 181 Alamy Stock Photo: Pacific Press Agency (bc); Prisma Archivo (cra). 182 akg-images: Mark De Fraeye (bc). Alamy Stock Photo: Sabena Jane Blackbird (r); Peter Horree (tl); Heritage Image Partnership Ltd (fbl); Topham Partners LLP (bl). Bridgeman Images: Pollock Toy Museum, London, UK (ftl). Getty Images: DEA / G. DAGLI ORTI / De Agostini (tc). 183 Alamy Stock Photo: Heritage Image Partnership Ltd / Werner Forman (l). Bridgeman Images: Detroit Institute of Arts, USA / Founders Society Purchase with funds from the Richard and Jane Manoogian Foundation (r). Getty Images: Universal Images Group / Desmond Morris Collection (ca). Glasgow Museums; Art Gallery & Museums: (bc). 184 Alamy Stock Photo: Hi-Story (bl). 184-185 Bridgeman Images: © British Library Board. All Rights Reserved (tc). 185 Alamy Stock Photo: The Granger Collection (br). 186 Alamy Stock Photo: Granger Historical Picture Archive. 187 Alamy Stock Photo: Topham Partners LLP (bl). Bridgeman Images: De Agostini Picture Library (cra). 188-189 Alamy Stock Photo: Granger Historical Picture Archive. 190-191 Dover Publications, Inc. New York: Devils, Demons, and Witchcraft by Ernst and Johanna Lehner, ISBN 978-0-486-22751-1. 192 Alamy Stock Photo: Anka Agency International (br). Bridgeman Images: Giancarlo Costa (bc). Getty Images: Nicolas Jallot / Gamma-Rapho (bl). 193 Alamy Stock Photo: Chronicle (bc); PBL Collection (bl). Bridgeman Images: (br). 194 Bridgeman Images: Archives Charmet. 195 Alamy Stock Photo: Photo 12 (bl). Getty Images: DeAgostini (ca). 196 Bridgeman Images. 197 Alamy Stock Photo: Chronicle (bl). Bridgeman Images: (tr). 198 Nordiska museet/Nordic Museum: Ulf Berger (t). 199 Alamy Stock Photo: Florilegius (cr). Bridgeman Images: The Stapleton Collection (tc). Norwegian Museum of Cultural History: (bl). 200-201 Getty Images: Historica Graphica Collection / Heritage Images. 202 Alamy Stock Photo: The Picture Art Collection (cla). The Sixth and Seventh Books of Moses: (br). 203 Getty Images: Allentown Morning Call / Tribune News Service / Kellie Manier (tr). 204-205 Getty Images: Nicolas Jallot / Gamma-Rapho. 204 TopFoto.co.uk: John Richard Stephens (bl). 206 Bridgeman Images: Heini Schneebeli; Werner Forman Archive (bl). 207 Bridgeman Images: Werner Forman Archive (bl). Koninklijke Bibliotheek, The Hague: Het Geheugen / Stichting Academisch Erfgoed (tr). 208 Mary Evans Picture Library: (bc, br); Antiquarian Images (l); Florilegius (ca, cra). 209 Mary Evans Picture Library: (bl, br); Thaliastock (tl); Florilegius (tc, tr, bc). 210-211 Getty Images: Stefano Bianchetti / Corbis (tc). 210 A key to physic, and the occult sciences: (bl). 211 Bridgeman Images: Archives Charmet (br). 212 Bridgeman Images: Look and Learn. 213 Anonymous, Lausanne - grande salle du casino. Magnétisme E. Allix, lithography, coll. Historical Museum of Lausanne, Switzerland: (cr). Bridgeman Images: Giancarlo Costa (cla). 214 Alamy Stock Photo: Topham Partners LLP. 215 Bridgeman Images: Archives Charmet (cra); A. Dagli Orti / De Agostini Picture Library (bc). 216 Alamy Stock Photo: Topham Partners LLP (bc/High Priestess, br). Bridgeman Images: (bc); © British Library Board. All Rights Reserved (bl). Egyptian Tarot image used with permission of U.S. Games Systems, Inc., Stamford, CT 06902. c. 1980
by U.S. Games Systems, Inc. All rights reserved: (cla). 217 Bridgeman Images. 218 Alamy Stock Photo: Anka Agency International (tl, tc, tc/Hanged Man, tr, cl, c, c/Strength, cr, bc, bc/Justice, br). 219 Alamy Stock Photo: Anka Agency International (tl, tc, tc/The Star, tr, ca, ca/The Magician, cb, crb, cb/The Emperor, bl, bc). 220 akg-images. 221 Alamy Stock Photo: Lebrecht Music & Arts (cra). Bridgeman Images: Granger (bl). 222-223 Alamy Stock
Photo: PBL Collection. 224-225 akg-images: Fototeca Gilardi (c). 225 Alamy Stock Photo: Granger Historical Picture Archive (tr). 226 Alamy Stock Photo: Archive PL (tc); Artokoloro Quint Lox Limited (cl); Topham Partners LLP (br). 227 Library of Congress, Washington, D.C.: Rare Book and Special Collections Division, Printed Ephemera Collection (r). 228 Alamy Stock Photo: Chronicle. 229 Alamy Stock Photo: Chronicle (cra, bc). 230-231 Alamy Stock Photo: Everett Collection Inc. 232 Bridgeman Images: The Stapleton Collection (bl). 233 akg-images: (t). Alamy Stock Photo: Granger Historical Picture Archive (bc). 234 Bridgeman Images: Photo © Gusman (ca). Wellcome Collection: (bl). 235 Alamy Stock Photo: imageBROKER. 236 akg-images: (tl, tr). Getty Images: APIC (bc). 237 akg-images: (tl, tr). Bridgeman Images: Look and Learn (br). 238 Alamy Stock Photo: Topham Partners LLP.
239 Alamy Stock Photo: Granger Historical Picture Archive (ca); The Print Collector (cra). Bridgeman Images: Luca Tettoni (bl). 240-241 Bridgeman Images. 242 Bridgeman Images: (cla, br). 243 Bridgeman Images: (t). 244 AF Fotografie: (br). Getty Images. Bettmann (cla). 245 Alamy Stock Photo: The History Collection (r); Topham Partners LLP (tl). 246-247 akg-images: bilwissedition. 248 AF Fotografie: (bl). Getty Images: Werner Forman / Universal Images Group (br). Bradley W. Schenck: (bc). 249 Howard Charing: Llullon Llaki Supai by Pablo Amaringo. Featured in the book 'The Ayahuasca Visions of Pablo Amaringo' Published by Inner Traditions. (bl). Getty Images: AFP / Joseph Prezioso (bc); Dan Kitwood (br). 250 Getty Images: Keystone. 251 John Aster Archive: (br). Silberfascination (tr). 252 Getty Images: Oesterreichsches Volkshochschularchiv / Imagno (t). 253 Bridgeman Images: Christie's Images (br). Unsplash: Anelale Nájera (tc). 254 Alamy Stock Photo: Björn
Wylezich (tl). 254-255 Alamy Stock Photo: jvphoto (c). 255 Alamy Stock Photo: Stephen Orsillo (r). Dreamstime.com: Freemanhan2011 (tl). 256 Getty Images: Hulton Archive
(bc); Photographer's Choice (cla). 257 Alamy Stock Photo: Chronicle. 258 Getty Images: Buyenlarge / Archive Photos. 259 Alamy Stock Photo: The History Collection (bl). Getty Images: FPG (tr). 260 akg-images: (br). London School of Economics & Political Science: Malinowski / 3 / 18 / 2, LSE Library (t). 261 Bridgeman Images: Granger (r). Roberto Frankenberg: (cla). 262-263 AF Fotografie ©The CS Lewis Company Ltd / HarperCollins.
264 Svitlana Pawlik: (tl/wiccan). Rex by Shutterstock: Phillip Jackson / ANL (br). 265 Bradley W. Schenck. 266 Getty Images: John Mahler / Toronto Star (tr). 266-267 Michael Rauner: The image was made at Reclaiming's 37th annual Spiral Dance in 2016, San Francisco (b). 267 Alamy Stock Photo: Andrew Holt (cra). 268 Alamy Stock Photo: George Fairbairn (cr). Dandelionspirit: (cra). iStockphoto.com: Il_Mex (tl). Roland Smithies / luped.com: (cl). 268-269 Dorling Kindersley: Alex Wilson / Cecil Williamson Collection (cb); Alex Wilson / Booth Museum of Natural History, Brighton (b). 269 Alamy Stock Photo: Panther Media GmbH (c). Dorling Kindersley: Alan Keohane (r); Alex Wilson / Booth Museum of Natural History, Brighton (tc). 270 Getty Images: DEA / A. Dagli Orti / De Agostini. 271 Alamy
Stock Photo: Universal Art Archive (crb). Getty Images: DeAgostini (r). 272-273 Alamy
Stock Photo: Marc Zakian (b). 273 Alamy Stock Photo: John Gollop (tc). John Beckett: (br). 274 Lucia Bláhová: (tl). Getty Images: AFP / Petras Malukas (b). 275 Getty Images: Jeff J Mitchell (t). Wikipedia: MithrandirMage (b). 276-277 Getty Images: Kevin Cummins. 278 Getty Images: Werner Forman / Universal Images Group (bl). 278-279 Getty Images: Kevin Frayer (t). 280 Alamy Stock Photo: Sirioh Co., Ltd (tl). Getty Images: AFP / Emile Kouton (b). 281 Getty Images: Werner Forman / Universal Images Group (t). 282-283 Howard Charing: Llullon Llaki Supai by Pablo Amaringo. Featured in the book 'The Ayahuasca Visions of Pablo Amaringo' Published by Inner Traditions. 284 Getty Images: DeepDesertPhoto (cl); Roger Ressmeyer / Corbis / VCG (bc). 285 Bridgeman Images: © The British Library Board / Leemage. 286 Bridgeman Images: Private Collection / Luca Tettoni. 287 Bridgeman Images: Private Collection / Stefano Baldini (bc). Getty Images: AFP / Martin Bernetti (tr). 288 Getty Images: AFP / Joseph Prezioso. 289 Adobe Stock: ttd1387 (cra). Alamy Stock Photo: agefotostock (bc). Getty Images: Jack Garofalo / Paris Match (cla). 290 123RF.com: Jane Rix (cla). Alamy Stock Photo: Trevor Chriss (ca); Björn Wylezich (tc). Dreamstime.com: Justin Williford (crb). Getty Images: DeAgostini (cra). The Metropolitan Museum of Art: Bequest
of Mary Stillman Harkness, 1950 (clb). Wellcome Collection: (l). 291 123RF.com: curcuma (l). akg-images: Pictures From History (crb). Alamy Stock Photo: Art Directors & TRIP (tc); Lubos Chlubny (tr). Horniman Museum and Gardens: (bc). Photo Scala, Florence: New York, Metropolitan Museum of Art. © 2020. Image (br). 292-293 Getty Images: Dan Kitwood.
294 Getty Images: Alberto E. Rodriguez / WireImage (bc); Peter Bischoff (cra). ™ The Magic Circle: (cl). 295 Alamy Stock Photo: Brent Perniac / AdMedia / ZUMA Wire / Alamy Live News. 296 Bridgeman Images: Charles Chomondely. 297 Dreamstime.com: Roberto Atzeni (cra). Red Wheel Wesier, LLC, Newburyport, MA www.redwheelweiser.com: Liber Null & Psychonaut © 1987 Peter J. Caroll (br). 298 Alamy Stock Photo: Everett Collection Inc / Warner Bros. 299 Rex by Shutterstock: Kobal / Netflix / Diyah Pera (bc). 300-301 Getty Images: Scott Eisen. 300 iStockphoto.com: Turgay Malikl (bl/Trophy, bl/Wrench, bl/Money, bl/Crystal Ball, bl/Light Bulb). Reuters: Emily Wither (ca). 302-303 Dover Publications, Inc. New York: Devils, Demons, and Witchcraft by Ernst and Johanna Lehner, ISBN 978-0-486-22751-1. 320 Alamy Stock Photo: The Granger Collection (c).

「加倍加倍、勞力費神；
柴火烈烈、釜水滾滾。」

三女巫於莎士比亞的《馬克白》所言，1606-1607